George H. Orvin

So richtig in der Pubertät

HERDER spektrum

Band 4979

Das Buch

Pubertät – schwere Zeiten für Eltern, aber nicht nur für sie. Die Jugendlichen fühlen sich selbst nicht wohl in ihrer Haut, sie sind auf der Suche nach der eigenen Identität. Nicht nur in schrillen Klamotten zeigt sich das, sondern auch in der Sehnsucht nach Zärtlichkeit und Anerkennung. Eltern machen sich natürlich Sorgen: Wird unser Kind die Schule schaffen, wird es in schlechte Gesellschaft geraten, vielleicht gar mit einem Kind nach Hause kommen?! Der erfahrene Elternberater und Psychologe George H. Orvin zeigt mit vielen Beispielen, wie es gelingen kann, die alltäglichen „Kämpfe" gut zu überstehen, Grenzen zu setzen, aber auch flexibel zu reagieren. Kinder in der Pubertät wollen beides: Sie wollen Grenzen haben. Und sie wollen Grenzen überschreiten. Ein Buch, das zeigt, wie Eltern ein gelassenes und sicheres Gefühl dafür bekommen, was sie tun oder lieber lassen sollten. Es wird auf einmal deutlich, was im Innern ihres auf einmal so veränderten Kindes vorgeht. An vielen Beispielen wird anschaulich, wie man miteinander gut durch diese Phase kommnt.

Der Autor

George H. Orvin, Dr. med., ist Arzt, Psychiater und Elternberater mit langjähriger Erfahrung in der Arbeit mit Jugendlichen und ihren Familien.

George H. Orvin

So richtig in der Pubertät

Was Eltern lassen sollten und was sie tun können

Aus dem Amerikanischen von Peter Brandenburg

Herder
Freiburg · Basel · Wien

First published in the United States by American Psychiatric Press,
Inc., Washington D.C. and London, England
Copyright 1995. All rights reserved
Titel der amerikanischen Originalausgabe:
Understanding the Adolescent

Gedruckt auf umweltfreundlichem,
chlorfrei gebleichtem Papier

Alle Rechte vorbehalten – Printed in Germany
© für die deutschsprachige Ausgabe Verlag Herder
Freiburg im Breisgau 1997
Herstellung: Freiburger Graphische Betriebe 2000
Umschlaggestaltung und Konzeption:
R·M·E München / Roland Eschlbeck, Liana Tuchel
Umschlagfoto: © Bavaria Bildagentur
ISBN 3-451-04979-1

Inhalt

Widmung 7
Einleitung 9

Teil I
Heranwachsende, Familien und Eltern 21
  1 Die familiäre Umgebung und ihre Wirkung auf Kinder . 23
  2 Jugendliche und ihre Eltern 47
  3 Mit Jugendlichen kommunizieren 60
  4 Heranwachsenden Grenzen setzen 79

Teil II
Wer sind Heranwachsende? 101
  5 Normalität und Pubertät 103
  6 Entwicklung der persönlichen Identität 124
  7 Entwicklung der sexuellen Identität 136

Teil III
Probleme in der Pubertät 157
  8 Riskantes Verhalten bei Jugendlichen 159
  9 Ernste Probleme in Pubertät und Adoleszenz 175

Teil IV
Späte Adoleszenz 201
  10 Übergang zum Erwachsenenalter 203
  Schluß 218

Widmung

Eines der Privilegien beim Schreiben eines Buches besteht in der Möglichkeit, ihm eine Widmung voranzustellen. Ich widme dieses Buch vielen Menschen, weil viele Menschen es erst ermöglicht haben. Mein Dank gilt zuerst meinen Eltern, Jesse W. und Ruth Walton Orvin. Sie haben nicht nur dieses Buch möglich gemacht, sondern auch seinen Autor. Sie schenkten mir eine glückliche Kindheit, ein glückliches Zuhause und zwei wunderbare Rollenvorbilder. Sie gaben mir einen Bruder, John W. Orvin, und drei Schwestern, Miriam O. House, Anne O. Yarborough und Shirley O. Munn, die zur Bereicherung unserer Familie beitrugen.

Ich danke meinen Lehrern für ihre Ausdauer und Geduld, mit denen sie mir eine gute Ausbildung gaben.

Ich danke vielen Heranwachsenden und ihren Eltern, die in mein Krankenhaus kamen und mich lehrten, sie zu verstehen und ihnen dabei zu helfen, ihr Leben zu bewältigen.

Ich danke den vielen klugen und tüchtigen Kollegen, die mir beim Aufbau und der Leitung einer besonderen Station geholfen haben, in der verhaltensauffällige Jugendliche und ihre Familien Heilung finden konnten. Ich danke den vielen Studenten, die zum Lernen kamen und dann in die Welt gingen, um der Heilung von so vielen anderen Menschen zu dienen. Ich danke meinem Kollegen Dr. R. Layton McCurdy für seine Ermutigung und für die Jahre professioneller Unterstützung.

Ich danke meinen Kindern: Candace Palmer, Jay Scott Orvin, Debra Ann Orvin und Nancy Lee Ward. Ihnen verdanke ich soviel von meinem Wissen. Ich danke ihnen dafür, daß sie meine Liebe gespürt haben. Und ich danke ihnen dafür, daß aus ihnen gesunde, produktive und liebenswerte Menschen geworden sind. Viel davon verdanken sie ihrer Mutter.

Ich bin dankbar für die lieben Eltern meiner Frau, G. Clifton und May Stewart Salvo. Und ich bin ihrem älteren Vetter und ihrer älteren Kusine für ihre liebevolle Verehrung dankbar, die sie meiner Frau entgegenbringen.

Damit habe ich den „Vielen" gedankt, die zu diesem Buch beigetragen haben. Am meisten jedoch danke ich meiner Frau: für ihre beständige Liebe, ihre Geduld, ihre Sanftmut und ihre unverfälschte Fraulichkeit. Ich danke ihr dafür, daß sie unseren Kindern Mutter war und ist und mir geholfen hat, Vater zu werden und dann Vater zu sein. Vor allem aber danke ich ihr dafür, daß sie meine Frau ist und mir geholfen hat, ein Ehemann zu sein. Ich danke ihr dafür, daß sie mir geholfen hat, das zu werden, was ich geworden bin.

Nunmehr erfüllt sich die ganze Mühe, die ich auf dieses Buch verwendet habe, indem ich es meiner Frau Rosalie Salvo Orvin widme.

Einleitung

„Was mache ich bloß mit meinem dreizehn Jahre alten Sohn?"
Diese Frage überschreitet alle Grenzen von Rasse, Religion und
kulturellen Unterschieden und liegt Eltern auf der ganzen Welt
am Herzen. Wenn es etwas gibt, das noch schwerer ist, als in der
Pubertät zu sein, dann ist es, ein Kind zu haben, das in der Pubertät
ist. Dieses Buch ist kein simpler Ratgeber. Die meisten Eltern wissen ganz gut, wie sie ihr pubertierendes Kind erziehen sollen. Aber
das „Wie" kann leichter werden, wenn Eltern die Entwicklungs-
prozesse und das Zusammenspiel dieser Prozesse verstehen. Wenn
Eltern verstehen, was mit ihren Kindern passiert, kommen sie unter Umständen mit dem Benehmen ihrer Kinder besser zurecht.

Heranwachsende stehen bei ihrer Entwicklung auf das Erwachsensein hin wichtigen Herausforderungen gegenüber, und ihren
Eltern geht es genauso – sie haben ihre eigenen Probleme, und
dazu oft noch die ihres Kindes oder ihrer Kinder. Es scheint, als
würde alle Welt angestrengt versuchen, die Heranwachsenden zu
verstehen. Wer versucht die Eltern zu verstehen? Der Heranwachsende selbst? Wohl kaum. Die Öffentlichkeit? Auch unwahrscheinlich. Die Veränderungen, die in der Zeit der Elternschaft
stattfinden, sind nicht weniger herausfordernd und aufregend als
die Veränderungen während der Pubertät. Der Prozeß der Pubertät
beeinflußt den Prozeß der Beziehung zwischen den Eltern. Und
der Prozeß dieser Beziehung spielt in der Entwicklung des Heranwachsenden eine entscheidende Rolle. Wenn Eltern verstehen
können, was mit ihrem Kind während der Pubertät geschieht,
können sie vielleicht schon damit beginnen, mehr Freude in anderen Beziehungen und miteinander zu finden, denn die Kinder
werden bald aus dem Haus sein. Bei denen, die noch einen Partner
haben, werden nur die beiden Eltern übrig sein. Aber ob mit oder
ohne Partner – es muß nicht das Ende sein.

Die Angst der Heranwachsenden und ihre Wirkung auf andere

Die meisten Erwachsenen haben Angst vor Jugendlichen. Allein in Reichweite eines Heranwachsenden zu geraten löst bei ihnen bereits Angst aus. Manche Erwachsene ziehen es vor, diese Angst für Abneigung gegen Heranwachsende zu halten, besonders diejenigen Angehörigen sozialer Berufe, die lieber nicht mit ihnen arbeiten. Ich erinnere mich noch an meine eigene Angst, als ich meine Arbeit mit verhaltensauffälligen Jugendlichen begann. Diese Angst ging plötzlich zurück, als ich ein Geheimnis entdeckte, das mir seitdem gute Dienste geleistet hat: Es war nicht *meine eigene* Angst, die ich in der Gegenwart eines Jugendlichen spürte; es war die Angst des *Jugendlichen*.

Jugendliche haben Angst, und das ist kein Wunder. Welche andere Lebensperiode ist so erschütternd und in so hohem Maße Ängsten ausgesetzt? Die Angst und Furcht von Jugendlichen erzeugen in anderen Menschen einen ähnlichen Widerhall wie ein hoher Violinton in zerbrechlichem Glas, das dann zerbersten kann. Natürlich erscheinen Jugendliche nicht ängstlich oder furchtsam, da sie versuchen, ihre Gefühle vor anderen und auch vor sich selbst zu verbergen. Sie versuchen, eher „cool" zu wirken. Sie verstecken ihre Ängste unter einer Schicht von Gleichgültigkeit. Sie können den Anschein von Unsicherheit und Furcht nicht ertragen, weil er ihre verletzliche Seite enthüllt und nicht nur den Eindruck erweckt, daß es ihnen bisher nicht gelungen ist, die Selbstsicherheit eines Erwachsenen zu erlangen, sondern auch, daß sie auf die Unsicherheit der Kindheit fixiert sind oder in sie zurückkehren. Diese Nonchalance ist eine Maske, die Zweifel und Ängste verbirgt. Das also ist das Geheimnis, und, wie Josselyn bemerkte, ein Jugendlicher ist eher geneigt, einem Erwachsenen zu vertrauen, der die Widersprüche zwischen ihm und seinem Verhalten akzeptiert und nicht versucht, diese Maske herunterzureißen oder lächerlich findet, was die Maske verbirgt.

Ein Teufelskreis ist die Folge, wenn Erwachsene Furcht und Angst des Jugendlichen an sich selbst erfahren, sie als eigene Angst mißverstehen und dann aus einer Haltung der Defensive antworten. Dies steigert oft die Furcht und Angst im Jugendlichen, der dann seinerseits aus einer defensiven Haltung heraus reagiert. Ironischerweise erlebt der Jugendliche dann seine eigene Angst und Furcht als gerechtfertigt, ist jedoch nicht in der Lage, ihren Ursprung zu erkennen. Für Erwachsene ist es insofern zwar natürlich, auf den feindseligen (ängstlichen) Jugendlichen defensiv zu reagieren, aber es ist auch kontraproduktiv.

Heranwachsende und ihre Familien

Bevor man entscheiden kann, wie man Jugendlichen in ihren inneren und manchmal auch äußeren Kämpfen am besten beistehen kann, muß man verstehen, welche Stärken und Schwächen sie in diese Kämpfe mitbringen – Charakteristika, die während des ersten Lebensjahrzehnts im Kontext der Familie entwickelt werden.

In Kapitel 1 befasse ich mich vor allem mit der Familie des Jugendlichen, ganz gleich, ob es sich um eine Familie mit einem alleinerziehenden Elternteil, mit beiden Eltern, eine Großfamilie oder um Stiefeltern handelt. Eltern, Brüder, Schwestern und alle, die in der Familie leben, sind äußerst wichtige Teile der äußeren Umwelt des Jugendlichen. Manche Kämpfe des Heranwachsenden sind eine Konsequenz ihrer Reaktion auf ihre Umwelt. Aber Jugendliche kämpfen nicht nur. Sie hoffen und sie träumen auch. Und nicht nur sie, sondern auch ihre Eltern, ihre Brüder, ihre Schwestern und alle jene, die innerhalb der Familie leben. Der Jugendliche wächst und reagiert auf eine innere wie auch auf eine äußere Umwelt. Wünsche, Hoffnungen und Träume sind wichtige Elemente seiner inneren Umwelt.

Die Beziehung zwischen den Eltern ist ein integraler Bestandteil der Familienstruktur. Wenn Eltern Schwierigkeiten in ihrer Beziehung durchleben, dann ist es wahrscheinlich, daß diese Probleme auch die übrigen Familienmitglieder beeinflussen. Im Interesse der Familie sollten Eltern ihrer eigenen Beziehung ebensoviel Aufmerksamkeit widmen wie der Beziehung zu ihren Kindern. Eltern haben die Aufgabe, ihre Kinder zu ernähren und zu versorgen, und deren Bedürfnisse stehen häufig im Vordergrund, weil sie meist ziemlich unabweisbar sind. Weniger dringend und offensichtlich sind die Bedürfnisse der Eltern. Viele junge Eltern sind manchmal sogar stolz darauf, daß ihre Kinder

„zuerst kommen". Während der ersten vier oder fünf Jahre hat Elternschaft ihren Höhepunkt, denn während dieser Zeit erleben Eltern das, was man „totale Elternschaft" nennen könnte. Allzu oft schrumpfen die Rollen von Ehemann und Ehefrau, während die von Mutter oder Vater an Bedeutung zunehmen. All das hat Auswirkungen auf die pubertäre Entwicklung der Kinder wie auf die Entwicklung ihrer Eltern.

In Kapitel 2 diskutiere ich die Beziehung zwischen Eltern und ihrem heranwachsenden Kind. Es gibt zwar keine goldenen Regeln für eine erfolgreiche Beziehung, aber ich stelle doch ein paar allgemeine Grundsätze vor, die Eltern wie Heranwachsenden nützlich sein könnten, wenn es darum geht, einander mit Respekt zu behandeln, und die dazu beitragen könnten, zu einer gesunden und liebevollen Beziehung zu gelangen. Doch auch jene Eltern, die mit solch einer Beziehung gesegnet sind, werden sie auf die Probe gestellt finden, wenn ihre Kinder um Unabhängigkeit und Autonomie kämpfen. Eine nähere Betrachtung der sich verändernden Dynamik von Eltern-Kind-Interaktionen kann diesen Übergang für Eltern und Jugendliche erleichtern.

In Kapitel 3 und 4 diskutiere ich zwei Themen, die für Eltern besonders problematisch sein können: mit Jugendlichen kommunizieren, und ihnen Grenzen setzen. Erwachsene finden es oft schwierig, Jugendliche zu verstehen. Sie reagieren enttäuscht und gereizt, wenn Heranwachsende sich weigern, offen auszusprechen, was mit ihnen los ist. Diese machen jedoch eine schwierige und verwirrende Zeit durch: Sie können nicht erklären, was sie selbst nicht verstehen. Wenn Erwachsene ein gewisses Verständnis der Veränderungsprozesse in der Pubertät mitbringen, dann wird es für Jugendliche weniger dringend, selbst Erklärungen zu geben, zugleich aber auch wahrscheinlicher, daß sie dies wenigstens versuchen. Mit Jugendlichen zu kommunizieren ist nicht immer leicht. Es gibt keine festen Regeln dafür, aber es gibt ein paar Dinge, die Eltern nicht vergessen sollten, wenn sie versuchen, sich mit ihnen zu verständigen. Darüber spreche ich in Kapitel 3.

In Kapitel 4 geht es darum, Kindern Grenzen zu setzen. Ich formuliere dort ein paar Grundsätze dafür. Die meisten Eltern wissen, daß sie ihren Kindern Grenzen setzen müssen, wenn sie heranwachsen. Diese Grenzen helfen nicht nur, die Kinder zu schützen, sondern geben ihnen auch ein Gefühl der Sicherheit. Sie markieren die Grenzlinien, die sie nicht überschreiten sollten und innerhalb derer sie sicher sind. Wie aber kehren Eltern dann plötzlich diesen Prozeß um und fangen an, Grenzen zurückzunehmen, wenn ihre Kinder anfangen, nach Unabhängigkeit zu streben?

In der Pubertät beginnt ein Prozeß, in dem Eltern die Kontrolle über ihr Kind allmählich aufgeben. Dieser Prozeß macht sowohl Jugendlichen als auch Eltern oft Angst. Der Erfolg der allmählichen Bewegung eines Heranwachsenden in Richtung Autonomie hängt zum Teil davon ab, wo die Eltern in ihrem eigenen Wachstumsprozeß stehen und wie stark sie sich mit ihrer Kontrolle über ihre Kinder identifizieren.

Heranwachsende erfüllen und meistern ihre Aufgaben nicht mit Hilfe einer ausgewogenen und sich stetig weiterentwickelnden Ausstattung von Fertigkeiten. Ihr Verhalten kann unerträglich und ärgerlich sein. Dann wieder ist es auch voller Charme. Ihr Ringen selbst ist meistens weniger charmant als schwierig. Ihre Bemühungen, Kontrolle über ihr Leben zu bekommen, führen bei ihren Eltern zu einem gewissen Verlust an Kontrolle. Ohne zu wissen, wie alles ausgehen wird, und in der Furcht vor dem Schlimmsten können Eltern sich in Grabenkämpfe mit ihren heranwachsenden Kindern verwickeln. In solchen Zeiten kann es helfen, wenn man einen anderen Erwachsenen hat, mit dem man sprechen und zusammenarbeiten kann. Diese Phase kann für alleinerziehende Eltern ganz besonders schwierig sein.

Heranwachsende und die Veränderungen, die sie durchmachen

In Teil II dieses Buches wende ich mich den Jugendlichen selbst und den Veränderungen zu, die sie durchmachen. Die Veränderungen, die das Ringen eines Kindes um Erwachsensein, Emanzipation und Autonomie begleiten, sind gewaltig. Biologische Veränderungen durch Wachstum und körperliche Reifungsprozesse beeinflussen psychologische und soziologische Veränderungen geistiger und emotionaler Entwicklung und, in gewissem Maß, auch umgekehrt. Vieles, was an Neuem auf den Heranwachsenden zukommt, ist aufregend und angenehm; manches ist beängstigend. Vieles ist für den Jugendlichen ebenso unverständlich wie für die Eltern. Der gesamte Prozeß wird schließlich dadurch verständlich, daß Heranwachsende und Eltern ihn durchleben.

Wie Cameron lehrte, bringt jedes Kind seine Stärken und Schwächen in den Prozeß der sich entwickelnden Identität ein. Diese Charakteristika machen das Kind zu dem Menschen, der es ist, und bestimmen mit, wie es auf die Umwelt reagiert. Das Bemühen, einen Jugendlichen zu verstehen, wird von vielen Faktoren beeinflußt, aber wer dieses Verstehen sucht, sollte nicht vergessen, daß die meisten Heranwachsenden von den Veränderungen, die sie erleben, selbst ebenso überwältigt sind wie andere oft auch. Auch wenn sie die Aufgaben verstehen, die mit der Pubertät auf sie zukommen, fehlen ihnen oft noch die verbalen Fertigkeiten, ihre Erfahrungen in Worte zu fassen und mitzuteilen.

Aufgrund der bedeutsamen Veränderungen kann das Ringen des Jugendlichen turbulent sein und in seltsamem oder sprunghaftem Verhalten zum Ausdruck kommen. Eltern bemerken an ihren Kindern Verhaltensweisen, die sie noch nie zuvor gesehen haben, und fragen sich: „Ist mein Kind überhaupt normal?" In Kapitel 5 versuche ich zu beschreiben, was in der Pubertät als normales Verhalten angesehen werden kann. In dieser Diskussion betone ich zwei Dinge, die beachtet werden sollten. Erstens ist die einzige Konstante im Prozeß der Pubertät die Veränderung. Was für ein Kind im Alter von 13 Jahren normales Verhalten ist, ist vielleicht schon vollkommen überholt, wenn es 14 wird. Zweitens: Da Jugendliche sehr verschieden sind, gibt es kein sogenanntes normales Verhalten. Wenn ich das Wort *normal* gebrauche, meine ich Verhaltensweisen, die innerhalb normaler Grenzen liegen.

Es wäre irreführend zu behaupten, daß es in bezug auf die Wichtigkeit der verschiedenen Aufgaben, mit denen Jugendliche konfrontiert sind, eine Rangordnung gäbe. Es wäre auch unkorrekt zu sagen, daß es eine normale Reihenfolge gäbe, in der diese Herausforderungen sich einstellen. Sie sind miteinander verbunden, und eine fördert oder kompliziert die andere. Denjenigen, die den Heranwachsenden durch diesen Prozeß hindurchhelfen möchten, kann es eine Hilfe sein, diese Herausforderungen zu verstehen, zumal sie in einem überwältigenden Gewirr von unangepaßtem Verhalten verborgen sein können. Dennoch bringen Jugendliche diese Übergänge im allgemeinen ohne Schaden hinter sich.

In Kapitel 6 geht es um die Entwicklung einer persönlichen Identität. Die Pubertät ist eine Zeit tiefer Selbstbefragung. Eine der Fertigkeiten, die während der Teenagerjahre entwickelt werden, ist die Fähigkeit zu abstraktem Denken. Heranwachsende wenden dieses Vermögen nach innen und beginnen sich selbst zu sezieren, um dann zu beurteilen, ob sie mögen, was sie sehen. Für manche lautet die Antwort „Ja"; für andere ist es ein entmutigendes „Nein". Jugendliche vergleichen sich auch mit ihren Altersgenossen daraufhin, ob sie ihnen ähnlich oder unähnlich sind. Zu dieser Zeit gehen sie auch enge Beziehungen mit Gleichaltrigen ein, oft mit einem besonders nahen Freund desselben Geschlechts. Angeregt durch diese Beziehungen mit Gleichaltrigen desselben und des anderen Geschlechts beginnen Jugendliche, bewußt die Geschlechtsrollen zu formulieren. Erwachsene Vorbilder wirken bei dieser Formulierung mit.

Für Heranwachsende, die nicht mögen, was sie bei ihrer Selbsteinschätzung vorfinden oder die sich gegenüber ihrer Familie oder ihren Freunden nicht liebenswert finden, ist der innere Aufruhr noch tiefer. Diese jungen Menschen wenden sich in ihrer verzweifelten Suche nach Akzeptiertwerden und Liebe oft alternativen Gruppen von Menschen und anderen Methoden zu, um Anerkennung zu bekommen. Das kann zu weiteren Problemen führen und den unter normalen Umständen schon schwierigen Wachstumsprozeß der Pubertät auf das Erwachsensein zu fast unmöglich machen.

Für Heranwachsende ist dieser Prozeß des Erwachsenwerdens aufregend, aber in mancher Hinsicht auch beängstigend, weil er dazu führt, daß man für die eigene Sicherheit selbst verantwortlich wird. Jugendliche müssen die Sicherheit, mit der die Eltern sie bisher versorgt haben, aufgeben und jetzt anfangen, selbst auf sich aufzupassen. Aber damit hört es noch nicht auf. Sie müssen irgendwann auch anfangen, darüber nachzudenken, daß sie bald zusätzlich noch für die Sicherheit anderer Menschen zu sorgen haben werden. Der Weg von jemandem, dem Sicherheit vermittelt wurde, hin zu jemandem, der anderen Sicherheit gibt, ist nicht kurz, nicht glatt und nicht immer direkt. Der Heranwachsende hat also neben dem Bestreben, unabhängig zu werden, auch ein Eigeninteresse daran, abhängig zu bleiben. Auch Eltern können, selbst unter idealen Bedingungen, ein gewisses Eigeninteresse daran haben, die Kindheit ihrer Kinder zu verlängern, weil ihnen dann ihre Elternrolle länger erhalten bleibt. Es ist jedoch wahr, daß Kinder erwachsen werden wollen, und es ist auch wahr, daß Eltern wollen, daß ihre Kinder erwachsen werden. Meist kommen Eltern mit den Veränderungen ihrer Rolle den Kindern gegenüber und Kinder mit den Veränderungen ihrer Rolle den Eltern gegenüber zurecht.

Manche der Kämpfe, die Heranwachsende durchmachen, können den biologischen Veränderungen zugeschrieben werden, die sie durchmachen. In Kapitel 7 spreche ich über diese Veränderungen und die sich entwickelnde sexuelle Identität der Jugendlichen. Obwohl junge Menschen in der Pubertät die Fähigkeit entwickeln, sexuell aktiv zu werden, haben sie auf dieser Stufe noch nicht die emotionale oder psychologische Reife, um das Potential sexueller Beziehungen ganz verwirklichen zu können. Statt dessen haben sie die Möglichkeit, den Wert dieser Art von Beziehung gegen eine unmittelbare Befriedigung einzutauschen, eine Abkürzung in das Erwachsenenalter und die Illusion körperlicher Intimität. Leicht wird so die Gelegenheit verpaßt, ein angemessenes Verständnis der Rolle zu entwickeln, die die Sexualität für die Geschlechtsidentität und in intimen Beziehungen mit anderen spielt. Sichtbare Konsequenzen früher sexueller Aktivität in der Pubertät sind Schwangerschaft und sexuell übertragene Krankheiten.

Wenn etwas schiefläuft

In Teil III geht es um andere Probleme als normalerweise in der Pubertät auftreten. In Kapitel 8 bespreche ich, wie sich Heranwachsende fast instinktiv zu riskantem Verhalten hingezogen fühlen. Manche Risiken sind konstruktiv und notwendig, um neue Ziele erreichen zu können. Destruktive Risiken haben ihren Ursprung nicht in dem Streben nach neuen Höhen, sondern in einem Bemühen, mit unangepaßten Mitteln Kontrolle über das eigene Leben zu bekommen. Oft rufen Heranwachsende, die diese Risiken suchen, eigentlich um Hilfe. Schließlich kann ein Risikoverhalten, das die Jugendlichen selbst oder andere schädigt, professionelle therapeutische Beratung erforderlich machen. In Kapitel 9 spreche ich einige der Probleme an, die sich aus einer gestörten pubertären Entwicklung ergeben können, und setze mich mit ihren Auswirkungen auf die Familie auseinander.

Christine Collange, eine Mutter und in Frankreich sehr bekannte Schriftstellerin, forderte mich und eine Gruppe von Kollegen einmal mit einigen provozierenden Fragen heraus. Es sind Fragen, die vielen Eltern durch den Kopf gehen. „Warum wollen die Leute uns glauben machen, Jugendliche wie Erwachsene, daß all die Probleme von Jugendlichen mit unserem Verhalten als Eltern zusammenhängen? Warum stehen die Gesellschaft und die Massenmedien immer auf der Seite der armen jungen Menschen, die unter der schlechten Beziehung zu ihren Eltern leiden, und niemals auf der Seite der armen Eltern, die unter ihrer schlechten Beziehung zu ihrem Nachwuchs leiden?"

Es scheint in der Tat ein Vorurteil zu geben. Aus irgendeinem Grund scheinen selbsternannte Experten alle Schuld den Eltern anlasten zu wollen, sobald etwas im Leben eines Jugendlichen schiefläuft. Aber Eltern tragen, ohne es zu wollen, selbst zu diesem Vorurteil bei. „Was haben wir falsch gemacht?" ist die reflexartige Reaktion vieler Eltern auf nahezu jedes Versagen, das ihr Kind erleben mag. Auf die eine oder andere Weise neigen Eltern dazu, sich Vorwürfe zu machen. Und gute Eltern tun dies in noch höherem Maße als eher nachlässige. Den Jugendlichen und die pubertäre Entwicklung zu verstehen, kann hilfreich sein. Aber warum nur den Jugendlichen? Warum nur den pubertären Prozeß? Warum sollten Eltern nicht auch versuchen, sich selbst zu verstehen? Warum sollten nicht auch Erwachsene nachzuvollziehen versuchen, was mit ihnen geschieht?

Im Laufe meiner Karriere habe ich viele Jugendliche kennengelernt, die in hohem Maße verhaltensauffällig waren. Gegen den Glauben, daß alle Jugendlichen ohnehin hoffnungslos verloren sind, war ich durch das Privileg gefeit, selbst vier normale heranwachsende Kinder zu haben, und dadurch, daß ich Gelegenheit hatte, die normalen Kinder besorgter, ängstlicher Eltern zu sehen. Aber vielleicht ist es wirklich so, daß es eine Verschwörung gibt, die die Meinung verbreitet, daß alles, was mit den Kindern schief geht, auf den Fehlern unfähiger Eltern beruht. Vielleicht verstärken wir sogenannten Experten dieses Vorurteil, indem wir die Ursachen für Störungen in der Kindheit suchen und erforschen. Unwillkürlich konzentrieren wir uns auf die „Lahmen und Gebrechlichen" statt auf die Gesunden. Obwohl wir Fachleute zu solch einem Glauben vielleicht beitragen, dürfen wir nicht die gesamte Verantwortung dafür beanspruchen. Der pubertäre Entwicklungsprozeß hat etwas an sich, das allen an die Nerven geht, die ihm ausgesetzt sind. Obwohl wir nicht mehr davon ausgehen, daß alle Jugendlichen Turbulenzen, Stürme und Kämpfe durchmachen müssen, begegnen wir als diejenigen, die sich mit ihnen befassen, der Angst und Furcht, die auch sogenannte normale Jugendliche hervorzurufen scheinen.

Im letzten Teil, Kapitel 10, betrachte ich den Übergang von der späten Pubertät ins frühe Erwachsenenalter. In dieser Lebensphase sind junge Menschen mit drei Themen konfrontiert: 1) das Elternhaus verlassen, 2) echte Intimität mit einem anderen Menschen entwickeln, und 3) langfristige Bindungen eingehen. Ist die Schwelle zum Erwachsenenalter einmal überschritten und wird man schließlich selbst Vater oder Mutter, beginnt der gesamte Zyklus von ehelicher Partnerschaft, Elternschaft und Erziehung für eine neue Generation.

Jugendliche sehen das Erwachsensein während ihrer Reise des Wachstums als das „Land der Verheißung". Aber um harmonisch mit anderen und mit der Umwelt leben zu können, müssen sie neue Fertigkeiten und neue Mittel erwerben. Was für sie als abhängige, verletzliche und hilflose Kinder gut war, nützt ihnen als Erwachsene nichts mehr. Was sie in ihrer frühen Kindheit und Pubertät geschützt hat, kann ihnen nicht länger helfen. Manches, was sich gestern noch bewährt hat, ist heute eher hinderlich. Es kommt eine Zeit, in der geschätzte Konzepte in Frage gestellt und grundlegend verändert werden müssen. Manche tief verwurzelten Überzeugungen werden die Jugendlichen mit Sicherheit behindern, wenn sie diese nicht aufgegeben haben, bevor sie die Freiheit und die Verantwortung des Erwachsenen erlangen. Einige dieser Überzeugungen waren für ihr erfolgreiches Leben als Kinder lebenswichtig. Ihre kindlichen Bedürfnisse waren Ausdruck einer Inanspruchnahme von Sicherheit. Die Zeit ist gekommen, wo sie anfangen müssen, sich selbst ihre eigene Sicherheit zu schaffen und sich darauf vorzubereiten, für die Sicherheit anderer zu sorgen.

Ein persönliches Vorurteil

Ich mache mir Sorgen über das, was in der entscheidenden Phase der Identitätsbildung mit Heranwachsenden geschieht. Weil ich ein Psychiater bin, denke ich wie einer. Der Leser sei also gewarnt. Dies ist ein potentielles Vorurteil, das ich bereitwillig eingestehe. Aber ich bringe auch andere Vorurteile mit. Ich bin Arzt, ich bin Ehemann, ich bin Vater, und ich bin auch Großvater. Ich bemühe mich, die potentiellen Einseitigkeiten jedes dieser Standpunkte zu vermeiden. Meine Sicht des pubertären Prozesses verleitet mich vielleicht dazu, die Verletzlichkeit des psychologischen Organismus überzubewerten. Auf der anderen Seite hängt bei einer gelingenden Anpassung an die sich verändernde Umwelt, die innere ebenso wie die äußere, soviel von einer intakten psychischen Struktur ab. Auch ein gesunder und flexibler Jugendlicher muß nicht nur größere Korrekturen und Anpassungen an einen sich verändernden Körper vornehmen, sondern auch bedeutsame soziale und psychologische Konflikte lösen.

Zusammenfassung

Letztendlich sollten Eltern die Veränderungen ihres heranwachsenden Kindes als Ermutigung verstehen, weil ihre Kinder werden, was die Eltern waren, sind und sein werden. Eltern lehren ihre Kinder, wie man wächst, und zwar auf der Grundlage ihrer eigenen Lebensweise. Eigentlich machen Kinder den gleichen Entwicklungsprozeß durch wie ihre Eltern, und in gewissem Sinn werden sie ihre Eltern – mit allen Licht- und Schattenseiten!

Schließlich kommt es zu einem erfüllten Leben, wenn jeder

einzelne damit leben lernt, wer oder was er oder sie geworden ist. Es entsteht im Zuge der Erkenntnis, daß das Leben eines jeden Menschen einzigartig gewesen ist. Ein Leben ist besonders gesegnet, wenn ein Teil der Erfüllung auch daher stammt, daß man gelernt hat, für einen anderen Menschen zu sorgen. Im Prozeß der Fürsorge und Liebe finden Menschen diese Erfüllung und lehren ihre Kinder, wie man in einer engen Beziehung mit einem anderen Menschen lebt. Indem sie dies tun, lernen die Eltern selbst, wie man lebt, und geben dies an ihre Kinder weiter.

Teil I
Heranwachsende, Familien und Eltern

Kapitel 1

Die familiäre Umgebung
und ihre Wirkung auf Kinder

Tolstois Roman „Anna Karenina" beginnt mit den folgenden Worten: „Alle glücklichen Familien sind einander ähnlich; jede unglückliche Familie ist unglücklich auf ihre Art." Es ist nicht besonders gewagt zu behaupten, daß glückliche Familien eine größere Chance besitzen, gesunde Kinder hervorzubringen als unglückliche Familien. Familien gibt es in verschiedenen Formen, Größen und Abstufungen von Glück. Um zu verstehen, was mit Heranwachsenden geschieht, sollte man sie im Kontext ihrer Familie betrachten. Versuche, Jugendliche isoliert von ihrer Familie zu verstehen, können nicht zu klaren Aussagen führen. Selbst unter idealen Umständen ist ein Jugendlicher nicht leicht zu verstehen.

Was ist heute eine Familie?

Die menschliche Familie ist sehr viel mehr als die Summe ihrer Teile oder ihrer Mitglieder. Sie ist etwas Lebendiges mit einer eigenen Identität und einem bestimmten Platz. Man kann sie als ein System sehen, und als solches besitzt sie viele der Charakteristika, die für andere Systeme typisch sind. Sie enthält Subsysteme und berührt an ihren Grenzen andere Systeme, bei denen es um Erziehung, Beruf, Religion und Staat geht. Sie berührt auch andere Familien. Zur *Kernfamilie* in ihrer idealen Form gehören eine Mutter, ein Vater und ein oder mehrere Kinder. Die erweiterte Familie oder *Großfamilie* schließt Großeltern, Onkel, Tanten, Vettern und Kusinen ein; sie bietet soziale Unterstützung und ergänzt und vervollständigt die Kernfamilie.

Die Aussage, daß die amerikanische Familie in den letzten zehn bis zwanzig Jahren wichtige Veränderungen durchgemacht hat, ist nicht neu. Mitglieder der Großfamilie leben heute oft Hunderte von Kilometern von der Kernfamilie entfernt. Mehr noch, zur Realität der Kernfamilie gehört, daß sie nicht immer aus Mutter, Vater, Bruder und Schwester besteht. Scheidung, Tod und andere soziale Veränderungen haben die Form der modernen Familie verändert.

Darüber hinaus hat sozialer Druck starke Auswirkungen auf die Integrität des Familiensystems. Armut, Tod, Drogen, Straßenkriminalität, Kindesmißbrauch, Zerrüttung der Familien und das Verblassen traditioneller Werte belasten das Gewebe der Gesellschaft.

Die Rolle der Familie

Die Familie ist ein psychologisches Unterstützungssystem, das seine Mitglieder in Zeiten der Not erhalten soll. Die Gesellschaft braucht einen stetigen Zuwachs an Nachkommen, um verstorbene Mitglieder zu ersetzen. Sie findet diese Nachkommen in den Familien und sieht dort auch die Verantwortung für die Vermittlung der Werte der Gesellschaft an die kommenden Generationen. Die Gesellschaft ist so strukturiert, daß sie ganz bestimmte Erwartungen an die Familien richtet. Sie verlangt eine formale vertragliche Vereinbarung zwischen Ehemann und Ehefrau, nicht nur als Sanktionsmittel gegen sexuell unverantwortliches Verhalten, sondern auch als ein Mittel, Verantwortlichkeit für die Sorge um den Nachwuchs festzulegen.

Familien sind für Kinder Räume für lebendige Erfahrungen, in denen sie sich von totaler Abhängigkeit zu Unabhängigkeit entwickeln können, von Isolation zu voller Integration in den Kreis ihrer Mitmenschen und von einer ungeformten Persönlichkeit zur Erfüllung als Individuum, das in seiner Identität einzigartig ist. Ob zum Guten oder zum Schlechten – diese Erfahrungen innerhalb der Familie tragen dazu bei, unsere Erwartungen an das zu formen, was unsere Umwelt uns bietet und was sie von uns als Individuen verlangt, die den Respekt unserer Mitmenschen und unserer selbst verdienen.

Die Familie – ganz gleich, ob es sich um eine Familie mit Vater und Mutter handelt, um alleinerziehende Eltern, Stiefeltern oder um Familien, zu denen Mitglieder der Großfamilie gehören – hat drei allgemeine Funktionen: Sie soll

1. die physischen Bedürfnisse ihrer Mitglieder befriedigen (z. B. Nahrung, Unterkunft, Schutz),
2. die Entwicklung einer Selbständigkeit der Kinder gewährleisten,
3. die Persönlichkeit der Eltern stabilisieren und entwickeln.

Physische Bedürfnisse der Familienmitglieder befriedigen

Ob diese Aufgabe erfolgreich erfüllt wird oder nicht, ist ziemlich leicht zu entscheiden, verglichen mit den anderen beiden Aufgaben ist dies der einfache Teil. Angemessene Ernährung, Unterkunft, Gesundheitsversorgung und Sicherheit sind für das erfolgreiche Funktionieren einer Familie entscheidend und nicht leicht zu erhalten. Eine Versorgung mit diesen Dingen ist sichtbarer Art und genauer definiert als die anderen Aufgaben.

Die Entwicklung einer Selbständigkeit der Kinder gewährleisten

Wie führen Eltern Kinder, wenn sie einmal da sind, zur Autonomie, ohne die Verbundenheit mit ihnen aufzugeben? Und in welcher Weise nimmt die Familie an der Entwicklung ihrer Individualität teil? Die Verpflichtung der Familie ihren Kindern gegenüber besteht darin, sie zu Autonomie, Unabhängigkeit und Individualität zu erziehen. Kinder sollten in der Lage sein, das Nest der Familie zu verlassen und auf eigenen Füßen zu stehen.

Ich bezweifle, daß es viele Eltern gibt, die sich dessen voll bewußt sind, welche Rolle sie bei der Erziehung ihrer Kinder zur Selbständigkeit spielen, oder daß sie diesen Prozeß auch sehr behindern können. Und wenn dieser Prozeß in Richtung Autonomie behindert ist, bemerken die meisten Eltern nicht das Ausmaß, zu dem sie mit ihrem Tun die Entwicklung eines Jugendlichen gefährden.

Wenn Kinder neue Aufgaben angehen und zu meistern versuchen, sind manche Eltern übervorsichtig und äußern Zweifel daran, ob ihr Kind schon soweit sei. Sie wollen nicht, daß das Kind eine Enttäuschung erlebt oder Schaden nimmt, und entmutigen ihre Kinder dann vielleicht dabei, Neues zu wagen. Auf der anderen Seite können Eltern, wenn sie das Ziel der Selbständigkeit verstehen, ihre Kinder auch ermutigen, schwierigere Aufgaben zu bestehen, und tun das auch oft mit Sätzen wie: „Du kannst das schon." Es kann hilfreich sein, die Beziehung zwischen Freiheiten und Verantwortung zu verstehen, weil Eltern ihren Kindern manchmal neue Verantwortlichkeiten vorenthalten, weil sie Freiheiten in ihnen sehen, die sie den Kindern noch nicht zugestehen möchten.

Selbständigkeit kann durch negative Einstellungen und überkritische Bemerkungen der Eltern entmutigt werden. Manchmal wird Wachstum so unabsichtlich durch elterliche Vorsicht verlangsamt.

Lee Ann, 16 Jahre, bat ihre Mutter um die Erlaubnis, mit Freunden zu einem nahe gelegenen Strandbad zu fahren. Normalerweise hätte ihre Mutter „Ja" gesagt, aber es war der Erste Mai, und es war vorauszusehen, daß es auf den Straßen viel Verkehr geben würde. Ihre Mutter würde sich die ganze Zeit über Sorgen machen, und Lee Ann würde ihrer Mutter so den Tag verderben. Auf der anderen Seite hätte Lee Ann ihr Vergnügen, und außerdem wäre die Unternehmung ganz im Sinne zunehmender Unabhängigkeit. „Ich werde dich nicht bitten, zuhause zu bleiben, obwohl ich mich sorgen werde, bis du wieder zurück bist. Ich werde dich nicht bitten, nicht zu fahren, wenn du mich auch nicht bittest, mich nicht zu sorgen." Das war die Abmachung. Die Mutter gab Lee Ann die Erlaubnis zu fahren, und Lee Ann gab ihrer Mutter die Erlaubnis, sich Sorgen zu machen.

Manchmal ist es viel leichter, „Nein" als „Ja" zu sagen.

Eltern, die ihre Kinder lehren, selbständig zu werden und nach Autonomie zu streben, sollten ihnen gleichzeitig auch zeigen, wie man Verbundenheit mit anderen Menschen wertschätzt und lebt – das heißt, sie sollten ihnen dabei helfen, ihre Fähigkeit zu entwickeln, anderen Menschen nahe zu sein. Dieses Streben nach wahrer Intimität beginnt in der Familie, kann aber erst nach der Pubertät Erfüllung finden.

Die Persönlichkeit und die Beziehung der Eltern entwickeln

Diese wichtige Aufgabe von Familien geht allzu oft im Alltag unter.

Eine befriedigende Partnerschaft führt dazu, daß Eltern ihre Aufgabe erfüllen können. Die Heirat markiert für zwei Erwachsene den Anfang einer neuen Beziehung und einer neuen Chance für Wachstum. In dem Ausmaß, in dem die Ehe das Wachstum der beiden Partner fördert, geht es der Ehe gut. In dem Maß, in dem es ihr gut geht, werden die Partner besser auf ihre Elternschaft vorbereitet. Elternschaft sollte die Beziehung zwischen Ehepartnern fördern, aber nicht ersetzen. Glückliche und sich weiterentwickelnde Ehepaare werden bessere Mütter und Väter. Elternschaft ohne die wahre Intimität von Eheleuten kann kein Modell überzeugender, liebevoller Fürsorge sein. Für Kinder ist sehr wichtig, sich an einem solchen Modell orientieren zu können.

Lewis et al. (1976) beschrieben gute Ehen als

„effektiv in einem instrumentellen Sinn und affektiv. Sexualität ist für beide befriedigend; obwohl die Häufigkeit des Geschlechtsverkehrs von Paar zu Paar sehr variiert, sind Lust, Befriedigung und Orgasmus die Regel. Die Ehemänner sind tätig und erfolgreich, bringen jedoch Energie und gefühlsmäßige Zuwendung für ihre Frauen und Kinder auf."

Nach jahrelanger Arbeit mit Familien, in denen das Verhältnis der einzelnen Mitglieder zueinander hochgradig psychisch belastet ist, ist mir klar geworden, daß es viele Möglichkeiten gibt, wie Eltern ihre Kinder verfehlen können, aber daß es bei diesen Familien ein fast universell vorkommendes Versagen gibt: Die Eltern kümmern sich nicht umeinander oder haben kein Interesse aneinander. Eltern sollten für ihre Kinder ein Modell dafür sein, wie Menschen in einer intimen Beziehung liebevoll und respektvoll miteinander leben. Wenn es Eltern aber nicht gelingt, einander zu respektieren, wie sollen Kinder dann Selbstachtung lernen?

Eltern sollten sich Zeit für sich nehmen. Vielfach herrscht die Überzeugung, daß Familien vor allem für Kinder da sind und daß die Familie der Platz ist, an dem Kinder wachsen. Manche Menschen identifizieren sich in einem so hohen Maße mit ihrer Elternrolle, daß sie ihrer Verantwortung sich selbst als Individuen oder ihren Partnern gegenüber wenig Gedanken, Zeit oder Aufmerksamkeit widmen. Ayn Rand schrieb in *The Virtue of Selfishness*, daß Verantwortung sich selbst gegenüber kein Übel und vollkommene Selbstlosigkeit keine Tugend ist, wenn das bedeutet, daß man niemals sich selbst etwas gibt. Wie viele Mütter und Väter sind für ihre Kinder Eltern, die immer müde, unglücklich und bedürftig sind?

Eltern sollten sich umeinander kümmern. Es mag viele Ehen geben, in denen das Leiden hinreichend bewältigt wird, so daß es nicht überhand nimmt und das Wachstum der Kinder stört. Aber es stört mit Sicherheit das Wachstum der Eltern. Keine Ehe bringt nichts als Freude mit sich, aber es ist nur fair, wenn Mann und Frau erwarten, daß es wenigstens ab und zu ein wenig Freude gibt.

Sicherheit gewinnen Kinder, die erleben, daß ihre Eltern sich lieben und umeinander kümmern, und auch wenn Kinder die Einigkeit der Eltern manchmal auf die Probe stellen mögen, sind sie beruhigt, wenn die Eltern den Test bestehen. Kinder wollen, daß ihre Eltern loyal zueinander stehen, und sie wollen auch, daß ihre Familie sicher und heil ist.

Eltern sollten ihr persönliches Wachstum neu einschätzen. Viele Eltern, die ich kennengelernt habe, nehmen sich selten Zeit, sich auf sich selbst zu besinnen, auf das, was mit ihnen geschieht und darauf, was sie von all der Mühe haben. Sie beginnen das Experiment der Ehe als junger Mann und als junge Frau allein. Sie beenden es als ein älterer Mann und eine ältere Frau, wieder allein. Die Zeit wird kommen, wenn sie sich selbst fragen, was sie erreicht haben: „Was hast du als ein Individuum, und was habe ich als ein Individuum von diesem gemeinsamen Leben, außer den Kindern? Was haben wir übereinander und voneinander gelernt? Sind wir als Menschen, als Eheleute und als Eltern gewachsen? Wir haben gesehen, wie unsere Kinder heranwuchsen. Aber haben wir auch uns selbst wachsen gesehen? Gemeinsam und jeder für sich? Was für Menschen sind wir geworden?"

Eine gute Beziehung der Eltern fördert Selbständigkeit bei ihren Kindern. Eltern werden immer eine wichtige Rolle einnehmen, unabhängig davon, was mit ihren Kindern geschieht, aber je mehr sie sich mit ihrer Elternrolle identifizieren, um so schwerer werden es ihre Kinder haben, sie zu verlassen, und um so schwerer wird es ihnen fallen, unabhängig und autonom zu werden. Das Versäumnis, nicht genügend in eine eheliche Beziehung investiert zu haben, wird ernste Folgen für die Eltern haben, insofern sie unerfüllte Menschen bleiben, aber das wird nicht der einzige Preis sein. Einen ebenso wichtigen Preis werden vielleicht ihre Kinder zahlen müssen.

Eine gute Beziehung der Eltern zueinander schafft eine tolerante Atmosphäre, in der Konflikte ausgetragen werden können. Wenn Eltern für sich selbst und ihre Beziehung wie für ihre Kinder Zeit haben, dann tun sie viel für eine Atmosphäre, in der familiäre Probleme mit gutem Willen gelöst werden können. Eine positive, liebevolle Haltung bringt Flexibilität in den Prozeß des engen Zusammenlebens mit anderen Menschen. Es ist verständlich, daß eine solche Atmosphäre die beste Voraussetzung für seelische Gesundheit ist. Aber auch gesunde Familien erleben Streß, und wenn dieser Streß intensiv genug ist, dann kann die Familie zumindest zeitweise etwas von ihrer Flexibilität verlieren.

Veränderungen der Familienstruktur

Zusammenhalt und Qualität einer Familie sind von Erschütterungen betroffen, die durch den Verlust eines Elternteils, durch Scheidung oder Tod verursacht werden; viele Familien aber finden auf einer funktionalen Ebene eine neue Struktur. Zu meiner Freude habe ich persönlich und professionell alleinerziehende Eltern und Stiefeltern kennengelernt, die sehr effektiv waren. Obwohl ich ein paar Vorbehalte hinsichtlich der Erwartungen frisch verheirateter Menschen habe, funktionieren die meisten gemischten und wiederhergestellten Familien befriedigend, wenn bestimmte Grundüberlegungen beachtet werden, die in gleicher Weise für eine intakte Familie gelten.

Im Zusammenhang mit einer Ehe sind Tod und Scheidung schlimme Worte. Wer eine Scheidung oder auch den Tod eines nahestehenden Menschen miterlebt hat, berichtet oft, daß diese beiden Erfahrungen gleich schmerzhaft sind. Wenn für Eltern etwas schiefgeht, dann ist die Scheidung eine mögliche Lösung. Der Beginn der Pubertät eines Kindes kann der Auslöser sein, der eine gescheiterte Ehe zu einem Ende bringt. Aber die Pubertät ist nicht die Ursache dafür, daß eine gute Ehe endet. Sie kann jedoch unbekannte Kräfte aktivieren, die desillusionierte Partner zu der Erkenntnis bringt, daß die eheliche Beziehung nicht mehr lebendig ist. Wenn ein Heranwachsender sich immer mehr in Richtung Autonomie bewegt, kann diese Aussicht auf Veränderung positive Auswirkungen auf eine Familie haben; sie kann aber auch bewirken, daß die Familie anfängt, sich aufzulösen. Dies ist vor allem dann der Fall, wenn der Heranwachsende, der dabei ist, sich vom Elternhaus zu lösen, zum Vater oder zur Mutter in einer Beziehung lebt, in der er ein Bedürfnis dieses Elternteils erfüllt.

Abhängig von der Stärke und dem Wert der ehelichen Beziehung kann einer der beiden Eltern plötzlich das Gefühl haben, daß das Leben an ihm oder ihr vorbeigeht. Wenn die Ehe nicht befriedigend ist, kann ein Elternteil die unbegrenzten Aussichten und die Freiheit des Jugendlichen in starkem Kontrast zu seiner eigenen Zukunft wahrnehmen. Wenn die Beziehung von beiden Eltern wertgeschätzt wird, können sie die beginnende Loslösung der Kinder ertragen und vielleicht sogar feiern.

Eine Scheidung wirkt sich auf Kinder in einer Weise aus, die schädlich sein kann. Wenn die Scheidung die Folge einer unterernährten ehelichen Beziehung ist, dann haben die Kinder zumindest bereits einen gewissen Schaden erlitten. Wenn Eltern mit der Zeit die Fähigkeit oder die Lust verlieren, die Bedürfnisse des anderen zu befriedigen, dann ist dies Kindern nicht zuträglich. Auch Eltern, die einander „um der Kinder willen" ertragen, können diesen Zustand ihrer Ehe gewöhnlich vor den Kindern nicht verbergen. Der Rest der Familie weiß in den meisten Fällen, daß die Ehe zu Ende ist, lange bevor die Scheidung vollzogen wird. Ich bin nicht sicher, daß das Beenden einer Ehe schlimmer ist als ihre mehr schlechte als rechte Fortsetzung.

Der größere Schaden in einer Ehe, die auf eine Scheidung zusteuert, entsteht durch die ständige Bitterkeit und die Rachegefühle. Derjenige Elternteil, der als der „geschädigte Teil" gilt, kann größere Schwierigkeiten damit haben, mit seiner Wut fertig zu werden. Dies birgt die Gefahr in sich, daß derjenige Elternteil, der sich als „Opfer" empfindet, für die Kinder vielleicht weniger zugänglich wird als der andere Partner. Der Schaden, der Scheidungskindern zugefügt wird, entsteht weniger durch die Tatsache der Scheidung selbst als durch die Leidenschaften, die die Eltern vereinnahmen und sie damit für ihre Kinder unzugänglich machen.

Scheidung scheint in Familien mit Kindern eine größere Tragödie zu sein. Obwohl durch die Scheidung verletzt, würde dieses bestimmte Kind nicht existieren, wenn diese bestimmte Frau und dieser bestimmte Mann nicht zusammengekommen wären, um es zu zeugen. In gewisser Weise kann eine sogenannte „schlechte Ehe" ihre Existenzberechtigung vielleicht allein darin finden, daß ein oder mehrere bestimmte Kinder entstehen konnten.

Eine Scheidung kann zwar ein psychologisches Trauma sein, sie muß aber nicht das Ende bedeuten. Aus dem Unglück einer Scheidung kann Wachstum entstehen, wenn sie bei beiden Partnern zu dem echten Bemühen führt, nachzuvollziehen, wie jeder von beiden zu dem Problem beigetragen hat. Nur durch solch eine Selbstbefragung ist Wachstum möglich. Dabei darf es nicht darum gehen, die Schuld zu verteilen. Ehen enden selten aus einem einzigen und einfachen Grund. Die gesamte Schuld kann nur selten allein einem Partner, und Unschuld ausschließlich dem anderen zugesprochen werden. Wenn ehemalige Partner aus der traumatischen Erfahrung der Scheidung lernen, dann können sie ihr Leben nach der Scheidung verantwortungsbewußter steuern.

Wie bei anderen menschlichen Herausforderungen müssen die Geschiedenen die Fähigkeiten anwenden, die sie bei der Bewältigung der Probleme ihres bisherigen Lebens erworben haben. Ich habe geschiedene Ehemänner und -frauen neue Beziehungen und erfolgreiche Ehen mit neuen Partnern und sogar wieder miteinander eingehen sehen. Ich habe Jugendliche gesehen, denen es gelungen ist, ihre Wut auf einen Elternteil oder beide Eltern durchzuarbeiten und zu bewältigen. Die meisten Kinder verstehen schließlich, wenn sie erwachsen sind, was sie in ihrer Kindheit nicht verstehen konnten.

Jede Erwägung einer Scheidung sollte Überlegungen zum Leben nach der Scheidung einschließen. Kinder allein großzuziehen stellt besondere Herausforderungen an die Eltern, die Kinder und die Familie dar. Die Scheidung einer Ehe zerstört eine Familie, die bis dahin existierte. Das bedeutet, daß eine Scheidung die offizielle Anerkennung eines Endes ist. Aber die Beteiligten leben weiter, wenn auch in einer anderen Struktur von Beziehungen. Eine neue Familienstruktur entsteht. Eine Familie mit nur einem Elternteil unterscheidet sich beträchtlich von einer Familie mit Vater und Mutter, aber sie ist ebenfalls eine Familie.

Familien mit einem Elternteil

Die meisten Familien, in denen ein Elternteil allein erzieht, sind gesund und produktiv. Ganz gleich ob Scheidung oder Tod dafür verantwortlich sind, daß nur ein Elternteil da ist, es folgt daraus nicht notwendigerweise, daß die Familie nicht normal funktionieren kann. Kinder können trotz eines abwesenden Vaters oder einer abwesenden Mutter Autonomie und Unabhängigkeit erlangen. Eine solche Familie kann sogar funktionaler und gesünder als ein normales Zuhause mit zwei Eltern sein, wenn letzteres von Zwietracht, Mißtrauen und mangelnder Loyalität zerrüttet ist.

Wenn Vater oder Mutter allein erziehen, stellen sich jedoch für alle Beteiligten auf jeden Fall besondere Probleme. Die neue Familienstruktur steht weiter denselben Aufgaben gegenüber wie eine intakte Familie, aber sie muß zusätzlichen Ballast aufnehmen. Finanzielle Probleme sind meist eine größere Belastung. Zusätzlich muß der Vater oder die Mutter sich darum kümmern, die Kinder von einem Ort an den anderen zu bringen, sie zu beaufsichtigen, zu erziehen, zu ernähren und für sie zu sorgen. Und die Last ist nicht nur schwerer, sondern sie muß von einem allein ohne die Unterstützung eines Ehepartners bewältigt werden. Der oder die Abwesende ist nicht nur für die Kinder ein Verlust, sondern auch für den Partner, der mit dem Kind oder den Kindern allein ist.

Es ist ganz wichtig, daß der erziehende Elternteil psychologische Unterstützung von anderen bekommt. Dies kann z. B. im Rahmen von Selbsthilfegruppen entstehen, die es mittlerweile in den meisten Städten und Gemeinden gibt. Die Last der Elternschaft, wenn man allein erzieht, kann auch dadurch erleichtert werden, daß man einen aufgeschlossenen „Berater" in Gestalt eines Partners oder eines mitfühlenden und erfahrenen Freundes findet. Es hilft, wenn der „Berater" selber Kinder hat. Wichtig ist, daß alleinerziehende Eltern Kontakt mit anderen halten, wenn das auch nicht unbedingt heißen muß, daß man wieder heiraten sollte.

Manchmal werden Alleinerziehende mit Ratschlägen überschüttet, was getan werden sollte. Obwohl ihr Selbstvertrauen durch den Verlust des Partners vielleicht schwer erschüttert ist, tun die meisten Alleinerziehenden letztendlich einfach das, was ihnen im entscheidenden Moment am besten erscheint. Und das geht allen Eltern so.

Alleinerziehende sollten auch Mittel und Wege finden, ohne Begleitung durch einen Partner ihr persönliches Wachstum fortzusetzen. Manchmal sind die Einsamkeit und die Furcht vor der Zukunft, die auf alle zukommen, die sich ohne eine enge und dauerhafte Beziehung zu einem anderen erwachsenen Menschen durchs Leben schlagen, das Schwierigste am Los eines Alleinerziehenden. Wenn Alleinerziehende Zeit und Energie für sich selbst aufwenden, dann können sie persönlich weiter wachsen. Allein erziehen ist schwierig, aber es ist noch schwieriger, wenn man alles in die Elternrolle investiert und nichts in persönliches Wachstum.

Stieffamilien

Manchmal führt der natürliche Lauf der Dinge für Alleinerziehende zur Gründung einer neuen Familie. Hier liegt eine Chance und auch eine Gefahr.

Normalerweise verfügt eine Familie über den Luxus allmählichen, schrittweisen Wachstums. Vertrauen kann sich mit der Zeit entwickeln. Wenn Kinder geboren werden, können Eltern und Kinder einander langsam und in einer Atmosphäre gegenseitigen

Respekts kennenlernen. Eltern lernen, ihre Liebe zu zeigen und haben immer wieder Gelegenheit, das Vertrauen ihrer Kinder zu gewinnen. Kinder haben immer wieder Gelegenheit, die Anerkennung ihrer liebevollen Eltern zu gewinnen, und sie lernen, wie sie diesen Eltern gefallen können. Eine Familie aber, in die ein Elternteil ein Kind aus einer früheren Ehe mitbringt, besitzt nicht diesen „Luxus der Allmählichkeit". Über einen längeren Zeitraum können Kinder einen Stiefvater oder eine Stiefmutter lieben und respektieren lernen und sich an ihn oder sie gewöhnen. Aber dieser Prozeß kann und wird nicht schnell ablaufen.

„Dies ist dein neuer Papa!" oder „Dies ist deine neue Mama!" wird sicher bei den meisten Kindern, besonders Heranwachsenden, auf einige Skepsis, wenn nicht offene Feindseligkeit stoßen. Ein neuer Vater oder eine neue Mutter besitzt vielleicht wunderbare Qualitäten und kann für Kinder, deren Familie gerade erst zerbrochen ist, von großem Wert sein, aber wenn dieser neue Mensch glaubt, daß ihm sofort Vertrauen und Anerkennung entgegengebracht werden, dann ist eine Enttäuschung garantiert.

Es ist sehr wichtig, daß die Eltern in solch einer Familie ihre Beziehung mit einem klaren Verständnis darüber beginnen, daß die Beziehung früh und oft auf die Probe gestellt werden wird. Wenn die neuen Partner ihre eheliche Partnerschaft nicht ausreichend wertschätzen, wird die Beziehung nicht lange dauern. Wenn die Beziehung zwischen Mann und Frau in einer Stieffamilie unter demselben destruktiven Mangel an Zuneigung leidet wie die frühere Ehe, dann kann man mit Recht denselben Verlauf erwarten. Es ist sehr wichtig, daß die Partner klare Kanäle der Kommunikation miteinander herstellen oder organisieren – nicht nur über Dinge, sondern auch über Gefühle.

Stieffamilien sind mit großen Herausforderungen und mit großen Chancen konfrontiert. Sie brauchen dringend Zeit und Verstehen. Konkurrenz zwischen Menschen, besonders Geschwistern, ist natürlich. Ein verborgener, geheimer Teil des Kindes möchte, daß die neue Ehe scheitert. In bestimmter Hinsicht möchte das Kind zurück zum Alten, Vertrauten, das vielleicht schlimm, aber wenigstens vertraut war. Die Eltern fühlen sich oft wegen der gescheiterten Ehe schuldbeladen und fürchten einen weiteren Fehlschlag; sie brauchen ebenfalls soviel Hilfe und Verständnis, wie sie bekommen können. Eine weitere potentielle Quelle von Ärger, Unruhe oder Verwirrung in einer Stieffamilie ist die Tendenz aller Eltern, ihre eigenen Kinder gegen alle anderen zu verteidigen, sie zu schützen und vor allem, ihnen zu helfen, sie also vorzuziehen. Diese Tendenz ist natürlich und für Eltern normal. Im Kontext einer Stieffamilie aber sollten sich beide Eltern dieser Tendenz bewußt sein und sich immer vor unfairem Verhalten gegenüber Stiefkindern hüten.

Eines der größeren Hindernisse zum Erfolg in einer neuen Familie liegt in der starken Motivation eines neuen Elternteils, nicht der typische Stiefvater oder die typische Stiefmutter zu werden. Stiefeltern wollen Erfolg haben, und dies oft zu sehr und zu schnell. Wenn der neue Vater oder die neue Mutter versucht, das Stiefkind zu erziehen, stehen neugebildeten Familien ihre ersten Belastungsproben bevor. Viele Probleme in einer neuen Familie entstehen um das Thema Erziehung. Visher und Visher haben gezeigt, daß „Erziehung nur Erfolg hat, wenn der Mensch, der erzogen werden soll, an der Reaktion desjenigen Menschen und der Beziehung zu ihm liegt, der die Erziehungsfunktion hat." Mit anderen Worten: Wenn Kinder wissen, daß sie die Anerkennung eines liebevollen Elternteils haben, dann tun sie fast alles, was sie können, um sich diese Anerkennung zu erhalten. Wenn der Stiefvater oder die Stiefmutter dies versteht und die Fähigkeit und Bereitschaft mitbringt, diese Liebe und Anerkennung zu vermitteln, wird er oder sie für das Kind ein hochgeschätzter Erwachsener. Aber das braucht Zeit. Erfolgreiche Stiefeltern lernen, was es bedeutet, Vater oder Mutter zu sein und sich Vertrauen zu erarbeiten.

Eine Stieffamilie kann eine wunderbare Chance und ein Mittel der Heilung sein. Ein neuer Vater oder eine neue Mutter kann für Kinder, die Opfer einer gescheiterten Familie gewesen sind, eine echte Bereicherung sein. Ich habe Stiefväter und -mütter kennengelernt, die von ihren Stiefkindern verehrt wurden – aber erst nach einer gewissen Zeit.

Auf der Station für Jugendliche in unserem Krankenhaus machen wir ständig denselben Prozeß wie Stieffamilien durch; das heißt, wir müssen Akzeptanz und Vertrauen der Kinder gewinnen. Kinder kommen zu uns, weil sie bei uns eine Umgebung vorfinden, die darauf angelegt ist, ihnen neue lebendige Erfahrungen zu vermitteln und ihnen zu helfen, sich mit sich selbst und ihrer Familie besser zu fühlen. Meine Mitarbeiter und ich haben diesen Kindern etwas zu bieten. Vieles davon gleicht dem, was es auch in einer gesunden Stieffamilie gibt:

- Neue Ideen;
- Neue Ansichten alter Ideen;
- Berechenbare Erwachsene;
- Erwachsene, die ihre Gefühle ausdrücken.

Wir können viel für diese Jugendlichen tun, sobald sie auf die Station kommen; aber oft sind sie noch nicht soweit. Wir müssen warten; wir müssen erst auf die Probe gestellt werden und die Probe bestehen. Wir müssen uns bemühen und verstehen, wie jeder einzelne, der in unsere Obhut gegeben ist, die Welt sieht und wie er fühlt. Wir müssen eine Umwelt bereitstellen, in der die Erwachsenen einander verstehen, miteinander sprechen und aneinander Anteil nehmen. In dieser Umgebung interagieren die Kinder in unserer Obhut mit uns und miteinander. Hier lernen sie neue Lebensweisen. Sie können innerlich wachsen.

Wie in einer Familie verlassen uns diese Jugendlichen dann wieder und leben ihr Leben in der Welt weiter. Wir feiern ihr Wachstum und ihren Aufbruch. Wir messen unseren Erfolg nicht nur an ihrem, sondern auch an unserem Wachstum. Dieses Wachstum ist es, was uns dazu bringen kann, uns erfüllt zu fühlen.

Optimal kompetente Familien und kompetente Familien

Familien organisieren sich auf verschiedene Weisen, die zumindest teilweise von den Erfahrungen abhängen, die die Eltern in ihren eigenen Ursprungsfamilien gemacht haben. Im Verlauf vieler Jahre haben Lewis et al. (1976) verschiedene Typen von Familien untersucht, die auf einer Skala von optimal kompetent über kompetent und psychisch belastet bis chaotisch rangierten. Als sie sich auf Familien mit gesunden und glücklichen Jugendlichen konzentrierten, entdeckten sie frappierende Ähnlichkeiten zwischen diesen Familien und jenen, die sie *optimal kompetente Familien* nannten. Dabei handelte es sich um Familien, die die sich entwickelnde Autonomie in Kindern erfolgreich förderten und ein Medium bereitstellten, in dem auch die Persönlichkeit der Eltern weiter wachsen konnte. Lewis (1986) beschrieb weiter, wie diese Familien lebten:

„Sie zeigten einen elterlichen Zusammenhalt, der von Flexibilität, geteilter Macht und beträchtlicher psychologischer Intimität charakterisiert war. Die Eltern bilden gemeinsam eine starke und wirksame Leitung der Familie, aber sie sind nicht autoritär, sondern hören eher auf die Vorstellungen und Gefühle ihres heranwachsenden Kindes und suchen, wann immer möglich, Lösungen durch Verhandlung und Gespräch.

Die Kommunikation in gesunden Familien ist klar und spontan. Die Familienmitglieder übernehmen Verantwortung füreinander und für individuelle Meinungen und Handlungen. Alle möglichen Gefühle werden klar ausgedrückt, und Einfühlung in den anderen ist der Normalfall. Die Rollen innerhalb der Familie sind flexibel und individuelle Unterschiede werden akzeptiert. Solche Familien nutzen eine breite Palette von Möglichkeiten, um mit Neuem, Veränderung und Streß umgehen können."

Jede Familie ist in bestimmter Weise anders als andere Familien und verwendet Vorgehensweisen, die denjenen anderer Familien ähneln, sich jedoch auch von ihnen unterscheiden. Die Aufgaben einer Familie können durch einen bestimmten Familienstil oder eine Familienstruktur erleichtert oder behindert werden. Eine spezifische familiäre Umgebung kann das Wachstum ihrer Mitglieder fördern und stimulieren, wenn die Erwachsenen, die für die Organisation und die Entscheidungen in der Familie verantwortlich sind, sich in bezug auf dieses Ziel einig sind, Das Wissen darum, wie man das Ziel erreicht, ist ebenfalls wichtig, zunächst jedoch, daß es solch ein Ziel überhaupt gibt. Jede Familie wird ihre eigenen Techniken anwenden, um ihre Ziele zu erreichen. Wie eine Familie ihre Aufgaben angeht, hängt von vielen Faktoren ab, nicht zuletzt von den Einstellungen und der Persönlichkeit der Eltern.

Lewis' Arbeit mit Familien hat eine Vielzahl von Möglichkeiten aufgezeigt, die Familien benutzen, um sich selbst zu organisieren und zu funktionieren. Heranwachsende, die das Privileg haben, in einer gesunden und optimal kompetenten Familie aufzuwachsen, werden ihre Pubertät wahrscheinlich eher glatt durchleben. Solche Kinder werden vermutlich auch eher glücklich sein. Es sind Kinder, deren Eltern glücklich darüber sind, solche „netten Kinder" zu haben. Im großen und ganzen sind Eltern mit ihren Kindern wohl eher zufrieden, neigen aber dazu, sich darum zu sorgen, daß etwas schiefgehen könnte.

Im allgemeinen verfolgen die meisten Familien mühselig das Ziel, gesunde Kinder aufzuziehen, ohne je klare Grundsätze zu besitzen, die besagen, was zu tun ist oder wie man es zu einer gesunden Familie bringt. Welche Faktoren führen zu einer gesunden Familie? Ein Blick auf Lewis' optimal kompetente Familien kann uns verstehen helfen, wie solche Familien funktionieren. Aus der Beobachtung ihres Lebensstils kann man Rückschlüsse darauf ziehen, warum sie gut funktionieren:

1. Diese Familien zeigen eine Struktur mit einer gut definierten Führung, die die Eltern miteinander teilten. In bestimmten Bereichen des Familienlebens bestimmte die Mutter, in anderen der Vater. Ihre Rollen waren konsistent, klar und miteinander abgestimmt.

2. Es gab Autorität, aber kein autoritäres Verhalten. Die Macht der Eltern war geteilt, und die Kinder verstanden und akzeptierten, daß die Eltern das Sagen hatten.

3. Einerseits gab es in diesen Familien ein Gefühl von Nähe, andererseits war Individualität erlaubt und wurde ermutigt.

4. Alle Mitglieder der Familie konnten ihre Meinungen und Vorstellungen offen ausdrücken, aber es wurde verlangt, daß dies in klar verständlicher Weise geschah. Alle menschlichen Gefühle konnten ausgedrückt werden, und es wurde auf sie reagiert, wobei jeder die Verantwortung für seine eigenen Gedanken und Gefühle übernahm.

5. Es gab ein Einverständnis darüber, daß jeder nur für sich selbst sprach und nicht beanspruchte, für andere zu sprechen.

6. Die Mitglieder der Familie respektierten einander.

Diese Familien schaffen eine gesunde Umgebung, in der Mann und Frau mehr als Vater und Mutter sein können. Gute Familien erlauben und fördern inneres Wachstum nicht nur bei den Kindern, sondern auch den Eltern.

Das Konzept der optimal kompetenten Familie ist mehr als ein abstraktes Ideal. Weil diese Familien jedoch selten Beratung oder Therapie benötigen, erscheinen sie auch selten in Statistiken zu psychischer Gesundheit. Ich vermute, daß es weit mehr solcher Familien gibt, als viele Menschen, die professionell auf diesem Gebiet arbeiten, annehmen.

Kompetente Familien

Die meisten Familien, die psychotherapeutische Beratung aufsuchen, unterscheiden sich deutlich von optimal kompetenten. Sowohl die optimal kompetente als auch die kompetente Familie scheint gesunde Kinder hervorzubringen. Der Unterschied zwischen diesen zwei Gruppen liegt in der Beziehung der Eltern zueinander, ihrem Grad an Zufriedenheit. Meine eigene Erfahrung mit Familien bestätigt diese Beobachtung.

Familien, die weniger als optimal kompetent sind, sind dadurch gekennzeichnet, daß entweder ein Elternteil oder beide unglücklich sind. Diese Eltern ziehen funktionale, das heißt gesunde Kinder auf, versagen aber darin, Intimität und Erfüllung für sich selbst zu gewinnen. Meiner Erfahrung nach sind diese Eltern unglücklich miteinander, und jeder von ihnen fühlt sich vom Ehepartner nicht beachtet. Während auch die am besten funktionierenden Familien von Zeit zu Zeit Streit kennen, scheint es in der Ehe bestimmte Qualitäten zu geben, die den Ton einer optimal kompetenten Familie bestimmen, gekennzeichnet durch eine gewisse leichte Gestimmtheit und offenen Ausdruck von Zuneigung. Auf der anderen Seite lassen Familien, die weniger als optimal kompetent sind, zwar den Ausdruck von Gefühlen in der Familie zu, aber die Beziehung der Eltern miteinander ist von Leiden bestimmt. Mehr noch, es gibt die unausgesprochene Übereinkunft, nicht über dieses Leiden zu sprechen. Diese Eheleute erfüllen ihre elterliche Verantwortung, und insofern kann man sie als gute Eltern ansehen. Ihre Familie tut in etwa das für die Kinder, was man von einer guten Familie erwartet. Die weniger als optimal kompetente Familie versagt, wenn es um ein inneres Wachstum und eine Erfüllung von Mann und Frau geht.

Familien, in denen das Verhältnis der Mitglieder zueinander belastet ist

Es ist nicht meine Absicht, in diesem Buch schwer pathologische Familien zu analysieren. Vielmehr möchte ich ein gewisses Verständnis davon vermitteln, wie die Durchschnittsfamilie die Aufgaben verstehen kann, denen sie sich gegenüber sieht, wenn es darum geht, einem Kind zu helfen, zu einem normalen gesunden Erwachsenen heranzureifen. Auf der anderen Seite ist es von Nutzen, wenn man versteht, was in belasteten Familien dazu führt, daß verhaltensauffällige Kinder heranwachsen, die ihrerseits verhaltensauffällige Erwachsene werden und Familien bilden, die wiederum psychisch belastet sind und wieder neue verhaltensauffällige Menschen hervorbringen.

Es kann einfach aussehen, den richtigen Kurs bei der Führung einer Familie zu bestimmen, wenn man einfach jene Familien betrachtet, die gut funktionieren, aber so einfach funktioniert es nicht. Viele Familien, die ich in meiner Praxis gesehen habe, bemühten sich sehr, das „Richtige" zu tun. Meistens machten sie alles so gut, wie es unter den gegebenen Lebensumständen und mit den Fähigkeiten, die sie zur Lösung von Problemen besaßen, eben ging. Die Eltern bemühten sich ehrlich, sich über Wasser zu halten. Manchmal fehlte nur noch „ein kleines bißchen". In diesen Familien gab es viel Leid. Die Eltern liebten ihre Kinder und versuchten, das Beste zu tun, was sie konnten.

Die Familien, die ihre verhaltensauffälligen Kinder zu mir brachten, waren fast durchweg traurige Familien. Sie hatten wenig Spaß und wenig Freude aneinander, an anderen Menschen oder überhaupt an irgend etwas. In den meisten dieser Familien gab es ein untergründiges Gefühl von Verzweiflung, das ständig in gewisser Weise spürbar war.

Obwohl viele Familien, die ich während 30 Jahren in meiner Praxis gesehen habe, auf die eine oder andere Weise psychisch belastet waren – was nicht heißen muß, daß sie psychisch krank waren –, gab es ein weites Spektrum von Faktoren, die zur Störung dieser Kinder oder dieser Familien geführt hatten. Manche Familien hatten gut funktioniert, bis das erst Kind in die Pubertät kam. Andere hatten von Anfang an unter Störungen gelitten. In mancher Hinsicht unterschieden sich diese Familien voneinander; im allgemeinen waren sie sich aber eher ähnlich als unähnlich.

Vergessen Sie bei der Lektüre dieses Abschnitts nicht, daß vereinfachende Erklärungen, weshalb Kinder unter Störungen leiden, oft falsch sind.

Einstellungen und Überzeugungen von Eltern. Eltern haben eine natürliche Neigung, Einstellungen, Überzeugungen, Gefühle und Verhaltensweisen aus ihrer eigenen Kindheit in die Beziehung mit ihren Kindern zu übertragen. Diese Überzeugungen und Haltungen sind das Ergebnis der Kindheitsentwicklung der Eltern und ihrer Interpretation dessen, wie ihre Ursprungsfamilie lebte, wie sie selbst in ihrer Familie aufwuchsen und wie gut sie ihre Fehlanpassungen im Verlaufe ihres weiteren Wachstums aufdecken und ausgleichen konnten. Diese Vorurteile beeinflussen die Beziehung der Eltern zueinander wie zu ihren Kindern, wie das folgende Beispiel verdeutlicht:

Ein General und seine Frau kamen zu einem Therapeuten, nachdem die Frau ihren Mann schließlich davon überzeugt hatte, daß sie Hilfe benötigten, aber erst nachdem ihr Sohn Jack jr. einen ziemlich ernsten Selbstmordversuch unternommen hatte. „Jack hat niemals ein freundliches Wort übrig für Jack jr. Er ist ein Perfektionist und findet an allem, was der junge Jack tut, etwas auszusetzen. Er wuchs in einer Offiziersfamilie auf, und sein Vater konnte nicht die geringste Unordnung ertragen. Ich weiß nicht, wie meine Schwiegermutter das aushielt. Jack sorgt gut für uns, aber man kann ihm mit Sicherheit nur schwer etwas recht machen."

Jack senior antwortete: „Sie hat recht, Doktor. Ich glaube, ich bin ein Perfektionist. Aber ich wurde zu der Überzeugung erzogen, daß alles, was wert ist, getan zu werden, so gut getan werden sollte, wie man nur kann. Helen wuchs in einer Familie auf, in der es viel entspannter zuging und auch Spaß gab. Ihr Vater war locker und viel offener als meiner."

Der Lebensansatz des Generals hatte ihm im College und in seiner Karriere gut gedient. Er hatte die Militärakademie abgeschlossen und war der erste in seiner Klasse gewesen, der den Generalsrang erreichte.

Er und seine Frau wurden mit einem verschiedenen Hintergrund an Erfahrungen, wie man Kinder aufzieht, Eltern. Jeder von beiden war überzeugt, daß die eigene Erziehung die richtige war. Diese Unterschiede schufen nicht nur für ihren Sohn Probleme, sondern auch füreinander.

Genetische Risiken. Wie gut Eltern den richtigen Boden für das Wachstum ihrer Kinder bereiten, hängt zu einem gewissen Maß auch vom genetischen Erbe der Eltern ab. Jeder von uns bringt eine gewisse Last an genetischem Risiko mit, und manche Kinder kommen mit einer Zerbrechlichkeit auf diese Welt, die Gesundheit und Glück entgegenzuwirken scheint. Selbst für eine ideale Umwelt stellt ein Zuviel an genetischer Belastung eine Herausforderung dar.

Ein großer Teil der Atmosphäre innerhalb der Familie wird die Konsequenz von Haltungen sein, die die Eltern aus ihrer Ursprungsfamilie mitbringen. Jede Mutter bringt Fertigkeiten mit, wie sie ihr Kind ernährt, die sie von ihrer eigenen Mutter gelernt hat, und andere Eigenschaften, die sie vielleicht nicht gelernt, sondern geerbt hat. In gleicher Weise bringt jeder Vater Fertigkeiten und Haltungen mit. Wenn wir neugeborene Babys beobachten, bemerken wir, daß manche stiller als andere sind, und manche aktiver. Es gibt sichere Anhaltspunkte dafür, daß jeder von uns mit konstitutionellen Unterschieden auf die Welt kommt. In dem Maße, in dem einige unserer menschlichen Eigenschaften nicht das reine Resultat unserer Umwelt sind, sind sie unser genetisches Erbe. Ich habe Kinder in einer glücklichen und liebevollen Umgebung leben und weniger gut gedeihen sehen als ihre Geschwister, auch wenn die Versorgung der einzelnen Kinder durch die Eltern nicht nachweisbar verschieden war.

Ungesunde Umgebungen. Kinder, die eine Art „psychologischer Antikörper" besitzen, die sie gegen alle möglichen Übergriffe immun machen, scheinen selbst psychotoxische Umgebungen ertragen zu können. Unglücklicherweise scheinen diese Antikörper selten zu sein.

Unfähigkeit, Gefühle mitzuteilen. Für Eltern, die in Familien aufgewachsen sind, in denen Gefühle nicht geduldet wurden, kann es schwierig sein, Gefühle in der Familie auszudrücken, in der sie jetzt mit den Ton angeben. Sie sind vielleicht keine gefühllosen Menschen, sondern nur ungeübt im Ausdruck von Gefühlen.

In meiner Arbeit mit Familien von Jugendlichen habe ich bestimmte Eigenschaften und Charakteristika in den Familien beobachtet, die mit beunruhigender Häufigkeit vorkamen: Vor allem war dies die Unfähigkeit der Familienmitglieder, ihre Gefühle auszudrücken. Viele dieser Eltern glaubten, wenn sie sich nur genug bemühten, würden ihre Kinder gut angepaßte Erwachsene. Diese Eltern waren in ihren elterlichen Pflichten selten nachlässig. Selten litten diese Kinder wirklich unter Mangel am materiell Notwendigen. Wenn es zu Vernachlässigung kam, dann häufiger im emotionalen Bereich.

In vielen dieser Familien war es nicht üblich, Gefühle offen auszudrücken – nicht nur Liebe, sondern auch Wut, Eifersucht, Angst oder Trauer. Es war für sie sehr schwer, zum Beispiel zu sagen: „Wie wütend ich bin!", „Was für eine Angst ich habe!" oder „Ich bin so schrecklich traurig." Viele dieser Familien hatten nahe Angehörige verloren, aber hatten sich nicht zugestanden, ihre Toten zu betrauern.

Eltern, die eine Beziehung mit ihren Kindern haben, in der sie eigene Bedürfnisse befriedigen. Wenn es Eltern nicht gelingt, füreinander zu sorgen und die Bedürfnisse des anderen zu erfüllen, dann kommt es vor, daß ein Elternteil die Generationengrenze überschreitet und eine Beziehung mit einem oder mehreren Kindern eingeht, in der er oder sie die eigenen Bedürfnisse befriedigt. Die Generationengrenze bildet eine Kluft und eine Barriere zwischen den zwei Generationen. Es wäre nicht korrekt, wenn man behauptete, daß das Überschreiten dieser Grenze immer zu Inzest führen würde. Es ist andererseits auch nicht richtig, daß Inzest immer ein Überschreiten der Grenze und eine gestörte Beziehung zwischen Eltern voraussetzt.

Auch wenn es nicht zum Inzest kommt, kompliziert solch eine Beziehung die Entwicklung des Kindes. Eltern, die sich als Menschen, als Ehepartner oder in ihrem Beruf unerfüllt fühlen, hängen vielleicht verzweifelt an ihrer Elternrolle und setzen ihre Kinder dann dem Druck aus, in der Kinderrolle zu bleiben. Wenn solch ein Kind dann in die Pubertät kommt, ist seine Entwicklung zur Unabhängigkeit bedroht. Ein Erfolg des Kindes in seinem Ringen um Autonomie und Befreiung aus der Beziehung, in der es Bedürfnisse der Eltern erfüllt, kann für diese dann katastrophal sein. Wenn Unabhängigkeit und Autonomie eines Heranwachsenden von seinen Eltern nicht nur ertragen, sondern auch gefördert werden sollen, dann dürfen sie für diese nicht zu einer Bedrohung ihrer Identität werden.

Eltern, die selbst in ihrer Kindheit kein Selbstwertgefühl entwickelt haben. Das Selbstwertgefühl der Eltern und sicherlich auch ihre Wahrnehmung ihrer selbst als liebenswert wurzeln in ihren eigenen Erfahrungen als kleine Kinder in der Obhut ihrer Eltern. Als sie selbst ihre Pubertät durchlebten, wurden sie dabei von ihren Eltern unterstützt oder behindert. Ihr individuelles Wachstum erhielt in diesen Jahren entscheidende Impulse, und auch ihre Partnersuche wurde von ihren Erfahrungen jener Jahre beeinflußt.

Manche Eltern behindern ihre Kinder in ihrer Bewegung in Richtung Unabhängigkeit und Autonomie durch ihre eigenen Zweifel und Unsicherheiten. Wie sie sich selbst sehen, hat einen Einfluß darauf, wie die Beziehung zu ihren Kindern geartet ist, und besonders darauf, wie effektiv sie darin sind, ihre Kinder in ihrer Entwicklung zu Autonomie zu unterstützen.

Moderne Belastungen durch Streß. Die täglichen Anforderungen an Eltern sind so groß, daß ihnen wenig Zeit bleibt, sich auf ihre langfristigen Ziele und Erwartungen zu besinnen. Außerdem sind die Gefahren, denen Eltern bei der Führung ihrer Kinder ausgesetzt sind und die sie bewältigen müssen, so groß, daß ständige Wachsamkeit geboten zu sein scheint. Diese Anforderungen gehen auf Kosten der Zeit, die die Eltern mit ihren Kindern, miteinander und mit sich selbst verbringen können.

Zeit zu finden für den Ehepartner, für das Kind oder für sich selbst, erfordert manchmal eine gewisse Erfindungsgabe. Wenn das Bedürfnis, diese Zeit zu finden, nicht klar empfunden wird, dann nimmt man sie sich auch nicht. Um Zeit zu finden und den Ort, wo man sie verbringen kann, ist eine bestimmte Struktur erforderlich. Wenn das Bedürfnis gering ist und die Struktur überwiegt, bekommt die Zeit, die man sich frei macht, eine Aura von Künstlichkeit und Zwang.

Wichtiger ist vielleicht eine Definition dessen, was „qualitätvolle Zeit" ausmacht. Zeit überhaupt zu finden ist eine Aufgabe, aber wenn sie einmal gefunden ist: Was für eine Qualität soll sie haben? Ich habe Mütter kennengelernt, die einen Vollzeitjob außer Hause hatten, sich um den Haushalt kümmerten und ihre Kinder allein zu gesunden, glücklichen und gut angepaßten Menschen erzogen. Zeit? Gab es nicht viel. Qualität? Hoch. Sogar ein kurzer Augenblick kann Zeit von hoher Qualität sein. Die folgenden Vorschläge können dabei helfen, die Qualität von Zeit, die man mit Kindern verbringt, zu verbessern:

- Zuhören können, um zu verstehen;
- Einem Kind erlauben, über seine Gefühle zu sprechen;
- Dem Kind ein Recht auf alle seine Gefühle zugestehen;
- Interesse an dem Kind und seinem Problem ausdrücken;
- Nachfragen, wie man helfen kann.

Die Menge an Zeit ist weniger wichtig als die Qualität. Die meisten Eltern haben ihre eigenen Einfälle, wie man der Zeit, die zu Verfügung steht, Bedeutung geben kann. Die vorangehenden Vorschläge beziehen sich mehr auf die Einstellung der Eltern als auf bestimmte Aktivitäten, und die meisten Eltern wissen, wann man die Zeit gut verbracht hat.

Folgendes ist zu beachten: Es ist für Eltern auch wichtig, Zeit für sich selbst zu finden. Wenn Sie müde, erschöpft und ausgelaugt sind, werden Sie es schwer haben, auch nur ein bißchen Energie und Interesse für Ihre Kinder aufzubringen. Tun Sie Ihnen einen Gefallen; nehmen Sie sich Zeit für eine Pause, in der Sie sich erfrischen.

Zusammenfassung

Heranwachsende bringen zwar ihre eigenen Stärken und Schwächen in ihre Entwicklung zum Erwachsensein mit; ein großer Teil ihrer Fähigkeit, aus ihrer Kindheit herauszuwachsen, wird aber von der psychischen Gesundheit derer beeinflußt, die sie gezeugt haben und die sie nähren und aufziehen. Es ist für Eltern ebenso wichtig zu verstehen, was mit ihnen selbst geschieht, wie das zu verstehen, was mit ihren Kindern geschieht. Eltern sollten mehr tun, als nur auf die Bedürfnisse ihrer Kinder zu reagieren. Sie sollten sich auch um ihre eigenen Bedürfnisse kümmern.

All dies geschieht im Kontext der Familie. Alle Familienmitglieder stehen in dem Prozeß, die zu werden, die sie sein sollen. Jedes Mitglied der Familie beeinflußt den Entwicklungsprozeß der anderen Mitglieder und wird seinerseits von ihnen beeinflußt.

Wenn die Familie wirklich ein System der psychischen Unterstützung ist, dann dürfen wir erwarten, daß Menschen in diesem Kontext gedeihen. In der Umwelt der Familie suchen wir Hilfe in der Not. Und hier heilen und wachsen Kinder auch. Eine gesunde Umgebung für Kinder muß ihr Wachstum in Richtung Individualität und Autonomie bei gleichzeitiger Verbundenheit mit anderen Menschen fördern. Wenn diese Umwelt Wachstum, Individualität und Autonomie für die Eltern hemmt, dann wird sie die gleiche Wirkung auch auf die Kinder haben. Sie kann kein guter Platz für Kinder sein und ist zugleich ein schlechter Ort für Erwachsene. Damit sie ein gesunder Platz ist, muß allen, die dort leben, erlaubt sein zu wachsen und bei diesem Wachstum auch unterstützt zu werden.

Kapitel 2
Jugendliche und ihre Eltern

Obwohl Heranwachsende ihre eigenen Stärken und Schwächen in ihre Entwicklung auf das Erwachsensein zu mitbringen, ist ein großer Teil ihrer Fähigkeit, aus ihrer Kindheit herauszuwachsen, von der psychischen Gesundheit derer beeinflußt, die sie gezeugt haben und die sie nähren und aufziehen.

In diesem Kapitel diskutiere ich die Beziehung von Jugendlichen zu ihren Eltern unter zwei Gesichtspunkten: erstens die Veränderungen in dieser Beziehung, wenn der Heranwachsende sich dem Erwachsenenalter nähert, und zweitens Grundsätze für effektives Verhalten, die den Eltern während aller Stadien der Entwicklung ihres Kindes helfen können.

Das Bild allmächtiger Eltern verändert sich

Am Beginn ihres Lebens hängt die Existenz von Kindern ganz von der ständigen Aufmerksamkeit hingebungsvoller Versorger ab, die nicht nur bereitwillige, sondern auch mächtige Beschützer sind. Ohne die Zuwendung von kompetenten und willigen Versorgern würde das neugeborene Kind sterben. Auf der Grundlage der Qualität der Fürsorge, die die Kinder empfangen, beginnen sie ihre ersten, äußerst bedeutsamen Eindrücke von ihrer Umwelt und den Menschen in ihr zu formen. Diese frühen Eindrücke treffen auf eine noch ungeformte Persönlichkeitsstruktur, und so werden sie tief in das Unbewußte eines Kindes eingebettet. Später, wenn das Kind wächst, werden diese Eindrücke in das Bewußtsein aufgenommen und dann ständig revidiert und modifiziert; Eindrücke auf das Unbewußte jedoch bleiben zum größten Teil vor weitergehenden Änderungen verborgen.

Wenn Kinder in das Vorschul- und Schulalter kommen, schreiben sie ihren Eltern diejenigen Eigenschaften zu, von denen sie als hilflose Wesen glauben müssen, daß sie sie für ihr Überleben zu Verfügung haben. Im Laufe der psychischen Entwicklung erwirbt die Psyche der Kinder die Fähigkeit zur Projektion. Die Kinder projizieren auf ihre Eltern Allmacht und Allwissenheit, die weit über menschliche Möglichkeiten und über das menschliche Potential hinausgehen. Man höre auf die Worte kleiner Kinder: „Mein Vater ist der stärkste Mann der Welt!" „Mein Vater ist stärker als deiner!" „Meine Mutter ist die wunderbarste Mutter auf der Welt. Sie liebt mich, und sie sorgt für mich" – und so weiter. Diese Überzeugungen dienen dem sich entwickelnden Ich und erlauben dem verletzlichen Kind, unbefangen seinen Weg zu gehen, aufgehoben in dem Wissen, daß es vor allem Schaden sicher ist.

Die Mythen in der Pubertät bekämpfen

Wenn Kinder sich der Pubertät nähern, beginnen sie zu verstehen, daß sie in gewissem Maß Macht und Wissen erworben haben. Zum Beispiel merkt ein Jugendlicher, daß er jetzt so groß wie sein Vater ist – wenn nicht größer. Ein heranwachsendes Mädchen fängt an, sich mit seiner Mutter zu messen, und vergleicht sich in körperlicher Hinsicht oder in bezug auf bestimmte Fähigkeiten mit ihr: „Papa sagt, daß mein Kuchen sein Lieblingsnachtisch ist." Heranwachsende haben oft das Gefühl, daß sie klüger als ihre Eltern sind. Aber tief im Unbewußten lauert das Bild mächtiger Eltern und das eines „armen, hilflosen Ich". Dies ist eines der schwierigeren Themen, das Heranwachsende und ihre Eltern bewältigen müssen. Wenn Jugendliche ganz autonom und unabhängig werden sollen, müssen sie anfangen, den Glauben, daß Eltern allmächtig sind, abzulegen, um sich damit zugleich von dem Gefühl zu befreien, daß sie ohnmächtig sind. Heranwachsende sollten sich in ihrem Selbstbild und in ihrem Bild der Eltern auf Gleichheit hin entwickeln.

Wie macht ein Jugendlicher das? Ganz einfach. Zum Beispiel indem er den ‚alten Herrn' kritisiert oder abwertet. Anstatt anzugeben: „Mein Papa ist der stärkste Mann der Welt!" sagt ein Heranwachsender jetzt wahrscheinlich eher: „Mein Alter ist eine Null. Seine Ansichten sind vorsintflutlich", oder: „Mein Vater ist unfair" oder etwas Ähnliches. Was hier passiert, nenne ich ‚entmythologisieren'. Heranwachsende nehmen jetzt zurück, was sie vor langer Zeit einmal gegeben haben. Sie fangen damit an, Macht und Wissen jetzt für sich selbst zu beanspruchen, um sich von einem Selbstbild der Hilflosigkeit zu befreien.

Wenn Heranwachsende ihr Bild von ihren Eltern neu definieren, gelangen sie hoffentlich auch zur Entdeckung ihrer Menschlichkeit und zu einem stärker von Mitgefühl bestimmten Verständnis der Schwächen ihrer Eltern. (Mark Twain berichtete von dem enormen Wachstum seines Vaters zwischen seinem eigenen 16. und 22. Geburtstag.) Es kommt die Zeit, wenn Eltern und Kind ihre Neudefinition voneinander abschließen können. Wenn das gelingt, bedeutet es weder Triumph noch Niederlage, sondern eine Verständigung miteinander .

Fortschritt und damit assoziierte Ängste

Obwohl Heranwachsende davon profitieren, wenn sie ihre langgehegten unbewußten Vorstellungen von ihren Eltern ablegen, kann ihnen das auch Angst machen. Wenn sie das Bild ihrer Eltern als allmächtig und allbeschützend aufgeben, geben sie damit auch den angenehmen Glauben auf, daß sie immer sicher vor allem Übel sind. Dieser Tausch erfüllt Jugendliche oft mit gemischten Gefühlen, die manchmal in auffallendem, unangepaßtem Verhalten zum Ausdruck kommen und ausagiert werden. Es kann dazu führen, daß ein Jugendlicher gerade dann, wenn er große Schritte in Richtung Reife und zunehmende Verantwortlichkeit getan hat, etwas tut, was seine Eltern dazu bringt, noch einmal ihre Kontrolle über ihn zu verstärken und damit ihre Schutzhaltung wieder einzunehmen. Paradoxerweise beklagt der Heranwachsende sich dann oft über das, wozu er seine Eltern selbst herausgefordert hat. Kein Wunder, daß Eltern da manchmal nicht mitkommen.

Konsequenzen, wenn das Bild der allmächtigen Eltern nicht aufgegeben wird

Manchmal ist ein Heranwachsender unfähig, die Neudefinition seiner Eltern als nicht länger allmächtig und allwissend zu akzeptieren. Wenn Eltern unbewußt das Bild der Allwissenheit weiter nähren, kann es dazu kommen, daß sie bei ihrem Kind Gefühle der Unfähigkeit und Hilflosigkeit eher fördern. Viele Jugendliche empfinden Schuld und Angst, wenn sie Eltern auch nur in Gedanken herabsetzen. Viele Kämpfe um Kontrolle zwischen Kind und Eltern haben hier ihren Ursprung. Der Heranwachsende sucht und findet verdeckte Möglichkeiten, seinen Eltern zu zeigen: „Du kriegst mich nicht unter, das wirst du sehen!" Schulisches Versagen kann die Folge einer Weigerung allmächtiger Eltern sein, die Verantwortung für schulische Leistungen an das Kind abzugeben. Wenn das passiert, lernt und perfektioniert das Kind eine Menge Verhaltensweisen, die zum Ziel haben, den mächtigen Eltern eine Niederlage beizubringen und sich selbst mit dem Gefühl zu trösten, nicht ganz ohnmächtig zu sein. Solch ein Kind wird dann möglicherweise ein Erwachsener, der ängstlich, reizbar und indirekt feindselig ist. Er bekommt leicht Probleme mit Autoritäten und hat ein negatives Selbstbild. Mehr noch, er wird weiter seine Eltern dazu einladen, sich um ihn zu sorgen, weil sie bei ihrem erwachsenen Kind immer noch ein Bedürfnis nach Schutz wahrnehmen. Ein junger Mann zum Beispiel, der dieses Bild der Hilflosigkeit von sich selbst aufrechterhält, wird Mühe haben, die Anforderungen zu erfüllen, die mit der Gründung einer eigenen Familie auf ihn zukommen: der Notwendigkeit, anderen Menschen Sicherheit zu geben, statt selbst Schutz zu genießen.

Ein langer Prozeß

Es ist wichtig zu erkennen, welche Implikationen diese Aufgabe, eine neue Sicht von den Eltern zu formulieren, die zu einer Beziehung unter Erwachsenen besser paßt, für Heranwachsende hat. Sie müssen diese Aufgabe erfüllen, aber sie haben auch gemischte Gefühle in bezug auf sie. Sie lieben ihre Eltern und fühlen sich leicht wegen ihrer Gedanken und ihres Verhaltens schuldig. Und man sollte nicht erwarten, daß sie das problemlos aussprechen können.

Der Prozeß der Entmythologisierung der Eltern führt zu einer gesünderen, realistischeren Beziehung, aber er geht auch nicht ohne Angst vonstatten. Dieser Prozeß dauert mehrere Jahre, aber das muß nicht heißen, daß er eine dauernde Ursache von Ärger ist. Er ist nicht notwendigerweise das entscheidende Thema der Pubertät, aber in jedem Fall ein wichtiger Teil ihres Verlaufs.

Ich möchte betonen, daß dieser Prozeß weitreichende Wirkungen nicht nur auf den Jugendlichen, sondern auch auf diejenigen hat, die ihn lieben. Auch wenn die Pubertät nicht von auffallendem oder extremem Verhalten begleitet sein muß, ist dieser Entmythologisierungsprozeß doch von solcher Wichtigkeit, daß er ein Potential für ernste Konflikte in der Familie darstellt. Vieles hängt davon ab, wie gut zu der Zeit das Zusammenleben in der Familie funktioniert.

Wirkung der Entmythologisierung auf Eltern

Erster Vorbote der Veränderung

Der Emanzipationsprozeß des Jugendlichen kann eine Bedrohung für die Integrität der Familie sein. Familien haben einen Lebenszyklus: sie werden geboren, haben eine Kindheit, reifen, werden alt und sterben. Wenn der Jugendliche beginnt, sich von seiner Kindheit zu entfernen, ist dies der erste Vorbote des symbolischen Todes der Familie. In dieser ersten erfolgreichen Bewegung des Heranwachsenden auf Autonomie und Unabhängigkeit zu liegt implizit die verborgene Botschaft des Schicksals der Eltern: schließlich wird der Jugendliche seine Eltern nicht länger brauchen.

Eltern heranwachsender Kinder stehen in ihrem Leben an einem Punkt, wo sie beginnen, mit ihren Träumen, Hoffnungen und Ambitionen ins reine zu kommen. Sie nähern sich vielleicht der Höhe ihrer Karriere und leben in einer Zeit großer Produktivität, aber es beginnen sich auch Grenzen zu zeigen, Möglichkeiten werden geringer, und Träume von plötzlichem Ruhm und Reichtum sind in der Konfrontation mit der Realität abgekühlt.

Derdeyn und Waters haben beschrieben, wie schwierig es oft für einen Vater und einen Sohn ist, ein wahrhaft empathisches Verständnis voneinander zu entwickeln. Wenn ein Vater seinen heranwachsenden Sohn beobachtet, der alle seine Möglichkeiten noch vor sich hat, kann ihn das an das Schwinden seiner eigenen

Möglichkeiten erinnern. Der Sohn hat es mit seiner geringen Lebenserfahrung schwer, den Standpunkt seines Vaters zu verstehen, der wiederum durch seinen Mangel an Unbefangenheit ähnlich behindert ist und Mühe hat, die Sicht seines Sohnes zu verstehen. Man stelle sich zum Beispiel die Gefühle eines 40jährigen Vaters vor, der am Vortag Ärger im Büro hatte und schlecht geschlafen hat, an den Frühstückstisch kommt und dann hören muß, daß er in den Augen seines Sohnes eine Null ist. Obwohl der Vater intellektuell vielleicht die seelischen Kämpfe seines Sohnes verstehen kann, verhindert dies wahrscheinlich nicht die Spannung zwischen ihm und seinem Sohn nach solch einem Wortwechsel.

Die Lebensmitte bringt Herausforderungen für Väter wie für Mütter, aber auch für Männer und Frauen ohne Kinder, Witwen und Witwer, Geschiedene und Unverheiratete. Weil ich über Eltern schreibe, neige ich dazu, diese Probleme in den Kontext von Elternschaft zu stellen, aber sie stellen sich allen Menschen, Eltern und anderen. Die Lebensmitte ist eine Zeit, in der man in seinem Leben Gleichgewicht sucht oder stabilisiert. Sie ist eine Zeit, in der man besonders viel darüber nachdenkt, wer und was man geworden ist, und auch darüber, wer und was man in Zukunft noch werden möchte. Für Eltern ist das innere Brodeln und Gären während der Pubertät ein so starkes Ferment, daß es die gesamten Energien derer absorbieren kann, die diesen Prozeß aus der Nähe miterleben.

Eine Mutter mit einer heranwachsenden Tochter muß sich vielleicht nicht nur Problemen in ihrer Arbeit, sondern auch den grundlegenden Veränderungen stellen, die bald in ihrem körperlichen und persönlichen Leben stattfinden werden. Sie ist vielleicht noch nicht in den Wechseljahren, aber das Ende ihrer Fruchtbarkeit ist schon in Sicht. Auch wenn sie keine Kinder mehr bekommen will, ist das meist ein bedeutender Einschnitt. Und während all dies sie innerlich bewegt, erblüht vor ihren Augen ihre Tochter, die eben in die Pubertät kommt und eine Frau zu werden beginnt. Es ist ein Ereignis, das eine Mutter feiern kann, aber vielleicht nicht, ohne auch ein wenig Schmerz zu empfinden, wenn sie den Gegensatz zwischen Anfang und Ende so unmittelbar miterlebt. Die Fähigkeit einer Frau, den Verlust ihrer Fruchtbarkeit zu ertragen, ist eng damit verbunden, wie sich selbst als Frau und als Mensch empfindet. Wenn ihre mütterlichen Aufgaben abnehmen, findet sie vielleicht mehr Energie für sich selbst, ihre Bedürfnisse und für andere wichtige Beziehungen in ihrem Leben.

Die Reaktion der Eltern auf die neue Unabhängigkeit ihrer Kinder

Jugendliche beginnen irgendwann, ihre Eltern als weniger mächtig zu sehen, aber dennoch möchten sie meistens nicht, daß diese alle Macht verlieren. Meistens gelingt es Eltern, diesen Übergang in einer angemessenen Form zu begleiten. Es gibt bei diesem Prozeß zwei potentielle Gefahren: daß zuviel und daß zu wenig getan wird.

Manche Eltern reagieren darauf, daß Jugendliche in ihrer beginnenden Unabhängigkeit „Muskeln zeigen", mit einem Anziehen der Zügel, an denen sie ihre Kinder immer noch halten. Sie haben Angst davor, ihre Kontrolle über das Kind ganz zu verlieren und übermitteln dem kämpfenden Kind dann vielleicht die negative Botschaft, daß es nicht in der Lage sei, mehr Verantwortung zu übernehmen, was zu einer selbsterfüllenden Prophezeiung werden kann.

Ebenso unproduktiv ist eine zu schwache Reaktion. Eltern, die von dem Prozeß überfordert sind, heben die Hände in Verzweiflung und geben auf. Ein Elternteil, der sich vom Partner vernachlässigt oder nicht wertgeschätzt fühlt, ist eher geneigt, sich mit seinem heranwachsenden Kind in eine Beziehung zu verstricken, in der eigene Bedürfnisse befriedigt werden sollen. Solch ein Vater oder solch eine Mutter braucht die Wertschätzung des Kindes und versäumt aus Furcht vor Ablehnung dann leicht, dem Kind Grenzen zu setzen. Depressive Eltern – unabhängig von der Ursache der Depression – neigen dazu, sich aus Konflikten zurückzuziehen, deren bewußte Bewältigung viel psychische Energie erfordern würde.

Die Anpassung der Eltern an ihre zurücktretende Rolle

Wenn Jugendliche beginnen, ihr unbewußtes Bild von der Eltern zu revidieren, sollten Eltern ihrerseits zu verstehen versuchen, was auf dem Spiel steht. Wenn Elternschaft den ganzen Lebensinhalt bildet, dann kann ihr Verlust sich wie das Ende des Lebens anfühlen. Die große Mehrheit der Eltern, die im Laufe der Jahre ihre aufgewühlten Kinder zu mir gebracht haben, hatten zuviel von ihrer psychischen und physischen Energie in ihre Identität als Eltern investiert und kaum etwas in ihre Rolle als Ehepartner. Als ihre heranwachsenden Kinder anfingen, ihr unbewußtes Konzept von ihren Eltern neu zu definieren und nach Emanzipation zu streben, begann sich im Bewußtsein ihrer Eltern eine sehr erschreckende Vorstellung zu bilden. Das Erwachsenwerden der Kinder bedeutete das Ende ihrer Kindheit, das Ende der Kindheit bedeutete für die Eltern das Ende ihrer Aufgabe als Eltern, und dieses Ende war das Ende von allem.

Aus Angst vor der Veränderung ihrer Rolle wurden Eltern sehr besorgt um die Zukunft ihrer Kinder, aber sie wurden auch besorgt um ihren Wert als Eltern. Weil sie ihr Kind lieben, wollen sie seine Anerkennung. Das elterliche Bedürfnis nach Anerkennung als Eltern wird besonders dann übermäßig groß, wenn sie sich von ihrem Partner nicht anerkannt fühlen oder wenn sie sich selbst ablehnen.

Die Entwicklung eines Jugendlichen zur Selbständigkeit sollte für Eltern eine Zeit des Rückblicks und der Reflexion sein. Wenn Elternschaft auf ihr Ende zugeht, fragen Eltern sich vielleicht: „Was haben wir nach all diesen gemeinsamen Jahren noch außer unseren Kindern? Was bleibt uns? Wenn unsere Kinder uns verlassen, haben wir dann nichts mehr? Haben wir alles ihnen gegeben?" Aus diesen Fragen sprechen bislang unausgesprochene Zweifel, die jetzt an die Oberfläche kommen.

Für Eltern ist der Verlust ihrer wichtigen Rolle im Leben ihrer Kinder vielfach kein Grund zur Freude. Obwohl die Elternrolle oft viel Nerven kostet, wird sie doch auch geschätzt. Und auch wenn sie nicht geschätzt wird, bedeutet sie für die meisten Menschen doch eine sehr ernste Verantwortung. Das Aufgeben der Elternrolle sollte nicht mit Pflichtverletzung verwechselt werden. Es sollte auch kein totales und sicher kein abruptes Aufgeben sein.

Es ist sehr wichtig, daß Eltern verstehen, was hinter manchen Handlungen ihrer heranwachsenden Kinder liegt. Weil Eltern auch Bedürfnisse haben und sich vielleicht um diese kümmern, kann es vorkommen, daß sie unbewußt versäumen, die emanzipatorischen Anstrengungen ihres Kindes zu unterstützen.

Während der Jugendliche seine Vorstellungen von den Eltern revidiert, durchleben Eltern wie Kinder einen Verlust. Der Heranwachsende verliert allmächtige Eltern, und die Eltern verlieren „ihren kleinen Jungen" oder „ihr kleines Mädchen". Aber beide Seiten gewinnen auch. Der Heranwachsende gewinnt Stärke und ein positiveres Selbstbild. Er beginnt, ein besseres Bild seiner selbst in der Beziehung zu seinen Eltern und dann auch in seinen Beziehungen zu anderen Erwachsenen zu suchen. Er strebt darüber hinaus nach mehr Verantwortung und mehr Kontrolle über sein Leben. (Ein Hinweis: Oft sehen Heranwachsende ihren neuen Platz im Leben eher als Folge eines Zuwachses an Privilegien als eines Zuwachses an Verantwortung. Kluge Eltern lassen sich von der Erkenntnis leiten, daß ihr Kind mehr, aber nicht totale Kontrolle möchte.) Eltern gewinnen ebenfalls. Sie gewinnen eine neue Beziehung zu einem jungen Erwachsenen und eine neue Wertschätzung ihres heranwachsenden Kindes, das sich verändert. Das kann Eltern große Freude bereiten. Psychologischer Kontakt mit dem Erwachsensein, der sich in ihrem heranwachsenden Kind zeigt, verleiht tiefe Befriedigung. „Irgendwie ist er anders; er wirkt einfach erwachsener", ist eine glückliche Feststellung, die Eltern an Jugendlichen machen können.

Einige Grundsätze für effektives Verhalten von Eltern in allen Phasen der Pubertät

Im Laufe der Jahre haben mich die Eltern meiner jungen Patienten oft gedrängt, ihnen eine Antwort auf die Frage zu geben, wie Eltern garantiert Erfolg haben können. Sie suchten die „Zehn Gebote der Elternschaft", die ihnen, wenn sie sie befolgten, elterliches Heil bringen würden.

Als ich mich damit abmühte, eine Liste von „Geboten" und

„Verboten" zusammenzustellen, schöpfte ich aus meiner Erfahrung mit Eltern, die zum größten Teil bei der Erziehung ihrer Kinder entweder keinen oder nur begrenzten Erfolg darin gehabt hatten. Daraus zog ich schließlich den Schluß, daß es viele Möglichkeiten gibt, wie Eltern ihren Kindern gegenüber versagen können, aber es gab bei diesen belasteten Familien ein fast universelles Merkmal: die Eltern kümmerten sich nicht umeinander oder gingen lieblos miteinander um.

So entstanden die folgenden Grundsätze für Eltern, die sich darum bemühen, ihre Kinder zu verstehen und ihnen dabei zu helfen, so zu wachsen, daß sie ihr Potential verwirklichen können. Einige diese Punkte werden an anderer Stelle in diesem Buch detaillierter besprochen.

– *Kommunikation.* Gefühle wie Tatsachen sollten klar mitgeteilt werden. Alle Familienmitglieder sollten ihre Meinungen und Vorstellungen ausdrücken dürfen, solange sie Verantwortung für ihre Gedanken und Gefühle übernehmen. Es sollte Einverständnis darüber herrschen, daß alle nur für sich selbst sprechen und daß niemand beansprucht, für andere zu sprechen. Auf alle Mitteilungen sollte mit Respekt für den Menschen, der sie ausdrückt, reagiert werden.

– *Führung durch die Eltern.* Eltern sollten in klarer, gut definierter Weise und *gemeinsam* die Führung übernehmen. Man kann übereinkommen, daß in bestimmten Bereichen des Familienlebens die Mutter, in anderen der Vater bestimmt. Die Rollen sollten klar, konsistent und allgemein anerkannt sein.

– *Disziplin.* Die Autorität der Eltern sollte deutlich zur Geltung gebracht werden, aber nicht durch autoritäres Verhalten. Kinder sollten ein klares Verständnis davon haben, daß die Eltern zu sagen haben.

– *Selbstverantwortung.* Jedes Familienmitglied sollte Verantwortung für sein Verhalten übernehmen.

– *Respekt für andere.* Eltern haben die Chance, für ihre Kinder Vorbild in bezug auf ein Verhalten zu sein, das alle anderen respektiert, besonders den anderen Elternteil. Im wesentlichen sagen sie ihren Kindern damit: „Schaut uns zu, und wir zeigen euch, wie Menschen in einer intimen Beziehung mit liebevoller Fürsorge und Respekt zusammenleben." Was lernen Kinder über Frauen, wenn ein Vater die Mutter seiner Kinder herabsetzt? Was lernen Kinder über Männer, wenn eine Mutter den Vater ihrer Kinder lächerlich macht? Was lernen Kinder über Selbstrespekt, wenn Eltern einander nicht respektieren?

– *Einander lieben*. Jeder Mensch möchte geliebt werden und für jemand anderen wichtig sein. Kinder, die sich von ihren Eltern unbeachtet fühlen, suchen anderswo Beachtung und werden in irgendeiner Form aggressiv, wenn sie sie dort nicht finden. Diese Aggressionen wenden sie dann gegen sich selbst, woraus häufig Verzweiflung und Depression resultieren. Solche Kinder beginnen zu glauben, daß sie nicht wert sind, geliebt zu werden, wenn sogar ihre Eltern sie nicht lieben können.

Die Grenze zwischen der Rolle als Eltern und Freundschaft aufrechterhalten

Manche Eltern gelangen dahin, die Rolle eines Freundes überzubewerten und die eines Vater oder einer Mutter, also die Elternrolle, unterzubewerten. Wenn Eltern sich die Anerkennung ihrer Kinder erhalten möchten, dann versuchen sie vielleicht, der „beste Freund" ihres Kindes zu werden, was in der Realität hieße, ein unkritischer Freund. Kinder können viele Freunde haben, aber nur eine Mutter und einen Vater (außer im Fall von Stiefeltern). Kinder sollten ihre Eltern nicht dadurch verlieren, daß diese zu Freunden werden oder werden wollen. Welcher Jugendliche möchte schon einen besten Freund, der mindestens 40 ist?

Alleinerziehende können mindestens ebenso leicht wie verheiratete Eltern das dringende Bedürfnis verspüren, der beste Freund ihres Kindes zu werden, besonders wenn sie wegen der Trennung vom anderen Elternteil unter ungelösten Schuldgefühlen leiden.

Zeigen Sie Ihrem Kind, daß Sie es lieben

Alle Kinder möchten geliebt werden. Kinder, die sich von ihren Eltern unbeachtet fühlen, suchen anderswo Beachtung und werden in irgendeiner Form aggressiv, wenn sie sie dort nicht finden.

Diese Aggressionen wenden sie dann gegen sich selbst, was oft zu Verzweiflung und Depression führen kann. Solche Kinder beginnen zu glauben, daß sie nicht wert sind, geliebt zu werden, wenn sogar ihre Eltern sie nicht lieben können.

Manchmal sind wir in allem gute Eltern außer in einem: Wir können unsere Liebe nicht angemessen mitteilen. Wir Männer scheinen damit mehr Schwierigkeiten zu haben als Frauen. Manche Väter sind in jeder Hinsicht gute Ehemänner, außer darin, wie sie ihre Liebe ausdrücken. Diejenigen Männer sind glücklich, die sich zwar nicht gut ausdrücken können, die aber mit einer Frau gesegnet sind, die ihre Liebe erkennen kann, auch wenn sie nicht in Worten ausgedrückt wird. Viele Jugendliche haben sich bei mir darüber beklagt, daß ihre Väter sie nicht geliebt haben. Ihre Mütter haben mir oft versichert, das sei nicht wahr. „Er liebt sie sehr, aber hat Mühe, das zu zeigen", erklärte eine Mutter. Und fast immer hatte er auch Mühe, seine Liebe seiner Frau zu zeigen, ebenso wie seinem Kind.

„Aber sicher weiß unser Kind, daß wir es lieben!" lautet die Hoffnung von vielen, wenn nicht allen Eltern, auch von denen, die nicht wissen, wie sie ihre Liebe zeigen können. „Wissen" Sie und ich, daß wir geliebt werden? Von unseren Kindern? Von unserem Ehepartner? Ich glaube, daß eine Ehefrau nicht nur als Mutter, sondern auch als Mensch, als Frau und als Ehefrau wertgeschätzt werden möchte; ebenso möchte ein Ehemann nicht nur als Vater, sondern auch als Mensch, als Mann und als Ehemann wertgeschätzt werden. Wenn ein Ehemann zu beschäftigt ist, um seiner Frau zu zeigen, daß ihm an ihr liegt, oder wenn eine Ehefrau zu beschäftigt ist, um zu zeigen, daß ihr an ihrem Mann liegt, dann ist ihr Kind der wahre Verlierer.

Alle Eltern lieben ihr Kind. Aber diejenigen sind gesegnet, die ihre Liebe in Wort und Tat ausdrücken können und das auch tun. Manche stellen vielleicht die Prämisse in Frage, daß *alle* Eltern ihr Kind lieben; sie fragen vielleicht: „Wie kann ein Vater oder eine Mutter dieses oder jenes tun, wenn er oder sie das Kind wirklich liebt?" Meine Meinung ist, daß alle Eltern ihr Kind lieben, aber ich behaupte nicht, daß alle Eltern gute Eltern sind.

Ich habe Eltern gesehen, die aussahen, klangen und die handelten, als würden sie ihr Kind nicht lieben. Ich habe psychisch kranke Menschen ihren Kindern Schreckliches antun sehen – sie mißbrauchen, vernachlässigen und sogar zerstören. Dies sind Menschen, die krank sind. Ich habe niemals jemanden gesehen, der Kinder mißbraucht und dabei psychisch ausgereift, seelisch intakt, angepaßt, stabil und gesund ist.

Zusammenfassung

Eltern von heutigen Jugendlichen tragen ihnen gegenüber Verantwortung. Aber wir sind nicht nur für unsere Kinder Vermittler der gesellschaftlichen Werte, sondern auch für die Kinder unserer Kinder und für kommende Generationen. In einer von Risiken erfüllten Welt können Eltern ihren Kindern nicht mehr mitgeben als das Destillat ihrer begrenzten, mühsam errungenen Weisheit und ihre Gebete. Sie beten, daß ihre Kinder in der Lage sein mögen, riskantem Verhalten aus eigener Kraft und Einsicht Grenzen zu setzen. Wenn Kinder schließlich an diesem Punkt in ihrem Leben angekommen sind, haben Eltern ihr Bestes gegeben. Die meisten Eltern lassen ihre Kinder schließlich los – ungern vielleicht, aber schließlich dann doch.

Kapitel 3
Mit Jugendlichen kommunizieren

Johns Eltern saßen auf dem Sofa uns beiden gegenüber. Sie saßen schweigend da, während John ohne Unterbrechung mit mir sprach. Hier und da unterbrach ich ihn mit einer Frage, wenn ich etwas genauer wissen wollte. Die Eltern saßen schweigend da, mit offenem Mund, und schauten dem Dialog zwischen ihrem 15jährigen Sohn und mir, einem vollkommen Fremden, zu. Nach 30 Minuten bat ich John innezuhalten, wandte mich seinen Eltern zu und sagte: „Ich würde gerne ihre Sicht des Problems hören." Die erste Bemerkung von Johns Vater lautete: „Ich kann es nicht glauben! Wir mußten ihn praktisch hierher in ihre Praxis schleifen. Es sagte uns, wir könnten ihn zwingen mitzukommen, aber wir könnten ihn nicht zwingen zu sprechen. Und hier sitzt er und plaudert drauflos. Ich staune, was Sie aus ihm herausgeholt haben." Tatsächlich aber hatte ich nichts aus John „herausgeholt". Er legte einfach los, als ich ihn bat, mir seine Sicht des Problems zu sagen. „Alles was wir aus ihm herausbekommen können ist: ‚Ich weiß nicht' oder absolutes Schweigen", fügte seine Mutter hinzu. „Immer wenn ich versuche, mit ihm zu sprechen, endet es mit einem Kampf. Er geht in sein Zimmer, knallt die Tür zu und stellt die Musik so laut es geht. Es gibt keine Kommunikation zwischen uns. Das ist einer der Gründe, weshalb wir ihn zu Ihnen gebracht haben. Er will keine Kommunikation. Und hier sitzt er und redet und redet. Warum?"

Es gab verschiedene Gründe dafür, daß John mit mir sprach. Vielleicht war der wichtigste Grund, daß ich nicht seine Mutter oder sein Vater war. Ein anderer Grund war, daß ich geübt im Zuhören war.

Das Wesen der Kommunikation

Kommunikation hat zwei Aspekte: Inhalt und Prozeß. *Inhalt* bezieht sich auf die Worte und die Vorstellungen oder Gefühle, die ausgedrückt werden, also auf das, was gesagt wird. Der *Prozeß* ist das, was nicht gesagt und zum größten Teil nonverbal vermittelt wird. Der ungeübte Beobachter versteht vielleicht den Inhalt, übersieht jedoch völlig den Prozeß. Das Verständnis des Prozesses ist ein wenig spekulativ, aber auch ziemlich enthüllend, besonders im Hinblick auf die Beziehung derer, die miteinander kommunizieren. Der Prozeß enthält eine verborgene Botschaft; man versteht diese Botschaft durch eine Art „Zwischen-den-Zeilen-Lesen". Einer meiner Vorgänger nannte dies „mit dem dritten Ohr hören". Er wollte damit sagen, daß Menschen manchmal ihre Vorstellungen und Gefühle verbergen und deshalb auf eine Weise miteinander sprechen, die nicht immer sofort verstanden wird.

Nehmen Sie folgendes als Beispiel: Frau A. pudert während eines festlichen Empfanges auf der Damentoilette ihre Nase. Frau B. steht neben ihr und fragt: „Sind die Perlen echt?" Wenn wir nur auf Frau A.'s Worte hören, erfahren wir lediglich, ob die Perlen echt sind oder nicht. Auf der anderen Seite werden wir, wenn wir auf die Worte hören und den Prozeß beobachten, nicht nur etwas über die Echtheit der Perlen erfahren, sondern auch darüber, wie Frau A. sich bei dieser Frage von Frau B. fühlt. Mit hochgezogenen Schultern, erhobenem Haupt und vorgeschobenem Kinn antwortet Frau A.: „*Sicher* sind sie echt!" Damit sagt sie etwas über die Authentizität der Perlen und gibt zugleich zu verstehen, daß sie Frau B.'s Frage als eine Unverschämtheit betrachtet.

Zuhören können

Mit dem dritten Ohr zuhören

Ein wichtige Bedingung effektiver Kommunikation besteht in der Fähigkeit, nicht nur zu hören, sondern auch „zuzuhören". Im Laufe der Jahre habe ich ein wenig von meiner physischen Hörfähigkeit verloren. Irgendwann merkte ich, daß ich mich mehr auf den Vorgang des Zuhörens konzentrieren mußte. Ich lernte, daß ich meine Aufmerksamkeit keinen Moment lang abschweifen lassen durfte. Ich hörte nicht nur konzentriert zu, sondern *vermittelte dabei auch den Eindruck*, daß ich konzentriert zuhörte. Unabsichtlich profitierte ich so von meiner Hörschwäche. Ein junger Patient konnte mich wunderbar imitieren: Seine Karikatur betonte stark den Gesichtsausdruck intensiven Forschens, mit vorgeschobenem Kopf und einer hohlen Hand um das linke Ohr gewölbt. Es war wirklich witzig. Wichtig ist, daß ich lernte, mit mehr als nur mit meinen Ohren zu hören.

Ich fing an, auch mit meinen Augen zu hören. Ich lernte, daß meine jungen Patienten mit ihren Händen, ihren Füßen, ihrer Haltung, ihrem Atem und ihrem ganzen Körper mit mir redeten. Ich lernte, daß ich mehr tun mußte als bloß zuhören, wenn ich sie verstehen wollte. Ich mußte sie genau beobachten. Manchmal „sagte" ein Kind mir, wie es ihm ging, indem es nichts sagte. Manchmal konnte ich Informationen darüber, wie es einem Patienten ging, dadurch gewinnen, daß ich seine Reaktion auf das beobachtete, was jemand anderer sagte.

Zuhören, um zu verstehen

Oft glauben Menschen, daß sie nur miteinander zu sprechen bräuchten, damit alles in Ordnung ist. Ich habe Hunderte von Jugendlichen mit ihren Familien gesehen, die mit einander „kommunizierten"; das heißt, sie redeten und redeten, aber litten weiter auf verschiedene Weise. Ihre Probleme waren selten durch einen Mangel an Kommunikation begründet, sondern fast immer durch einen Mangel an Verstehen. Sie verstanden sich nicht wirklich, weil sie einander nie hörten. Sie hörten durchaus, aber sie hörten nie auf die richtige Weise zu. Und ich tat es auch nicht, als ich zu versuchen begann, Heranwachsende zu verstehen. Ich hörte zu. Ich hörte alles, was sie sagten. Ich konnte es genau wiederholen. Und obwohl ich konzentriert zuhörte, hörte ich doch nicht mit der richtigen Absicht hin. Es schien, als ob ich weniger hörte, je angestrengter ich versuchte, alles zu hören.

Bei dem Versuch, alles zu hören und mitzubekommen, unterbrach ich zu oft und stellte zu viele Fragen, die mit einem „warum" anfingen. Und dadurch, daß ich mich zu sehr anstrengte, vermittelte ich meine eigene Angst und verstärkte so die Angst der Jugendlichen. Als ich schließlich erkannt hatte, daß es nicht nötig war, in einem bestimmten Augenblick jedes kleinste bißchen an Information mitzubekommen, entspannte ich mich, und meine jungen Patienten entspannten sich ebenfalls. Als ich es aufgegeben hatte „nachzubohren", öffneten sie sich noch mehr. Schließlich sah ich ein, daß kein Patient das Gefühl haben möchte, daß er „alles sagen" und alle seine verborgenen Gedanken auspacken muß. Ich konnte die Einstellung annehmen und vermitteln: „Erzählen Sie mir davon, *wenn Sie können*." Die Jugendlichen wußten jetzt, daß sie mir nichts erzählen *mußten* und *konnten* sich deshalb freier ausdrücken. Weil es ihnen so schwerfiel, über etwas Erschreckendes oder Peinliches zu sprechen, mußte ich auch meine elterliche Besorgtheit zügeln und vermeiden, mit Sätzen wie „Du hast WAS getan?" oder „Meine Güte, WARUM in der Welt hast du alles das getan?" zu antworten.

Jeder von uns reagiert positiv auf einen guten Zuhörer, der wirklich an unseren Vorstellungen und Meinungen interessiert ist und mit Respekt statt mit einem Lächeln oder mit schroffer Ablehnung reagiert. Manches, was ein Jugendlicher sagt, sollte zu einem bestimmten Zeitpunkt vielleicht einmal abgelehnt werden, aber nicht, wenn man gerade versucht, ihn dazu zu bringen, seine Furcht vor einem offenen Gespräch zu überwinden. Jugendlichen, die zu sprechen versuchten, versuchte ich zu zeigen, daß ich daran interessiert war, mehr zu hören. „Ich verstehe." „Hmm." „Aha?" „Das ist interessant!" „Wie ging es dir, als das passierte?" „Meine Güte, das muß einem Angst machen!" Solche Bemerkungen vermittelten meinen jungen Patienten drei Dinge:

1. Ich höre zu.
2. Ich bin daran interessiert zu erfahren, wie die Welt in ihren Augen aussieht.
3. Erzähl mir mehr, wenn du kannst.

Ich glaube, daß Eltern viel Energie auf Versuche verwenden, ihre Kinder zu verstehen, besonders wenn sie in der Pubertät sind. Aber ein großer Teil dieser Energie verfehlt ihr Ziel. Heranwachsende glauben oft, daß ihre Eltern sie nicht verstehen, weil sie nicht auf das hören, was sie sagen. Das Problem ist, daß Eltern oft ihre Antwort auf das Gesagte schon im Kopf haben und kaum abwarten können, ihren heranwachsenden Kindern zu sagen, warum sie nicht wissen, wovon die Kinder sprechen. Zu oft sind Eltern eher darauf eingestellt, ihnen „die Meinung zu sagen", anstatt einfach zu versuchen zu verstehen, was sie sagen wollen. Vielleicht muß man den Jugendlichen tatsächlich einmal die Meinung sagen, aber wenn das alles ist, woran Eltern denken, dann spüren Kinder das deutlich und sehen, daß die Eltern am Zuhören nicht interessiert sind.

Jugendlichen zuhören

Manchem, was Jugendliche mir erzählen, kann ich nur mit Mühe zuhören; manches ist naiv, manches dumm, manches langweilig und manches macht mir angst. Ich bin auch der Meinung, daß viele Gedanken, Vorstellungen und verbale Äußerungen von Jugendlichen Korrekturen vertragen könnten. Manches verdient direkte Ablehnung. Und doch muß ich alles tun, was ich kann, um ihnen dabei zu helfen, mir von den erschreckenden Gedanken zu erzählen, die ihnen durch den Kopf gehen. Wenn ich eine Chance haben soll zu hören, was in ihnen vorgeht, darf ich nur mit einem Ziel zuhören: einfaches und schlichtes Verstehen. Ich bin ganz auf den Prozeß des Zuhörens konzentriert und auf den Versuch zu verstehen, wie es dazu kam, daß derjenige, dem ich zuhöre, an solch eine Vorstellung oder Idee glaubt. Die Gültigkeit der Idee steht im Hintergrund.

Bestätigen, wie man die Mitteilungen von Jugendlichen verstanden hat

Weil man Jugendliche leicht mißversteht, versuche ich, beim Prozeß des Zuhörens sehr aufmerksam und genau zu sein. Ich erinnere mich selbst daran, daß ich jetzt nichts anderes zu tun habe als zu versichern, daß ich verstehe, was sie sagen. Ich versuche also, meinen Mund zu halten, während sie mit mir reden. Nach jedem Satz nicke ich oder hebe meine Augenbrauen oder mache einen unverbindlichen Laut, der weder Zustimmung noch Widerspruch ausdrückt. Diese Reaktionen sollen einfach vermitteln, daß ich zuhöre. Nach vier oder fünf Sätzen unterbreche ich und sage: „Mal sehen, ob ich verstehe, was du mir zu sagen versuchst. Aus dem was du sagst, entnehme ich, daß du folgendes glaubst ..." Viele Fragen, die ich ihnen stelle, beginnen mit: „Ich möchte sehen, ob ich dich verstehe." Ich wiederhole dann mit meinen eigenen Worten, was nach meinem Verständnis gesagt wurde. Sie können dann sagen: „Nein, das ist nicht das, was ich sagen möchte. Was ich sagen will, ist ..." Oder sie stimmen zu, daß ich richtig wiedergegeben habe, was gesagt wurde. Bis dahin habe ich inhaltlich weder zugestimmt noch widersprochen. Ich habe nur ausgedrückt, daß das, was sie sagen, wichtig genug für mich ist, daß ich aufmerksam zuhöre. Die Hauptsache ist, ob ich sie genug respektiere, um ihnen aufmerksam zuzuhören. Diese Heranwachsenden versuchen mir zu sagen, wie es ist, in ihrer Haut zu stecken.

Nonverbale Kommunikation von Jugendlichen

Kommunikation mit Jugendlichen ist nicht immer leicht – weder für Erwachsene noch für Jugendliche. Manchmal hatte ich dabei den Eindruck, daß nichts ging, ganz gleich was ich sagte. Also war ich still. Und dann fingen manche Jugendlichen an zu sprechen. Einige beantworteten meine Fragen nur mit einem Schulterzukken. Ich habe schließlich gelernt, daß das eine der folgenden Bedeutungen haben kann:

- Ich habe nicht die Information, die Sie wollen.
- Ich habe die Information, aber sie geht Sie nichts an.
- Ich habe Angst zu antworten.

Manchmal kam es an einem scheinbar entscheidenden Wendepunkt einer Sitzung zum Beispiel vor, daß ein junger Patient gähnte. Ich war dann versucht, das als Langeweile zu interpretieren und mich deshalb verletzt zu fühlen. Manchmal bedeutete das Gähnen tatsächlich, daß er gelangweilt war. Manchmal aber bedeutete es, daß dieses Kind die letzte Nacht immer wieder aus schrecklichen Träumen aufgeschreckt war. Manche Jugendlichen hatten die ganze Nacht über geweint. Manche waren sehr deprimiert.

Eine andere Weise, wie Jugendliche sich nonverbal ausdrücken können, besteht darin, daß sie überhaupt nicht sprechen. Ein tödliches Schweigen kann auf beredte Weise Wut ausdrücken, aber es kann auch bedeuten: „Ich habe große Mühe mit dem Sprechen, besonders mit Erwachsenen und Autoritätsfiguren."

Versteckte Bedeutungen

Jugendliche sind nicht gerade die mitteilsamsten Menschen, und manches von dem, was sie sagen, ist nahezu unverständlich, auch ohne ihren Slang. Viel von meiner Demut ist eine Folge meiner Erfahrung, daß sie mich gerade dann, wenn ich beginne zu glauben, daß ich sie verstehe, darauf aufmerksam machen, daß dies nicht der Fall ist.

Was Heranwachsende meinen, liegt manchmal nicht an der Oberfläche und muß erst gesucht werden, weil die wirkliche Bedeutung vielleicht sehr persönlich oder intim ist. Ich zitiere einen Dialog, der eines Morgens zwischen mir und einem meiner Patienten auf der Station für Jugendliche stattfand:

Dan, ein 14jähriger Junge, der körperlich und emotional mißbraucht worden war, war nach einem Selbstmordversuch in das Krankenhaus gebracht worden. Er schien auf die Sicherheit in seiner neuen Umgebung positiv zu reagieren. Er ließ die Krankenschwestern wissen, daß ihm diese Sicherheit gefiel. Doch mir gegenüber verhielt er sich distanziert und trotz meiner Anstrengungen, mit ihm in Kontakt zu kommen, hielt er sich zurück.

Als ich eines Tages die Station betrat, sprach ich mit ein paar Jugendlichen nahe am Eingang. Ich drehte mich um und sah, daß Dan mich wütend anstarrte: „Du magst mich nicht!" erklärte er in einem äußerst unfreundlichen Ton. Im ersten Moment fühlte ich mich verletzt. Mein zweiter Impuls war, mich gegen diese unfaire Anschuldigung zu verteidigen, etwas zu sagen wie: „Wie kommst du dazu, mir so etwas zu sagen, nach all meiner harten Arbeit daran, dir zu helfen? Wer, glaubst du, hat versucht, deine Situation zu verbessern? Ist das der Dank dafür?" – und so weiter. Statt dessen entschied ich mich dafür, nach der verborgenen Bedeutung in seinen Worten zu suchen. Ich war verwirrt und sagte: „Ich verstehe dich nicht." Seine Antwort lautete: „Doch, du magst mich nicht!" Ich fragte: „Nein? Du glaubst, daß ich dich nicht mag?" „Das stimmt" war seine bissige Antwort. „Meine Güte, Dan, was habe ich getan, daß du das glauben kannst?" fragte ich. „Du hast mit allen anderen gesprochen und nicht mit mir!" informierte er mich. „Ah, ich verstehe! Ich glaube, ich hätte das gleiche Gefühl, wenn ich dächte, daß jemand nicht mit mir sprechen möchte. Wie ist das für dich, wenn du denkst, daß dein eigener Arzt dich nicht mag?" fragte ich. „Es macht mir angst. Ich denke dann, daß du mich vielleicht wegschickst," war seine beinahe geflüsterte Antwort. „Ich werde dich nirgendwohin schicken, Dan, nicht bis wir beide glauben, daß es Zeit ist zu gehen", versicherte ich ihm. Ich berührte seine Schulter und sagte nichts mehr.

Anfangs war ich versucht gewesen, Dans Behauptung zurückzuweisen. Statt dessen entschied ich mich dafür herauszufinden, was ihn zu seiner Feststellung bewegt hatte. Meine offensichtliche Mühe zu verstehen, was in diesem unglücklichen jungen Mann vor sich ging, war für ihn eine viel beredtere Mitteilung, als ein abwehrender Widerspruch gegen seinen Vorwurf gewesen wäre. Ich mußte ihm nicht sagen, daß er mir wichtig war. Er zog selbst diesen Schluß.

Ich hatte das Glück, daß Dan bereit war, mir etwas Negatives zu sagen. Allzu oft mißdeuten Kinder die Reaktionen der Eltern und sind verletzt, aber aus „Respekt" behalten sie es für sich. Wenn sie mit uns darüber sprechen, haben wir eine Chance, die Dinge richtigzustellen. Ob Jugendliche bereit sind, uns Unangenehmes zu sagen, hängt davon ab, wie wir normalerweise auf Unangenehmes reagieren.

Kommunizieren: für viele Jugendliche eine beängstigende Erfahrung

In meiner Praxis habe ich bereits früh gelernt, daß Sprechen für Heranwachsende eine beängstigende Erfahrung sein kann. Ich denke besonders an einen Patienten, der damit Schwierigkeiten hatte. Alles mögliche Verwirrende kam in diesem Jungen hoch. Er litt unter Halluzinationen und hörte Stimmen, die ihn drängten, sich umzubringen. Über diese Dinge nachzudenken war für ihn erschreckend, und er fürchtete, daß sie Wirklichkeit werden würden, wenn er über sie spräche. Ich mußte aber wissen, was in seinem Kopf vorging, wenn ich ihm helfen sollte. Ich war so bemüht, ihm zu helfen, daß ich versuchte, es irgendwie aus ihm herauszuholen. Nun, ich lernte, daß der Versuch, Antworten aus ihm herauszuholen, den entgegengesetzten Effekt hatte: Schweigen. Es ist immer leichter zu reden, wenn man nicht dazu gedrängt wird. Als mir das klar geworden war, merkte ich, daß ich diesem Kind nur helfen konnte, mit seiner Angst umzugehen, wenn ich mir zuerst meiner eigenen Angst bewußt wurde. Als ich mich dann entspannte, entspannte er sich auch.

Zu wissen, wie man zuhört ist wichtig, aber einen Heranwachsenden zum Sprechen zu ermutigen kommt vor dem Zuhören. Ich muß ein Interesse vermitteln, mir anzuhören, was er zu sagen hat, ohne ihn halb zu Tode zu ängstigen. Ich muß daran denken, daß mein Zuhören dem Heranwachsenden helfen kann, sich besser zu fühlen, aber ich muß Geduld haben. Er möchte vielleicht nicht gerade dann reden, wenn ich bereit bin zuzuhören. Es kann helfen, wenn ich sage: „Das ist in Ordnung. Sprich darüber, wenn du kannst. Ich bin dann da und höre dir zu."

Wenn ein Heranwachsender – oder ein Erwachsener – versucht, über etwas extrem Schwieriges zu sprechen, kann eine mitfühlende Bemerkung helfen. Manchmal versuchen Heranwachsende an der Grenze zu Tränen ihre Worte zurückzuhalten, aus Furcht, sie könnten zu weinen beginnen. Dann kann es ermutigend sein, wenn man sagt: „Manchmal ist es schwer, über diese Dinge zu sprechen, und wenn du nicht sprechen kannst, versuche ich so, dich zu verstehen. Aber manchmal hilft es. Es kann dir helfen, daß es dir besser geht, und mir kann es helfen, dich zu verstehen." Ich war oft überrascht, wie gut ein Jugendlicher reagierte, wenn ich bereit war, meinen Mund zu halten und meine Augen und Ohren zu öffnen.

Wenn Heranwachsende mitten in einer Meinungsverschiedenheit mit ihren Eltern stecken, nimmt ihre Angst zu, und ihre verbalen Fertigkeiten nehmen dann oft ab. Wenn die Fragen, die man ihnen stellt, Antworten erfordern, die sie in ihrem Selbstbild herabsetzen könnten, kommt es häufig vor, daß sie „die Schotten dichtmachen" und sich weigern, etwas zu sagen, nicht unbedingt, weil sie schuldig sind, sondern weil ihre Angst das Reden unmöglich macht.

An eines sollte man sich erinnern: Hilfe ist nicht immer hilfreich. Manchmal versuchen Eltern selbst zu helfen, besonders wenn sie sich große Sorgen über das machen, was mit ihrem Kind geschieht. Manchmal ist gutgemeinte „Hilfe" für die Adressaten nicht hilfreich.

Probleme der Heranwachsenden, mit Erwachsenen zu reden

In vieler Hinsicht unterscheidet sich die Kommunikation mit Jugendlichen nicht von der Kommunikation mit Erwachsenen. Sie ist mit Jugendlichen oft deshalb so schwierig, weil sie ihre verbalen Fertigkeiten noch nicht voll entwickelt haben und weil sie Angst haben, wenn sie mit Erwachsenen sprechen.

Einer meiner jugendlichen Patienten beklagte sich bei mir über seine Beziehung zu seinen Eltern. „Ich kann nicht mit meinen Eltern reden", knurrte er. Ich antwortete: „Ach komm, Peter, ich habe diese Klage von so vielen jungen Leuten gehört. Das klingt so, als ob deine Eltern dich nicht mit ihnen reden ließen. Ich habe mit ihnen gesprochen, und ehrlich gesagt finde ich sie offen und bereit zuzuhören." Er schüttelte den Kopf und sagte: „Klar, *Sie* können, aber *ich* nicht!" Da merkte ich, daß er nicht über ein Defizit seiner Eltern sprach, sondern über eines, das er bei sich selbst fand. Vielleicht war es das gewesen, was all jene anderen Heranwachsenden gemeint hatten. In seinem Satz „Ich kann nicht mit meinen Eltern reden" lag die Erklärung in den ersten drei Worten: „Ich kann nicht".

Der Prozeß der Pubertät macht Kommunikation mit Erwachsenen schwierig. Der ganze Kampf der Jugendlichen darum, ihre Kindheit zu verlassen und erwachsen zu werden, beeinflußt ihre Kommunikation sehr stark. Sie sind äußerst empfindlich gegenüber jeder nur möglichen Anspielung, daß sie immer noch Kinder seien, besonders in den Augen ihrer Eltern. Der Hauptgrund dafür, daß ich mit Eltern von Patienten reden kann, liegt darin, daß ich nicht ihr kleiner Junge oder ihr kleines Mädchen bin. Es gibt zwischen uns keinen Kampf um Unabhängigkeit. Ich brauche ihnen nicht zu beweisen, daß ich kein Kind mehr bin. Ich versuche nicht, mich von einem idealisierten Bild dieser Eltern zu befreien. Und ich kämpfe nicht darum herauszufinden, wer ich bin.

Jugendliche lehren, wie man mit Respekt anderer Meinung sein kann

Ein 15jähriger Junge geriet mit seinem Vater in eine hitzige Diskussion, und während des Wortwechsels hob er seine Stimme und schrie seinen Vater an. Sein Vater schrie zurück: „Wage es nicht, so mit mir zu reden, junger Mann!" Der Junge wurde still, fing an zu weinen und sagte: „Es tut mir leid, aber Papa, wenn ich nicht mit dir reden kann, wenn ich aufgeregt bin, mit wem soll ich dann sonst reden?" Seinem Vater wurde plötzlich klar, daß es schwierig ist, aufgeregt zu sein und gleichzeitig ruhig zu sprechen. Sein Sohn war nicht respektlos, nur laut.

Es ist sehr wahrscheinlich, daß die Kommunikation mit einem Jugendlichen gelegentlich laut wird, wogegen ich nichts habe. Aber ich dulde bei Jugendlichen keine Schimpfworte oder herabsetzenden Bezeichnungen (wie Fettsack, Blödmann usw.). Und ich selbst benutze sie im Gespräch mit ihnen ebenfalls nicht. Wenn Heranwachsende im Gespräch mit mir grobe Ausdrücke verwenden, dann sage ich ihnen, daß mich das stört und daß ich es schätzen würde, wenn sie es nicht wieder tun. Ich war oft beeindruckt davon, wie besonnen Heranwachsende sein können, wenn man sie mit Respekt behandelt. Ich lege Eltern nahe, im Umgang mit ihren Kindern grobe Ausdrücke zu vermeiden und es den Kindern einfach nicht zu erlauben, ihrerseits solche Ausdrücke zu verwenden. Erlauben Sie ihnen außerdem nicht, Sie herabzusetzen.

Es gibt Möglichkeiten, Gefühle verbal auszudrücken, ohne verletzend zu sein. Ich erwarte, daß wütende Kinder wütend schauen und wütend klingen. Ich versuche, sie dazu zu bringen, ihr Vokabular so zu entwickeln, daß sie in der Lage sind, ein breites Spektrum von Wut zu beschreiben, von „gereizt" über „ärgerlich" und „wild" bis hin zu „rasend vor Wut", und die passende Beschreibung zu benutzen, wenn sie ihre Gefühle eher verbal statt durch ihr Verhalten ausdrücken.

Heranwachsende ermutigen, positive wie negative Gefühle auszudrücken

In allzu vielen Familien dürfen nur angenehme Gefühle ausgedrückt werden. Die Pubertät kann eine Zeit extremer Belastung und schlimmer Gefühle sein. Allzu oft glauben Heranwachsende, daß sie diese Gefühle für sich behalten sollten. Sie glauben tatsächlich, daß sie nicht wütend werden sollten, und wenn sie dennoch Wut empfinden, bis zehn zählen sollten, bis sie verschwindet. Natürlich tut sie das auch, aber sie ist dann tief in ihnen begraben, wo sie sie nicht länger fühlen. Aber tief innen lauert sie. Irgendwann einmal, wenn jemand diese Wut provoziert, reagiert der Jugendliche mit einem Wutausbruch, der in keinem Verhältnis zum Anlaß des Ausbruchs steht. Diesem Ausbruch folgen Reue und Scham und der Entschluß, nie wieder wütend zu werden.

Das Mitteilen von Ideen, Meinungen und Gedanken ist wichtig, aber sogar belastete Familie lassen dies gewöhnlich zu. Die Mitteilung von Gefühlen hingegen ist in vielen Fällen verboten. Die Möglichkeit, mit einem anderen Menschen über angsterzeugende Gefühle zu sprechen, ist entscheidend dafür, daß man geistig gesund bleibt. Wenn man in einem Gespräch entdeckt, daß andere Menschen die gleichen Gefühle haben wie man selbst, dann kann man sie bei sich selbst leichter akzeptieren. Dies ist in der Psychotherapie sehr wichtig. Die Fähigkeit, Gefühle eher in Worten als durch Streit auszudrücken, ist ein wichtiger Schritt für ein Kind, das versucht, sich zum Jugendlichen und später zum Erwachsenen zu entwickeln.

Bestätigung von Heranwachsenden

Als Psychiater, der mit Jugendlichen arbeitet, muß ich mir erst mühsam erarbeiten, was die Eltern gewöhnlich schon besitzen: das Vertrauen des Jugendlichen. Das erreiche ich unter anderem dadurch, daß ich ihn mit Respekt behandle. Wenn ich sein Vertrauen gewonnen habe, dann kann er mich wertschätzen, und auch meine Vorstellungen und Ideale können Wert für ihn bekommen, wenn ich sie ihm zum richtigen Zeitpunkt mitteile.

Eltern werden von ihren Kindern normalerweise wertgeschätzt, aber häufig ist ihnen dies nicht bewußt. So übernehmen
Jugendliche zum Beispiel zum größten Teil die Werte ihrer Eltern.
Die meisten Eltern ziehen jedoch ständig in Zweifel, daß sie ir-
gendeinen Einfluß auf ihre Kinder haben. Ein Grund dafür ist, daß
die Kinder ihnen nur selten die Anerkennung zukommen lassen,
die sie so eifrig suchen. Es dürfte nicht gerade viele Heranwachsende geben, die den Impuls verspüren, ihren Eltern immer wie-
derzu erklären: „Mama und Papa, ich möchte euch sagen, daß ihr
alles ganz toll macht. Du bist eine tolle Mutter, und du bist ein
toller Vater." Sie können so etwas nicht sagen. Was verstehen sie
außerdem von der Aufgabe der Eltern? Aber viel von der Frustration der Eltern hat ihren Grund in der schlecht funktionierenden
Kommunikation mit ihren Kindern. Dies läßt sich ändern – zum
Beispiel dadurch, daß man lernt, Jugendlichen zuzuhören.

Grundsätze für die Kommunikation mit Heranwachsenden

Kommunikation mit Heranwachsenden ist oft schwer. Sie kämpfen mit den Veränderungen in ihrem Leben, und Eltern mühen
sich damit ab, ihr sich veränderndes Kind zu verstehen. Im folgenden formuliere ich einige Grundsätze für eine sinnvolle Kommunikation zwischen Eltern und Kind:

1. *Reden ist leichter, wenn es auf Initiative des Jugendlichen
dazu kommt.* Es ist schwer, mit Freude und spontan zu „plau-
dern", wenn man selbst dies nicht möchte. Wenn Jugendlichen
ein Gespräch gewissermaßen „verordnet" wird, muß man damit
rechnen, daß es stockt. Heranwachsende reden bereitwilliger,
wenn das Gespräch ihre eigene Idee ist. Die Wahl des Zeitpunkts
ist insofern wichtig, als sie vielleicht nicht genau dann über etwas
Heikles reden können, wenn man selbst es möchte. Lassen Sie sie
wissen, daß Sie mit ihnen reden möchten, aber auch Verständnis
dafür haben, daß dies möglicherweise zu einem bestimmten Zeitpunkt nicht geht. Teilen Sie ihnen mit, daß Sie für sie da sein werden, sobald sie das Gefühl haben, über etwas Bestimmtes reden zu
können. Und stehen Sie dann natürlich auch dazu.

2. *Versuchen Sie in Gesprächen mit ihrem Kind, Sie selbst zu sein.* Wenn Sie die Kommunikation mit ihrem Kind offen halten möchten, dann versuchen Sie, die Gesprächssituation informell und entspannt zu gestalten. Versuchen Sie jedoch zu bleiben, wer Sie sind – ein Erwachsener. Manche Erwachsenen glauben nämlich fälschlicherweise, daß sie bei der jüngeren Generation an Glaubwürdigkeit gewinnen, wenn sie sich in Kleidungsstil, Verhalten und Sprache wie Heranwachsende geben. Das ist nicht der Fall. Wenn Heranwachsende Erwachsene (besonders Eltern) sehen, die sich als Jugendliche verkleiden, verlieren sie das erwachsene Vorbild, das sie in ihrem Prozeß des Erwachsenwerdens so dringend brauchen. Schlimmer noch, der Erwachsene wirkt unecht. Auf der anderen Seite ist es nicht gerade hilfreich, pompös und bierernst zu sein. Seien Sie natürlich und Sie selbst. Als Erwachsene sollten wir die Pubertät hinter uns haben.

3. *Seien Sie aufrichtig, wenn Sie Ihre Ansicht ausdrücken.* Nennen Sie die Dinge beim Namen. Lügen sollten nicht als „Flunkereien" bezeichnet werden, und Stehlen nicht als „Dinge nehmen". Eltern sollten ein Kind nicht in Versuchung führen zu lügen, indem sie fragen: „Hast du das getan?", wenn sie genau wissen, daß es etwas Bestimmtes getan hat. Eine aufrichtige Erklärung wie: „Ich weiß, daß du das getan hast. Tue es nicht wieder, sonst wirst du bestraft", beschreibt die Dinge, wie sie sind.

Ich erinnere mich an einen heranwachsenden Patienten, der durchaus in der Lage war, in der Schule überdurchschnittliche Noten zu erhalten und der seine zwei Vieren und drei Fünfen als „nicht besonders gut" beschrieb. Ich stimmte ihm darin zu, daß sie sicherlich nicht „hervorragend" waren. Ich schlug aber vor, daß die Bezeichnung „miserabel" korrekter wäre. Er stimmte zu.

4. *Stellen Sie Fragen, die Antworten ermutigen.* Wenn Eltern ihre Kommunikation mit ihren Kindern verbessern wollen, sollten sie Fragen formulieren, die zum Beispiel beginnen mit: „Wie geht es dir mit …?" oder „Was ist deiner Meinung nach der Grund für …?" Manche Fragen sind leichter zu beantworten als andere. Manche sind schwieriger zu beantworten. „Warum bist du so dumm?" ist eine Art Frage, die nicht gerade zu einer enthusiasti-

schen Reaktion ermutigt. In meiner Jugend erntete einer meiner Freunde eine Ohrfeige von seinem Vater, der ihm dieselbe Frage gestellt hatte. Sein Vater hielt nicht viel von seiner Antwort: „Vererbung!" „Warum bist du so stur? So schlecht? So zimperlich?" usw. fallen in die Kategorie der Fragen, die niemand beantworten möchte. Die Frage „Warum hast du das getan?" wiederum verlangt eine Rechtfertigung für etwas, das man getan hat.

Fragen wie „Warum hast du das getan?" sind schwieriger zu beantworten als Fragen, die zum Beispiel mit „Wie hast du ...?" anfangen. Auf die Frage „Wie hast du dich gefühlt, als du dein Wort gebrochen hast, das du deiner Mutter gegeben hast?" bekommt man eher eine Antwort als auf die Frage: „Warum hast du dein Wort gebrochen, das du deiner Mutter gegeben hast?" „Was glaubst du, wie sie sich dabei fühlt?" legt den Schwerpunkt dahin, wo er sein sollte, insofern diese Frage dem Angesprochenen eher zu antworten hilft, als ihn einfach in die Defensive zu treiben.

Oft verstecken sich hinter Fragen andere Fragen. Ein Vater und sein Sohn diskutierten die Legalität des Gebrauches von Marihuana. Die Worte, die sie verwendeten, drehten sich fast nur um die Droge, was jedoch nicht gefragt wurde, war: „Wer hat hier zu sagen?" Eine Mutter und ihre 16jährige Tochter hatten eine hitzige Diskussion über den Ruf des Freundes der Tochter. Was von seiten der Tochter nicht gefragt wurde, war: „Wer ist für mein Leben verantwortlich?" Von seiten der Mutter war die Botschaft: „Es ist meine Pflicht, dich vor Schaden zu bewahren."

5. *Lassen Sie Heranwachsende reden.* Wenn Sie etwas von ihrem Kind erfahren wollen, dann lassen sie es reden. Wenn Sie ihm etwas mitteilen wollen, reden Sie. Das ist ein Prozeß, der schwer zu beherrschen ist. Wenn Eltern sich manchmal über ihre Kinder ärgern, ist es schwer, nicht gleich auf sie loszugehen und zu fragen: „Warum hast du das gemacht?" oder „Warum hast du das nicht gemacht?" Wenn Sie wissen, wie man zuhört, ist es leichter für Ihr Kind, mit Ihnen zu sprechen. Es ist nicht leicht für Heranwachsende, mit Erwachsenen zu sprechen, und manchmal ist es sogar schwieriger für sie, mit ihren Eltern zu reden. Sie werden aber niemals sprechen, wenn die Eltern unentwegt reden. Wenn Sie sie unterbrechen müssen, dann tun Sie es nur, wenn Sie etwas

genauer verstehen wollen. Fragen wie: „Laß mal sehen, ob ich verstanden habe, was du mir sagen willst", gefolgt von: „Wenn ich dich richtig verstehe, willst du mir sagen, daß ich nicht ..." sind nicht nur erlaubt, sondern lassen die Kinder auch erkennen, daß Sie sie zu verstehen versuchen. Oder lassen Sie das Kind ausreden und fragen dann: „Ist das alles? Gibt es noch etwas, was du mir sagen möchtest?"

6. *Versuchen Sie, Vorträge zu vermeiden.* Dies gilt besonders für Vorträge, die ihr heranwachsendes Kind schon kennt. Sagen Sie ihm, was Sie denken und fühlen. „Es macht mich ärgerlich, wenn du ..." oder „Ich hätte gerne, daß du das nicht wieder tust" oder „Es verletzt mich, wenn du mich ignorierst". Vermeiden Sie den Ansatz mit „Weißt du nicht, daß ..." Weitschweifige Ausführungen über „Als ich in deinem Alter war ..." oder Vorträge darüber, „wie hart es damals war ..." beenden Gespräche zwischen Erwachsenen und Jugendlichen schneller als alles andere. Solche Bemerkungen werden von Jugendlichen verstanden als „Ich will dir mal sagen, wie schwach du bist. Ich will dir sagen, daß meine Generation alles Gute erfunden hat und Unangenehmes lieber mochte als Angenehmes. Wir haben freiwillig Entbehrungen auf uns genommen, um unseren Charakter zu bilden" usw.

7. *Wenn Sie disziplinieren, sprechen Sie auch über gute Seiten und nicht nur über Schwächen.* Wenn Sie auf inakzeptables Verhalten hinweisen wollen, dann tun Sie es so, daß Sie die inakzeptablen Aspekte am Verhalten ihres Kindes mit seinen lobenswerten Eigenschaften kontrastieren. Heranwachsende hören besser zu, wenn man seine Kommentare mit etwas Positivem beginnt. „Weißt du, Jack, gewöhnlich denkst du ja auch sehr an andere. Ich bin überrascht, wie du deine Schwester behandelt hast. Ich bin enttäuscht. Das sieht dir gar nicht ähnlich." So etwas kann ein Jugendlicher leichter in sein Selbstbild integrieren als: „Da sieht man es mal wieder; du denkst nur an dich selbst. Eine Schande, wie du deine Schwester behandelst!" Heranwachsende haben Fehler. Sie haben aber auch positive Eigenschaften und sind stolz, wenn sie hören, daß ihre Eltern diese anerkennen.

8. *Den Unterschied zwischen Worten und Verhalten anerkennen.* Was Heranwachsende mir erzählen, macht mir manchmal große Angst. Manche ihrer Ideen sind radikal und extrem, sehr oft sind sie idealistisch. Ihr Idealismus liegt zum Teil daran, daß sie noch nicht viel Erfahrung mit den Härten des Lebens haben. Ihre politischen Vorstellungen führen fast unausweichlich zu hitzigen Diskussionen. Sie werden aber angenehm überrascht sein, wenn man darauf verzichtet, ihre Meinungen herabzusetzen. In Wirklichkeit erwarten sie gar nicht, daß man ihnen zustimmt, und insgeheim hoffen sie wohl auch, daß man es nicht tut. Aber sie möchten ihre neu erworbenen Fertigkeiten in abstraktem Denken einsetzen. Seien Sie nicht beunruhigt, wenn ihre Bemerkungen sich gegen das Establishment richten, radikal liberal oder sogar nihilistisch klingen. Einer der Gründe, weshalb sie solche Ideen vertreten, liegt sicher auch darin, daß sie Erwachsene provozieren möchten. Ich mache mir mehr Sorgen über manche Verhaltensweisen von Jugendlichen als über ihre Meinungen. Eine Meinungsäußerung ist noch keine vollendete Handlung. Wenn jemand sagt „Ich denke, man sollte Marihuana legalisieren", heißt das nicht notwendigerweise: „Ich fange an, Gras zu rauchen."

9. *Respektieren Sie das Vertrauen eines Jugendlichen.* Eine Angelegenheit mit Ihrem Partner zu besprechen, ist in Ordnung. Sie mit seinen Geschwistern zubesprechen, ist es nicht. Zu respektieren, was ein Heranwachsender einem erzählt, heißt, daß man die Information mit Sympathie und Achtung behandelt und sie nicht benutzt, um ihn lächerlich zu machen oder herabzusetzen. Verständigen Sie sich jedoch mit ihrem Partner – und stellen Sie das ihren Kindern gegenüber klar –, damit keines von ihnen sich mit Ihnen zu verbünden versucht, damit sie die Information vor Ihrem Partner geheim halten. So etwas wäre schlecht für Ihre Ehe und schlecht für das Bild, das Ihr Partner und Sie abgeben. Ein problematischer Aspekt vieler belasteter Familien ist ihre Tendenz zur Heimlichkeit.

Wenn eine Information wichtig genug ist, daß sie dem anderen Elternteil mitgeteilt werden sollte, dann lassen Sie sie Ihr Kind selbst mitteilen. Lassen Sie Ihr Kind wissen, daß Sie es begleiten und ihm helfen werden, aber daß es selbst erzählen soll. „Wenn du das deinem Vater überhaupt nicht erzählen kannst, dann muß ich es selbst tun, aber du mußt dann dabei sein, wenn ich es tue", beschreibt die Situation klar.

10. *Sie machen es wahrscheinlich besser, als Sie glauben.* Versuchen Sie, nicht auf ein Kind einzudringen. Lassen Sie ihm ein wenig Raum. Es ist nicht nötig, daß Sie alles wissen. Etwas zu sehr erreichen zu wollen kann den Prozeß der Kommunikation beenden. Niemand möchte sich nackt ausgezogen und aller seiner Geheimnisse beraubt fühlen.

Eltern sollten miteinander kommunizieren

Eltern sollten miteinander im Gespräch sein, wenn sie ihre Kinder durch die Pubertät begleiten, weil dieser Prozeß auch für die Eltern Veränderungen mit sich bringt. Zum Beispiel kann die Einsicht der Eltern, daß das Kind sich von ihnen weg und auf Unabhängigkeit und Selbständigkeit zu bewegt, nicht nur Glück, sondern auch Angst und Trauer auslösen. Die Möglichkeit und Fähigkeit eines Vaters oder einer Mutter, diese Gefühle jemandem mitzuteilen, der einen liebt, kann das Glück vermehren und Angst und Trauer vermindern. Die liebevolle Beziehung zwischen den Eltern oder auch zu einem anderen nahestehenden Menschen kann der richtige Ort für solch ein Gespräch sein.

Zusammenfassung

Die Kommunikation zwischen zwei Menschen wird von der Beziehung zwischen ihnen beeinflußt. Im Leben von Heranwachsenden sind enorme Kräfte am Werk, und diese Kräfte beeinflussen die Beziehung, die sie zu wichtigen Menschen in ihrem Leben haben. Wenn Menschen ein gewisses Verständnis von den psychologischen Anforderungen besitzen, die der Heranwachsende zu meistern versucht, dann trägt das dazu bei, die Kommunikation zu klären und zu verbessern.

Die Kommunikation der Eltern mit ihren Kindern sollte zu

wechselseitigem Verständnis führen. Wenn Heranwachsende beginnen, sich aus dem schützenden Bereich der Familie zu entfernen, sollten sie ein Gefühl für die Werte mit sich nehmen, die ihnen helfen, in Harmonie mit der Welt zu leben. Diese Werte sollten realitätsbezogen sein und ihnen helfen, sich selbst Grenzen für ihre instinktuellen Triebe aufzuerlegen. Die Fähigkeit zur Selbstdisziplin sollte schon vor der Pubertät geübt werden. Sie wird während der Pubertät sehr wichtig. Wenn Jugendliche vor ihrem Aufbruch aus der Sicherheit der Familie klare Grenzen erfahren und anzuerkennen gelernt haben, dann können sie die Fähigkeit mitnehmen, sich diese Grenzen selbst zu setzen, wenn sie in eine Welt der Risiken aufbrechen.

Kapitel 4
Heranwachsenden Grenzen setzen

Bei sehr vielen Mißverständnissen und Konflikten zwischen Eltern und Heranwachsenden geht es um das Thema der Kontrolle. Kontrolle ist ein zentrales Thema der Pubertät und verbirgt sich in vielen Kämpfen, die auf den ersten Blick mit diesem Thema nichts zu tun zu haben scheinen, wie in dem folgenden Beispiel:

Ellie, ein 17jähriges Mädchen, wurde von ihren Eltern zu mir gebracht, weil sie die Symptome einer Depression aufwies, aber auch wegen hitziger Kämpfe zwischen ihr und ihrer Mutter. „Es ist mir egal, was sie sagt, ich werde der Beziehung mit diesem James nicht zustimmen", versicherte mir ihre Mutter. „Er taugt nichts; er ist von der Schule geflogen, nimmt Drogen, verkauft Drogen und hat eine Bewährungsstrafe wegen Einbruchs. Obendrein mißbraucht er Ellie emotional und physisch. Er ist der Grund, warum Ellie und ich uns so oft streiten."

Ellies Bild von James war ganz anders als das ihrer Mutter. „Das Problem ist, Mutter, daß du ein Snob bist. Seine Familie ist arm, und sie lebt nicht im Country Club. Seine Mutter hat Probleme und nimmt Drogen. Er hat Mühe mit dem Lernen in der Schule ..."

Ich tendierte dahin, die Sorge der Mutter wegen des Jungen zu teilen, von dem sie fürchtete, er könnte ihr zukünftiger Schwiegersohn sein, aber als ich diesen beiden Menschen bei ihrem Streit zuhörte, merkte ich, daß sie nicht denselben Streit stritten. Für die Mutter war das Thema, daß sie ihre Tochter vor einem schrecklichen Schicksal bewahren mußte. Für Ellie war das Thema nicht James, sondern eher die Kontrolle, die ihre Mutter über sie auszuüben versuchte. – „Sie versucht, mein Leben zu beherrschen." Für ihre Mutter war das Thema, Ellie zu schützen, was von Ellie im Sinne einer Kontrolle interpretiert wurde. In ihrem Bemühen, das Bild eines hilflosen kleinen Mädchens abzuwerfen, fühlte Ellie, daß sie auf gar keinen Fall den Forderungen ihrer Mutter nachgeben durfte. In gewisser Weise mußte sie an James festhalten, um sich und ihrer Mutter zu beweisen, daß sie kein kleines Mädchen mehr war.

Sobald ihre Mutter das verborgene Thema in ihrem Streit erkannte, konnte sie ihren Standpunkt revidieren. „Ich liebe dich, Ellie, und manchmal neige ich dazu, dich zu beschützen, obwohl du eigentlich die einzige bist, die das tun kann. Du kennst meine Gefühle James gegenüber. Ich glaube, daß er ein gutaussehender Kerl ist, aber er hat ein paar ernste Probleme, die ihn vielleicht noch zerstören. Ich hätte lieber, du würdest jemanden mit einer besseren Zukunft finden." Auf diese Weise wurde das Kontrollthema entschärft. Ellie mußte nicht länger mit James „gehen" und brach in der Folge die Beziehung mit ihm ab. Obwohl sie den Versuch ihrer Mutter, sie zu kontrollieren, ablehnte, war sie von den positiven Gefühlen verwirrt, die sie empfand, als sie ihre Mutter davon reden hörte, daß sie sie schützen wolle.

Pubertät als eine Zeit zunehmender Verantwortung

Pubertät gilt als eine Zeit, in der Verantwortung einen neuen Stellenwert gewinnt. Heranwachsende müssen mehr Verantwortung für ihre Handlungen übernehmen und Eltern allmählich weniger. Die Kontrolle verschiebt sich von den Eltern zu Jugendlichen – aber nicht vollständig.

Zunehmende Schwierigkeiten, Heranwachsende zu kontrollieren

Wenn junge Menschen die Pubertät erreichen, sind sie groß genug, erfahren genug und mobil genug, daß sie sehr schwer zu kontrollieren sind. Mit der Mobilität werden sie unweigerlich anfällig für zahlreiche Gefahren. Allein der Gedanke daran jagt den meisten Eltern Angst ein. Aber wie können sie ihre heranwachsenden Kinder beschützen, ohne sie zu kontrollieren? Sie können es nicht. Nur Jugendliche können sich selbst beschützen, aber vielleicht tun sie es nicht. Das ist die unangenehmste Erfahrung, die Eltern machen: dieses Gefühl der Hilflosigkeit, das auf Eltern von Heranwachsenden zukommt. Zum ersten Mal in ihrem Leben sind sie nicht länger in der Lage, ihren Nachwuchs zu kontrollieren und zu beschützen.

Und das Schlimmste von allem ist, daß Eltern dabei oft glauben, daß sie auf irgendeine Weise in ihrer zentralen Aufgabe versagen. Für viele Eltern scheinen in dieser Lebensphase enorme Schuldgefühle ein ständiger Begleiter zu sein. Irgendwie führt dieser ständig nagende Selbstvorwurf dann zu der Überzeugung, daß sie in der Lage sein sollten, ihre Kinder zu beschützen und dies auch könnten, wenn sie nur klug oder geschickt genug wären.

Zunehmende Risiken und Konsequenzen ihres Verhaltens für Heranwachsende

Wenn Heranwachsende älter und damit fähiger werden, sich in riskantem Verhalten auszuleben (s. Kap. 8), dann sind sie auch in stärkerem Maße seinen Folgen ausgesetzt. Grenzen zu setzen, wird in dieser Zeit der Emanzipation und zunehmender Freiheit von unmittelbarer Aufsicht ein entscheidendes Thema. Mehr noch, die Verantwortung für Kontrolle sollte allmählich mehr und mehr auf die Heranwachsenden übergehen, denn sie erreichen einen Punkt in ihrem Leben, von dem ab ihre Handlungen ihnen persönlich zugerechnet werden – sei es durch Autoritäten in der Schule, sei es durch die Polizei oder auch durch den Tod. Angesichts einer zunehmenden Anzahl von Verbrechen, die von jungen Heranwachsenden begangen werden, verliert die Gesellschaft ihre Geduld und Nachsicht jungen Gesetzesbrechern gegenüber. Gerichte sehen sehr jungen Kindern gegenüber zwar noch ihre Schutzfunktion im Vordergrund, beginnen ältere Jugendliche aber zunehmend für ihr Verhalten zur Rechenschaft zu ziehen. Es liegt nicht im Interesse der Heranwachsenden und nützt ihnen wenig, weiter zu glauben: „Mama und Papa stehen für mich ein", oder „Mama und Papa werden mich retten."

Gründe dafür, daß Heranwachsende elterlicher Kontrolle Widerstand leisten

Kürzlich, als ich gerade dabei war, dieses Buch zu schreiben, sprach mich ein Mann an, dessen Gesicht mir vertraut vorkam. Er lächelte, streckte mir seine Hand entgegen und sagte:

„Ich bin Jim B., und vor 15 Jahren haben Sie meinen Sohn behandelt. Sie haben ihm geholfen, aber ich glaube, mir haben Sie noch mehr geholfen. Mit Ihrer Hilfe habe ich gelernt, daß ich nur für das Verhalten eines einzigen Menschen verantwortlich bin – für mich selbst. Ich habe damals gelernt, daß es nur einen einzigen Menschen gibt, den ich wirklich kontrollieren kann – mich selbst. Meinem Sohn geht es gut und mir auch. Danke."

Diesem Vater war es wie den meisten Eltern gegangen: Er hatte geglaubt, er müsse seinen Sohn irgendwie vor Schaden bewahren, aber hatte schließlich eingesehen, daß er das Verhalten seines Sohnes nicht kontrollieren konnte. Wenn Eltern glauben, sie müßten ihr Kind auch in der Pubertät immer noch beaufsichtigen, dann geraten sie in die Rolle von Kontrolleuren. Aber oft ist ihnen das nicht klar: sie lieben ihre Kinder einfach und wünschen ihnen das Beste.

Wenn Eltern diese Rolle einnehmen, dann machen sie unbewußt ihre Kinder von ihrer Kontrolle abhängig. Wegen der zugrundeliegenden Dynamik im Verhalten von Heranwachsenden erscheint es ihnen zwingend erforderlich, sich der Kontrolle zu widersetzen. Wenn sie dies nicht tun, bedeutet das eine Rückkehr in die Zeit, in der sie hilflose Kinder waren. Weil Heranwachsende ihre Eltern lieben und sie brauchen, befinden sie sich in einem Dilemma. Elterlicher Kontrolle Widerstand zu leisten, bedeutet Kampf mit den Eltern; sich elterlicher Kontrolle stillschweigend zu unterwerfen führt dazu, daß sie vor sich selbst ihr Gesicht verlieren, sich zurückziehen und deprimiert und hilflos fühlen. Widerstand kann also stellvertretend für Hilflosigkeit stehen.

Wie man Grenzen setzen kann

Jede Diskussion von Grenzen sollte behutsam und in Anerkennung der Tatsache geführt werden, daß manchmal nichts zu funktionieren scheint. Für Eltern kann dies sehr frustrierend sein.

Die Notwendigkeit, Kindern früh Grenzen zu setzen

Die Sicherheit von kleineren Kindern liegt in den Händen derer, die für sie sorgen, und deshalb ist es wichtig, daß Eltern ihnen früh Beschränkungen auferlegen, die sie vor Schaden bewahren sollen. Grenzen sollten die Sicherheit und das Wohlergehen des Kindes und derjenigen zum Ziel haben, die mit ihnen zusammenleben. Regeln für Kinder sollten einfach und leicht zu befolgen sein, aber noch wichtiger ist es, daß sie in einer klaren, knappen und konsistenten Weise formuliert werden.

Kindern sollte schon in einem sehr jungen Alter Grenzen gesetzt werden, weil sie zu dieser Zeit sehr verletzlich sind und dieses Lebensalter für die Entwicklung einer Einschätzung der Umwelt und derer, die sie bewohnen, von entscheidender Bedeutung ist. Zu dieser Zeit entwickelt sich die Grundlage für Vertrauen auf eine gesunde oder eine mangelhafte Weise. Diese Fähigkeit zu vertrauen wird später eine bedeutende Rolle bei der Persönlichkeitsentwicklung des Kindes spielen und dann die Fähigkeit des Heranwachsenden und später des Erwachsenen prägen, anderen Menschen zu vertrauen. Und es dient dem kleineren Kind bei der Formulierung seiner Konzepte davon, wie die Eltern es beschützen können. Wenn ein kleineres Kind die Eltern als zu schwach wahrnimmt, es zu kontrollieren, dann hält es sie auch leicht für zu schwach, um es zu schützen.

Einige Grundsätze für das Festsetzen von Regeln

1. *Der Inhalt und nicht die Anzahl von Regeln ist entscheidend.* Eltern sollten ihre Anschauungen in einigen wichtigen Regeln zusammenfassen, Regeln, die beide Eltern unterstützen können. Zum Beispiel ist für die elterliche Verantwortung der Schutz des Lebens der Kinder zentral. Was immer Sie erlauben oder verbie-

ten, fragen Sie sich: „Wenn ich meinem Kind erlaube, dies zu tun, entsteht dadurch ein nennenswertes Risiko für sein Leben?" Wenn die Antwort „Ja" lautet, dann tun Sie, was immer Sie können, um es zu verbieten. Wenn die Antwort „Nein" lautet, dann stellen Sie folgende weitere Frage: „Ist dies ein Thema, das für die Charakterbildung des Kindes zentral ist?" Damit aus Kindern lebenstüchtige Erwachsene werden, sollten sie die Qualitäten entwickeln, die ihnen helfen, mit ihrer Familie und später mit Freunden und Kollegen zurechtzukommen (siehe die Liste erstrebenswerter Eigenschaften im Unterabschnitt „Was haben wir in der Erziehung unseres Kindes bisher erreicht?"). Die Fähigkeit der Eltern, vernünftige Regeln zu setzen und durchzusetzen, die liebevoll und beständig vermittelt werden, hat Auswirkungen auf den Respekt der Kinder vor ihrer Autorität.

2. *Regeln sollten beachtet werden.* Regeln sollten nicht beliebig sein. Außerdem sollten sie realitätsbezogen sein. Eltern sollten keine Regeln aufstellen, die sie selbst nicht respektieren. Regeln werden wertlos, wenn man nicht bereit ist, selbst hinter ihnen zu stehen.

3. *Regeln sollten einen Zweck haben.* Alle Menschen müssen zwar die Konsequenzen ihres Verhaltens tragen, Heranwachsende aber besitzen noch keine große Lebenserfahrung, aus der sie ein stabiles Gefühl von Ursache und Wirkung ableiten können. Regeln sollten einen Zweck haben, und der Zweck sollte die Fundierung von Verhaltensreaktionen einschließen, die dem Heranwachsenden helfen, sich an seine Umwelt und seine Mitmenschen anzupassen. Er sollte lernen, daß Y passiert, wenn er X tut, und daß, wenn er Y nicht will, er X vielleicht nicht tun sollte. Mit dem Erwachsenwerden beginnt jeder Mensch, Verantwortung dafür zu übernehmen, daß ein weites Spektrum von Regeln eingehalten wird, die zum Teil von der Gesellschaft festgeschrieben und zum Teil selbstauferlegt sind.

4. *Regeln sollten klar formuliert sein.* Eltern sollten ihren Kindern ihre Erwartungen deutlich mitteilen: Wie sollen die Kinder sich zuhause, bei der Arbeit (oder in der Schule) und beim Spielen

verhalten? Die Regeln sollten einfach zu befolgen sein. Beide Eltern sollten sich die Formulierung und ihre Sorge für die Durchsetzung der Regeln teilen. Wenn einer der beiden Elternteile hinsichtlich einer Regel gemischte Gefühle hat, dann wird das Kind diese Ambivalenz wahrscheinlich spüren. Bei den Kindern sollte keine Unsicherheit hinsichtlich der Erwartungen der Eltern aufkommen können.

5. *Die Zahl der Regeln sollte begrenzt sein.* Entscheiden Sie, auf welchen Gebieten vor allem Grenzen gesetzt werden sollten. Erfolgreiche Regierungen vermeiden es, jede Kleinigkeit regeln zu wollen und gestehen ihren Bürgern das Recht und die Verantwortung zu, die Mehrzahl ihrer Handlungen selbst zu bestimmen. Eltern haben alle Hände voll mit Verantwortung, selbst dann, wenn sie nicht versuchen, das Verhalten ihrer Kinder vollständig zu kontrollieren.

Manche Kinder scheinen eine deutlich strukturierte Umwelt zu brauchen, während es anderen mit weniger Regeln besser zu gehen scheint. Manche Eltern neigen zu mehr Strenge, andere lassen mehr Freiheit. Ich habe Kinder sehr strenger wie auch sehr freizügiger Eltern behandelt. Im Übermaß führen beide Formen von Erziehung zu einem Mangel an Anpassung. Eine übermäßig strenge Erziehung kann ein nervöses und gehemmtes Kind hervorbringen. Eine Umwelt ohne Regeln kann Kindern das Gefühl der Unsicherheit geben und zu Verwirrung führen.

Sehen Sie jede Regel, die man Kindern auferlegt, als Arbeit für die Eltern an. Je mehr Regeln, um so mehr Arbeit. Manche Eltern sind derart von einer Vielzahl von Regeln eingenommen, daß sie ihre gesamte Zeit damit verbringen, das Leben ihres Kindes bis ins kleinste zu regieren – Zeit, die sie von ihren anderen Vorhaben und von ihrer Beziehung miteinander abziehen müssen. Regelvielfalt neigt dazu, die Beziehung zu den Kindern zu belasten, die leicht zu einem dauernden Tauziehen um irgendeine Regel wird.

6. *Regeln sollten Heranwachsenden dabei helfen, nicht über die Stränge zu schlagen.* Eltern sollten sich die Regeln, die sie aufstellen, genau überlegen. Wenn sie für ein Kind eine Linie ziehen, sagen sie damit, daß es jenseits dieser Linie gefährlich ist. Aber sie

sagen auch, daß es innerhalb dieser Linie sicher ist. Wenn man weiß, wo die Gefahr liegt, kann man sie eher vermeiden.

So durchquert zum Beispiel eine Armee ein feindliches, vermintes Gebiet immer erst, nachdem ein Weg deutlich markiert ist. Jeder Soldat weiß, daß innerhalb dieser Grenzen alles sicher ist. Wenn Soldaten plötzlich eine Gruppe anderer Soldaten durch angeblich unsicheres Gelände marschieren sehen, dann werden sie Zweifel bekommen, wo das Gelände nun wirklich sicher ist und wo nicht.

7. *Kinder testen Regeln*. Sie tun das, um sich selbst Sicherheit darüber zu verschaffen, ob die Eltern wirklich meinen, was sie sagen. Wenn ein Kind die Grenzlinie testet, sollte es unmittelbare Folgen erfahren, welche auch immer. Dieses Ausprobieren von seiten des Kindes kann den Eltern bösartig oder berechnend erscheinen. „Es ist fast so, als wollte er, daß ich ihn bestrafe", erklärte eine frustrierte Mutter. „Er stößt mich und stößt mich, bis ich endlich explodiere. Dann benimmt er sich. Es ist fast so, als genösse er es, mich wütend zu sehen." Ich glaube nicht, daß dies der Fall ist. Es machte ihrem Sohn Spaß, zu entdecken, wo er sicher sein konnte. Wenn das Brechen von Regeln keine Gefahr bedeutet, dann bedeutet ihre Einhaltung auch keine Sicherheit.

8. *Stehen Sie zu Ihrem Wort*. Im Wilden Westen lebten die Menschen nach der einfachen Regel „Greif nicht nach deiner Waffe, wenn du nicht schießen willst!" In diesem Sinn meine ich: „Versprechen (oder drohen) Sie nicht, ohne es zu meinen." Ihre Regeln sollten berechenbar und konsistent sein. Wenn Sie Ihr Wort und Ihre Versprechen auch einhalten, macht das auf Kinder dauernden Eindruck. Das ist für sie ein Beispiel, an dem sie den Wert von Zuverlässigkeit lernen können. Versprechen sollten deshalb nicht leichtfertig gegeben werden.

Heranwachsende erleben so viele Veränderungen, daß sie Dinge suchen, auf die sie sich verlassen können. Sie möchten zwar, daß die Liste von Regeln kürzer wird, aber auf der anderen Seite erwarten und möchten sie auch nicht, daß alle Regeln verschwinden. Mit einigen wenigen festen Regeln – wichtigen Regeln – haben Eltern eine große Chance, sich als verläßlich und berechenbar zu erweisen. Ich erinnere mich an Heranwachsende, die sich bei einem Freund beschwerten: „Nein, es hat keinen Sinn, sie hat schon gesagt, ‚Du wirst bei diesem Wetter nicht mit dem Boot rausfahren.' Es hätte keinen Sinn, sie zu bitten; bei solchen Sachen ändert sie nie ihre Meinung." All das beinhaltete Frustration, aber auch eine gewisse Erleichterung.

9. *Wenn es angemessen erscheint, ändern Sie die Rollen.* Kinder wachsen, und im Zuge ihrer Entwicklung verändern sich ihre Bedürfnisse. Ihre Fähigkeit zur Selbstregulierung nimmt mit ihrem reifenden Gefühl für persönliche Verantwortung zu. Die Anerkennung dieser wachsenden Reife durch die Eltern sollte auch zu einer Veränderung der Regeln führen. Sobald der Heranwachsende bereit und in der Lage ist, ihnen die mühevolle Aufgabe, sein Leben zu regieren, abzunehmen, lassen Sie ihn das tun. Mit zunehmender Selbstverantwortung geht zunehmende Selbstbestimmung einher.

Das ist es, was Grundsätze ausmacht – nicht mehr. Sie können nur Orientierung geben. Die vorangehende Diskussion enthält lediglich Vorschläge und bietet Gelegenheit, Vorstellungen zu revidieren, die vielleicht schon bekannt sind, aber in dem alltäglichen Bemühen, ein guter Vater oder eine gute Mutter zu sein, beiseite geschoben wurden. Nutzen Sie meine Vorschläge, wenn Sie Ihnen sinnvoll erscheinen.

Wie man Regeln durchsetzt

Entziehen der Zustimmung durch die Eltern

Die meisten Kinder verzichten auf jede Befriedigung, um sich die Zustimmung und liebevolle Zuwendung ihrer Eltern zu erhalten. Manchmal ist die wirksamste „Strafe" die ruhige Erklärung: „Ich bin enttäuscht von dem, was du getan hast. Ich ärgere mich darüber, aber vor allem bin ich enttäuscht. Es sieht dir nicht ähnlich, so verantwortungslos zu ein. Du hast mich im Stich gelassen, aber noch wichtiger ist, du hast dich selbst im Stich gelassen. Ich möchte, daß du das ins reine bringst." Dies sind meine Worte –

Ihre sind vielleicht angemessener –, aber sie drücken wirkliche Gefühle aus. Sie setzen nicht herab, drücken jedoch die Mißbilligung eines Verhalten aus, während Sie gleichzeitig etwas Positives über das Kind sagen. Wenn Sie eine gute Beziehung zu Ihrem Kind haben, können diese Worte sehr wirksam sein. Wenn Sie keine gute Beziehung haben, können diese Worte Ihr Kind vielleicht überraschen und eine Gelegenheit bieten, sie zu verbessern.

Manchen Eltern geht es mit solch einem Ansatz gut, und sie verwenden ihn, andere ziehen es vor, den Kindern Privilegien, Rechte oder Freiheiten zu entziehen. Klarheit und Konsistenz sind in jedem Fall entscheidend, weil sie Berechenbarkeit in das Leben des Kindes bringen.

Regeln für das Durchsetzen von Regeln

Wenn Eltern gemeinsam über die Regeln entschieden haben, die sie ihren Kindern auferlegen möchten, stehen sie vor der Frage, wie sie diese Regeln durchsetzen wollen oder können. Wie oben erwähnt, ist der wichtigste Grundsatz die Konsistenz – das heißt Regeln sollten für alle Kinder gleichermaßen gelten und Konsequenzen auf den Verstoß gegen Regeln ohne Ausnahme angewendet werden. Die folgenden drei Grundsätze können vielleicht helfen, diese Konsistenz aufrechtzuerhalten:

1. *Seien Sie sicher, daß Ihre Regeln auch durchsetzbar sind.* Ankündigungen von Konsequenzen auf einen Verstoß gegen eine Regel sollten vorher daraufhin durchdacht sein, wie wahrscheinlich es ist, daß Sie bereit und in der Lage sind, Ihre Ankündigung auch wahrzumachen.

Freds Vater war ein hochgewachsener Mann. Er war ruhig und locker und neigte dazu, Konflikte zu vermeiden. Die Mutter war das Gegenteil: Sie war klein, intensiv, gewissenhaft und energisch. Im Alter von 14 Jahren war Fred etwa 1,80 m groß und wog knapp 90 Kilo. Eines Sonntagmorgens wurde seine Mutter ärgerlich, weil ihr Sohn um zehn immer noch im Bett lag. Sie war sicher, daß solch eine Nachlässigkeit zu einem Lotterleben führen würde und versuchte nach Kräften, ihn aus dem Bett zu treiben oder ihm wenigstens den Schlaf zu rauben. „Wenn du nicht sofort aus dem Bett kommst, schmeiße ich dich eigenhändig raus", erklärte sie. Fred streckte seinen hochaufgeschossenen Körper aus, legte die Hände unter seinen Kopf und sagte: „Los! Mach doch!" Später regte sich seine Mutter bei mir auf: „Ich konnte ihn auf keine Weise aus dem Bett bringen, deshalb gab ich auf und zog mich zurück." Sie war wütend auf Fred, aber auch auf seinen Vater, weil er an der Trägheit ihres Sohnes keinen Anstoß nahm.

Ich kenne auch Mütter, die ihrem Sohn, der größer ist als sie, in die Augen schauen, eine Aufforderung äußern und allein mit ihrer Präsenz durchsetzen. Der Sohn folgt nicht aus Respekt vor der körperlichen Stärke seiner Mutter, sondern vor ihrer moralischen Stärke, ihrer Liebe und ihrer Verläßlichkeit. Die Forderungen dieser Mütter waren nie unvernünftig; es gab nur wenige Regeln, die aber logisch waren und hinter denen auch ihr Partner stand. Wenn Regeln gebrochen wurden, hatte das immer Folgen, wenn sie auch nur im verbalen Ausdruck von Enttäuschung bestanden.

Allen war ein 13 Jahre alter Junge, den seine Mutter zu mir brachte. Sie hatte nach der Scheidung von ihrem Vater das Sorgerecht für ihn und seine achtjährige Schwester. Allen hatte Probleme in der Schule und zuhause. Zusätzlich ärgerte seine Mutter sich darüber, daß er nicht bereit war, im Haushalt mitzuhelfen. „Er hört einfach nicht zu. Ich muß es ihm viermal sagen, bis er den Müll nach draußen bringt", erzählte mir seine Mutter.

Als ich Allen später sah, sagte ich zu ihm: „Allen, deine Mutter sagt mir, daß du zuhause nicht hilfst." „Oh, aber das tue ich doch", widersprach er. „Wie?" fragte ich. „Ich bringe den Müll nach draußen." Ich ließ nicht locker: „Sicher – nachdem sie es dir viermal gesagt hat." „Aber Doktor, die ersten drei Male meint sie es gar nicht wirklich", sagte er in allem Ernst. Ich sah die Szene vor mir: „Allen, dies ist das vierte Mal, daß ich es dir sage, und jetzt meine ich es ernst", sagte seine Mutter, verständlicherweise mit ihrer Geduld am Ende und ärgerlich. Irgendwie hatte Allens Mutter ihrem Sohn unbewußt signalisiert, daß sie es in den meisten Fällen nicht ernst meinte.

2. *Entscheiden Sie, ob Sie bereit sind, die Konsequenzen eines Fehlverhaltens wahr zu machen, bevor Sie sie androhen.* Regeln durchzusetzen ist harte Arbeit und kein Vergnügen, besonders wenn man sie jemandem auferlegt, den man liebt. Sanktionen, die in der Hitze des Gefechts verhängt werden, sind oft strenger, als wenn sie mit Überlegung und kühlem Kopf ausgesprochen werden. Wenn Eltern aus Wut strenge Strafen verhängt haben, entdecken sie später oft, daß sie nicht nur den Übeltäter bestraft haben. Eine Mutter erzählte mir, nachdem ihre Tochter eines Abends sehr spät nach Hause gekommen war:

Ich war wütend, aber vor allem hatte ich Angst. Als Angela schließlich eine Stunde zu spät kam, war ich erleichtert, daß sie noch lebte. Aber ich war extrem wütend über ihre Mißachtung unserer Gefühle, und ich gab ihr sechs Wochen Ausgehverbot. Ich kann Ihnen sagen, Doktor, diese sechs Wochen waren härter für mich als für sie. Aber ich blieb dabei. Die sechs Wochen gingen schließlich vorbei. Ich glaube, ich hätte dieselbe Lektion auch in einer Woche erteilen können. Aber ich war entschlossen, das Urteil auszuführen. Angela und ich haben beide unsere Lektion gelernt.

Was ich sagen will ist: Wieviel können nicht die Kinder, sondern Sie aushalten? Einmal verhängt, muß die Strafe auch abgeleistet werden, wenn Sie Ihre Glaubwürdigkeit nicht verlieren wollen. Eltern erlassen eine Strafe für gutes Benehmen häufiger um ihrer selbst als um ihrer Kinder willen. Aber das vermittelt ihrem Kind eine schlechte Botschaft. Es legt nahe, daß die Eltern nicht meinen, was sie sagen. Es erlaubt Eltern auch, aus der Klemme zu kommen und später erneut übertriebene Strafen zu verhängen, die wenig bedeutsam oder auch einfach zu hart sind. Es ist sinnvoll, Strafen gleich nach einem Vorfall zu verhängen, so daß eine Verbindung zwischen dem Verhalten und der Konsequenz erkennbar ist, aber dennoch sollte man sich Zeit nehmen, sich zuerst zu besinnen. Am besten erst einmal über alles schlafen, dann handeln.

3. *Die Strafe sollte der Tat angemessen sein.* Wenn Eltern eine Strafe verhängen, sollten sie sicher sein, daß sie der gebrochenen Regel angemessen ist, anders als in dem folgenden Beispiel:

Sammie hatte Probleme in der Schule gehabt, und seine Eltern hatten ihn zum Testen zu mir gebracht. Während einer Sitzung erzählte er mir, daß er am nächsten Tag seinen Führerschein bekommen sollte. „Du scheinst dich nicht besonders zu freuen", bemerkte ich. „Ja, meine Eltern sind davon begeisterter als ich. Jetzt haben sie etwas, was sie mir wegnehmen können. Ich bin schlecht in Spanisch, und sie haben gesagt, daß sie mir den Führerschein wegnehmen, bis ich eine Drei habe", sagte er ziemlich verzweifelt. „Was hat Autofahren denn mit Spanisch zu tun?" fragte ich. Er zuckte mit den Schultern und meinte: „Vielleicht denken sie, ich werde einmal von einem spanischstämmigen Polizisten angehalten."

In gewisser Weise hatte Sammie recht. Den Führerschein zu entziehen, steht bei den meisten Eltern ganz oben auf der Liste der Strafen. Das Recht, ein Auto zu fahren, ist für den jungen Heranwachsenden fast schon ein Übergangsritus. Und noch wichtiger ist seine symbolische Bedeutung. Es bedeutet, daß man erwachsen ist. Der Verlust dieser Erlaubnis bedeutet ein Ausschluß aus dem Kreis der Erwachsenen. Schlechte Zensuren in der Schule sollten sicher eine gewisse Reaktion der Eltern nach sich ziehen, aber man sollte auch das Verhältnis von Freiheit und Verantwortung bedenken. Vielleicht war es richtig, Sammie die Fahrerlaubnis für seine schlechten Leistungen in der Schule zu entziehen. Ich hätte es besser gefunden, wenn seine Freiheit auf andere Weise eingeschränkt worden wäre. Ich glaube, die Erlaubnis, Auto zu fahren, sollte man im Zweifelsfalle ganz von der Sicherheit des Fahrstils und der Verantwortlichkeit des Jugendlichen beim Fahren abhängig machen.

Dem Heranwachsenden die Befolgung von Regeln überlassen

Jugendliche müssen letztlich ihre eigenen Grenzen setzen

Wie ich an verschiedenen Stellen dieses Buches erwähnt habe, ist eines der Hauptziele von Erziehung, Heranwachsende zur Selbständigkeit zu führen. Bald werden sie junge Erwachsene, die sich selbst schützen und Grenzen setzen können. Vielleicht sind sie zu diesem Zeitpunkt noch nicht in der Lage, finanziell unabhängig zu sein, aber wie sie sich in dieser Zeit entwickeln, wirkt sich sehr stark darauf aus, wie gut sie später für sich selbst sorgen können.

Zu irgendeinem Zeitpunkt merken die meisten Eltern, daß ihre Kinder sich irgendwann ihre Grenzen selbst setzen müssen. Diese Einsicht entwickelt sich schrittweise in der Auseinandersetzung mit den Frustrationen, die sie erfahren, wenn sie versuchen, ihren Nachwuchs zu beschützen und gleichzeitig darauf vorzubereiten, mit Gefahren allein umzugehen. Diese Jahre der Pubertät und Jugend sind voller Risiken. Eltern können nur hoffen, daß sie ihre Kinder gut darauf vorbereitet haben, für sich selbst zu sorgen. Sie können die Gefahren, denen Heranwachsende gegenüberstehen, und riskante Verhaltensweisen besser identifizieren, weil sie selbst ihnen, wenigstens zum Teil, ebenfalls ausgesetzt waren und manche Probleme aus eigener Erfahrung kennen. Sie können ihren Kindern von eigenen Lösungen erzählen, sollten aber nicht verlangen, daß die jungen Leute ein Spiegel ihrer selbst werden. Wenn die Beziehung zwischen Eltern und Kind gut ist, dann werden die meisten Kinder versuchen, wie ihre Eltern zu werden – falls sie nicht glauben, sie werden dazu gezwungen.

Heranwachsenden einen Blick in ihre Zukunft öffnen

Ich habe es als hilfreich empfunden, die Aufmerksamkeit eines reifenden Jugendlichen auf die letzten Ziele seiner zukünftigen Verantwortung zu lenken: einen Partner, vielleicht Kinder, und Eltern, die älter werden. Jeden Tag kommen intelligente und lebensfrohe junge Leute ums Leben. Der Verlust eines jungen Lebens ist tragisch und wird noch dadurch verschlimmert, daß es dann auch andere junge Leben nie geben wird. Welche Grenzen die Eltern auch setzen, sie dienen dem Zweck, ihre Kinder so zu erziehen, daß sie zukünftige Aufgaben erfüllen können. Es ist nützlich, diese Aufgaben genau zu benennen, denn Heranwachsende sind nun in einem Alter, in dem sie abstrakte Ideen begreifen können und auch beginnen, sich für sie zu interessieren. Es werden für sie vielleicht zunächst beunruhigende Ideen sein, weil sie in die Zukunft weisen und etwas über Menschen aussagen, über die sie schon angefangen haben nachzudenken.

Wenn man von Regeln und Grenzen spricht, die Eltern setzen,

dann klingt das so, als würden sie aufgestellt, um das Leben der Eltern zu verbessern. Wenn Heranwachsende immer danach streben würden, das Beste für diejenigen zu tun, die in der Zukunft von ihnen abhängig sind, dann wäre das Leben der Eltern und ihr eigenes Leben vielleicht besser und erfolgreicher. Denken Sie darüber nach. Wir wollen nicht, daß sie tun, was für uns, sondern was für ihre Zukunft am besten ist. Sie schulden uns sehr wenig. Eher schulden sie ihrer zukünftigen Familie etwas.

Einem Heranwachsenden würde ich zum Beispiel die folgenden Fragen stellen: Wie wird es sein, dich als Vater zu haben? Oder als Mutter? Als Ehemann? Oder als Ehefrau? Wichtige Menschen in deinem Leben erwarten dich da in der Zukunft. Übernimmst du die Verantwortung deinem Sohn gegenüber? Was kann er von dir erwarten? Wird deine Tochter eine gebildete Mutter haben? Wird dein Kind einen Vater haben, der es selbst und seine Mutter ernähren kann? Erfüllst du deine Pflichten deinen Kindern gegenüber? Willst du ihnen wirklich eine Chance geben zu leben? Oder wirst du das alles in einem Moment der Verantwortungslosigkeit riskieren?

Ich sage den Heranwachsenden, daß das Leben, das sie für ihr eigenes Leben halten, nicht ihnen gehört, wenigstens nicht ganz. Andere haben auch einen Anspruch darauf. Andere hoffen, daß sie gut damit umgehen.

Wenn Sie glauben, daß Ihr heranwachsendes Kind wirklich außer Kontrolle ist

Normalerweise erwarten Eltern ein gewisses Maß an schwierigem Verhalten von einem Heranwachsenden, aber es gibt Zeiten, in denen sie das Gefühl haben, daß sie mit weit mehr als dem Üblichen konfrontiert sind und daß ihr Kind wirklich außer Kontrolle geraten ist. Woran können Eltern erkennen, ob das tatsächlich der Fall ist oder ob sie einfach des Kämpfens müde sind? Die meisten Eltern können auf diese Frage bessere Antworten geben, die der individuellen Situation angepaßt sind, als die Experten. Wenn Eltern sich die folgenden Fragen stellen, finden sie vielleicht eine Antwort für ihre eigene Situation:

Haben wir wirklich ein Problem? Ist unser Kind außer Kontrolle, oder ist es manchmal einfach nur langsam in seiner Reaktion, oder weigert es sich nur zu tun, was wir ihm sagen?

Kinder sollten gehorsam und respektvoll sein; aber beides sollte nicht miteinander verwechselt werden. Es ist wahrscheinlich, daß Kinder ihren Eltern gelegentlich aus verschiedenen Gründen nicht gehorchen. Das muß keine Respektlosigkeit ausdrücken. Die meisten Kinder haben große Achtung vor ihren Eltern. Gerade wegen ihres Respektes für ihre Eltern sind Kämpfe und Auseinandersetzungen gelegentlich schwierig und manchmal auch beängstigend. Die meisten Heranwachsenden idealisieren eher die Qualitäten ihrer Eltern, auch zum Nachteil ihres eigenen Selbstwertgefühls, wenn sie sich an ihnen messen.

Ich habe Kinder gesehen, die buchstäblich von ihren Eltern nicht mehr zu kontrollieren waren. Bei diesen Kindern geht es nicht einfach darum, daß sie Widerworte geben oder nicht tun, was die Eltern von ihnen wollen. Ernsthaft psychisch erkrankte Heranwachsende können einen Mangel an Kontrolle zeigen; wenn das passiert, ist meist deutlich, daß etwas wirklich nicht in Ordnung ist. Ein psychisch kranker Heranwachsender zeigt meist ein breites Spektrum von Verhaltensweisen, die weit über eine Verweigerung des Gehorsams den Eltern gegenüber hinausgehen.

Es gibt jedoch auch Heranwachsende, die unakzeptable Dinge tun und nicht psychisch krank sind. Sie tendieren dazu, dieselben Fehler immer wieder zu machen und nie aus diesen Fehlern zu lernen. Sie versuchen anderen die Schuld zu geben und haben Schwierigkeiten damit, Verantwortung für ihre Handlungen zu übernehmen. Sie denken wenig an andere und haben Mühe damit, eine unmittelbare Befriedigung auf später zu verschieben. Diese Eigenschaften sind Zeichen emotionaler Unreife.

Jeder Heranwachsende zeigt im Prozeß des Erwachsenwerdens von Zeit zu Zeit einen Grad an wenig anziehenden Eigenschaften. Für Eltern stellt sich die Frage, wie intensiv und dauerhaft diese Eigenschaften auftreten.

Strengen wir uns genug an? Wieviel ist genug? Das hängt von dem Kind und den Eltern ab, um die es geht. Mit manchen Kindern läßt sich viel leichter leben, manche sind viel leichter zu erziehen als andere. Manche Eltern können über Dinge hinwegsehen, die für sie kleinere Verfehlungen ihres Kindes sind, während andere anspruchsvoller sind. Denken Sie einmal darüber nach, ob Sie vielleicht unnötige Kämpfe ausfechten.

Könnte es ein, daß Sie härter zu sich selbst sind als nötig? Die Tatsache, daß Sie dieses Buch lesen, legt nahe, daß Sie mehr als nur beiläufiges Interesse daran haben, ihr heranwachsendes Kind zu verstehen. Das bedeutet, daß Sie sehr wahrscheinlich eher ein gewissenhafter Vater oder eine gewissenhafte Mutter sind. Die meisten Eltern, die sich Mühe geben, glauben, daß es nur einen Fehler gibt: nicht genug zu tun. Ich glaube, daß es noch einen anderen gibt: zuviel zu tun.

Arbeiten wir zusammen? Frau L. erzählte mir wütend: „Francesca weigert sich, pünktlich nach Hause zu kommen. Sie macht nie ihr Zimmer sauber. Sie gibt Widerworte. Sie ist 15 Jahre alt und glaubt, sie sei 21. Und der gute alte Harry überläßt mir die ganze Erziehung." An dieser Stelle sah der „gute alte Harry" seine Frau kühl an und sagte: „Meine Frau ist ständig hinter Francesca her." Frau L. antwortete: „Wenn du mithelfen würdest, müßte ich nicht alles allein tun." Harry antwortete: „Wenn ich 50 Prozent tun würde, würde sie am Ende 150 Prozent unserer Aufmerksamkeit bekommen."

Es war offensichtlich, daß diese beiden Menschen völlig verschiedene Auffassungen von Kindererziehung hatten. Francesca war sich dieser Unterschiede bewußt und nutzte sie zu ihrem Vorteil. Herr und Frau L. hatten auch andere Meinungsverschiedenheiten, aber sie zeigten sich besonders deutlich, wenn es um das Thema Grenzen ging. In ihren Erwartungen an Francesca waren sie sich nicht einig. Genaugenommen waren sie auch in ihrer Beziehung nicht miteinander im reinen. Damit das Setzen von Grenzen Erfolg haben kann, ist es für Eltern unerläßlich, daß sie sich einig sind. Selbst dann werden Kinder irgendwann versuchen, sie gegeneinander auszuspielen. In dem eben beschriebenen Fall scheiterte das Grenzensetzen wiederholt. Francesca war wegen der Disharmonie ihrer Eltern ständig niedergeschlagen, und beide Elternteile fühlten sich als Versager.

Was versuchen wir zu erreichen? Die Frage, der Sie sich nun zuwenden sollten, lautet: Was hat unser Kind bereits erreicht? Was muß noch getan werden? Die folgenden Fragen können dabei helfen, herauszufinden, welche Fortschritte Ihr Kind in Richtung Erwachsensein gemacht hat.

- Wie gut findet sich Ihr Kind augenblicklich im Leben zurecht?
- Wie gut kann sich Ihr Kind in die Familie einfügen? Fühlt es sich von der Familie geliebt und akzeptiert, und kann es sich im allgemeinen in die Familie einfügen?
- Wie gut verträgt sich Ihr Kind mit Freunden? Hat es mindestens einen guten Freund?
- Wie ergeht es Ihrem Kind in der Schule? (Seine zukünftige Produktivität am Arbeitsplatz hat eine unmittelbare Beziehung zu seiner Produktivität in der Schule.)

Was haben wir bisher in der Erziehung unserer Kinder geleistet? Fragen Sie sich, welche Eigenschaften Sie bisher Ihrem Kind haben vermitteln wollen. Es gibt viele Charakterzüge, die uns im Leben gut dienen. Wir können ohne einige von ihnen gut zurechtkommen, aber ohne bestimmte andere werden wir ernsthafte Schwierigkeiten haben. Welches sind diese essentiellen Qualitäten?

Im folgenden finden Sie eine kurze Liste von Qualitäten, die ich für wichtig halte. Eltern sollten entsprechend den Prioritäten, die sie setzen, auf dieser Liste Punkte hinzufügen oder entfernen.

1. *Ehrlichkeit*. Wie ehrlich ist Ihr heranwachsendes Kind? Ich meine nicht, ob es jemals etwas Unehrliches getan hat, sondern ob es im allgemeinen ehrlich im Umgang mit Familie und Freunden ist. Oder glaubt es zum Beispiel, daß man ruhig stehlen darf?

2. *Aufrichtigkeit*. Sagt der Heranwachsende im allgemeinen die Wahrheit? Die meisten Kinder sagen ab und zu eine Unwahrheit, besonders wenn sie das Gefühl haben, dazu gezwungen zu sein. Aber können Sie sich im allgemeinen auf das Wort Ihres Kindes verlassen? Oder denkt das Kind, daß es ruhig lügen darf? Die beiden genannten Qualitäten ähneln sich insofern, als Aufrichtigkeit die Ehrlichkeit in bezug auf das Wort, und Ehrlichkeit die Aufrichtigkeit in bezug auf das Handeln ist.

3. *Fleiß*. Zu wissen, wie man arbeitet und zum Arbeiten bereit zu sein, sind entscheidende Aspekte des menschlichen Charakters. Ein Vater erzählte mir einmal, daß sein Sohn – mein Patient – faul sei und nicht arbeiten wolle. Später sagte er mir, der Junge verbrächte Stunden in der heißen Sonne, schmirgelte, glättete und polierte sein Surfboard. „Ich dachte, er sei faul und würde nicht arbeiten?" fragte ich. „Oh, sicher, das tut er schon. Aber das zählt nicht. Das ist etwas, was ihm Spaß macht," antwortete sein Vater.

Dieser Junge tat zwar nicht das, was sein Vater als Arbeit ansah, aber er zeigte Fleiß und Ausdauer, wenn es um eine Aktivität ging, die ihm Spaß machte. „Faulheit" wurde ihm zugeschrieben, weil er nicht die Zensuren bekam, die sein Vater von ihm verlangte. Mit den schlechten Noten wollte der Junge seinem Vater signalisieren: „Du kannst mich nicht zwingen. Da hast du es." Wahrscheinlich hätte er sein Surfboard aufgegeben, wenn sein Vater verlangt hätte, daß er Stunden in der heißen Sonne mit dem Schmirgeln, Glätten und Polieren seines Surfboards verbringen sollte.

4. *Mitgefühl*. Diese Qualität bringt uns mit unseren Mitmenschen in Kontakt. Um sie zu besitzen, muß uns an anderen Menschen liegen – nicht anstelle von uns selbst, sondern zusätzlich zu uns selbst. Sehen Sie Anzeichen von Mitgefühl bei Ihrem Kind? Ich meine nicht, daß es darauf besteht, daß jemand anderes das letzte Stück vom Schokoladenkuchen bekommt; eher, wie es ihm geht, wenn zum Beispiel große Kinder kleine schlagen. Hat das Kind Gefühl für andere Menschen, auch wenn man manchmal vielleicht meint, daß es die falschen sind? Ohne diese Fähigkeit wird Ihr Kind in der Welt zu kämpfen haben.

5. *Ein Gefühl für richtig und falsch*. Noch bevor ein Kind in die Pubertät kommt, hat es mehr als nur ein grobes Verständnis davon, was richtig oder falsch, gut oder schlecht, gerecht oder ungerecht ist. Wenn ein Bruder oder eine Schwester unfairerweise einen Vorteil hat, bekommt er oder sie von einem jüngeren Geschwister einen Vortrag über Fairneß gehalten. Heranwachsende besitzen mehr als nur das Wissen darüber, was richtig und was falsch ist; sie empfinden auch Wertschätzung für das Richtige. Sie haben ein klares Verständnis davon, wie sie behandelt

werden möchten, und wie sie selbst andere behandeln sollten. Die Frage ist nicht, ob sie tatsächlich immer das Richtige tun, sondern wie sie in bezug auf richtig und falsch empfinden. Wenn Sie das Wachstum und die Entwicklung Ihres Kindes in Richtung auf ein Leben beurteilen wollen, das durch gute moralische Maßstäbe charakterisiert ist, sollten Sie nicht nur sein Verhalten untersuchen, sondern auch herauszufinden versuchen, was es diesem Verhalten gegenüber empfindet.

Alle Heranwachsenden werden irgendwann einmal etwas falsch machen, und wenn sie genügend Zeit gehabt haben, um über ihr Verhalten nachzudenken, dann geht es ihnen so, wie es Ihnen und mir auch geht: sie fühlen sich schlecht damit. Schuldgefühl ist einer der unangenehmsten Affekte und dient der Abschreckung gegen unehrenhaftes Verhalten. Die meisten von uns streben danach, ein Verhalten, das zu Schuldgefühlen führt, zu vermeiden, ganz zum Vorteil unserer Mitmenschen. Ich mache mir über denjenigen Jugendlichen Sorgen, der Böses tun kann und währenddessen oder danach keine Schuld empfindet. Er kennt den Unterschied zwischen Gut und Böse auf eine intellektuelle Weise, aber ihm fehlt die Wertschätzung des Guten.

Die eben genannten Qualitäten sind letztlich entscheidend für die Fähigkeit des Kindes, in dieser Welt zu leben. Die Präsenz dieser essentiellen Qualitäten sollte, auch wenn sie noch nicht voll und ganz in ihrem heranwachsenden Kind verwurzelt sind, Eltern helfen zu verstehen, was sie bisher geleistet haben.

Was sollten wir als Eltern sonst noch tun? Erkennen Sie an, welchen enormen Einfluß Sie auf die Entwicklung ihrer Kinder gehabt haben. Dieser Einfluß besteht weiter. Die Gesellschaft erwartet, daß Sie über eine Anzahl von Idealen und Werten verfügen, mit denen Sie Ihr Leben führen und Ihren Kinder diese Werte in Wort und Tat weitergeben. Wenn Ihre Überzeugungen und Werte im Hinblick auf Selbstverbesserung und in Richtung auf persönliches Wachstum und Entwicklung geprägt sind, dann sind sie es wert, übernommen zu werden. Natürlich kann dies von Fall zu Fall auch scheitern. Ich habe gute Eltern gesehen, die ihr Bestes taten und trotzdem keinen Erfolg hatten. Aber ich bin beeindruckt von der Weisheit, die Eltern im Prozeß der Zeugung und Erziehung ihrer Kinder entwickeln.

Zusammenfassung

Ein Wort der Vorsicht an Eltern, die ihre Kinder und sich selbst im Hinblick auf die oben genannten Fragen betrachten. Ich habe noch keine perfekten Kinder gesehen. Perfektion kann einem Kind nicht von seinen Eltern verliehen werden, weil sie ein Zustand ist, der auch bei Eltern unbekannt ist. Wir können unseren Kindern nicht geben, was wir nicht besitzen. Zum größten Teil leisten Eltern gute Arbeit – einige besser, andere weniger gut. Eltern sind Menschen mit Stärken und Schwächen. Sie versuchen mit dem, was sie besitzen, ihr Bestes zu tun, ganz wie es ihre Eltern taten und wie ihre Kinder es tun werden.

Teil II
Wer sind Heranwachsende?

Kapitel 5

Normalität und Pubertät

Von jungen Menschen in der Pubertät Normalität zu erwarten, ist widersprüchlich. Viele Erwachsene glauben, daß die Pubertät eine Art Krankheit ist, die nur mit viel Zeit und viel Glück geheilt werden kann. Lange Zeit glaubten Psychiater, daß alle Pubertierenden auf ihrem Weg von der Kindheit ins Erwachsenenalter beträchtlichen inneren Aufruhr und Umwälzungen durchmachen müssen. Man war der Auffassung, daß dieses psychologische Chaos nicht nur immer präsent ist, sondern daß es auch irgendwie hilfreich sei und als normal angesehen werden sollte. Sicherlich machten alle Heranwachsenden, die wir in unserer Berufspraxis zu sehen bekamen, diesen Aufruhr durch, aber wir hatten es nicht mit normalen Jugendlichen zu tun. Wir wissen jetzt, daß dieses auffallende Verhalten nicht notwendigerweise zur Pubertät gehört, daß es nicht unbedingt hilfreich ist und daß es keine Bedingung dafür ist, ein besserer Erwachsener zu werden. Natürlich ist die Pubertät in mancher Hinsicht eine holprige Wegstrecke. Sie unterbricht etwas, das bis dahin oft eine ziemlich friedliche Reise gewesen war.

Obwohl der Beginn der Pubertät besondere Herausforderungen mit sich bringt, wirft sie selten einen sonst angepaßten jungen Menschen aus der Bahn. Die meisten Jugendlichen schaffen es, diese Phase zu beginnen und abzuschließen, ohne besonders aufzufallen. Diese Zeit der Pubertät hat eine schlechte Presse, weil der durchschnittliche Heranwachsende einfach weniger Nachrichtenwert als ein auffälliger Altersgenosse hat.

Wenn ein Kind schließlich die Pubertät erreicht, hat die Familie in der Regel einen Lebensstil und einen Verhaltenskodex entwickkelt, der innerhalb wie außerhalb der Familie oder des Hauses akzeptiert ist. Und die Familie hat in der Regel Meinungen darüber entwickelt, was man von einem normalen Heranwachsenden erwartet. Manche Dinge, die Heranwachsende tun, widersprechen dem, was sonst als normal gilt. Sie sind nicht gerade im psychiatrischen Sinn abnormal, aber einfach „nicht normal". Dieses Verhalten ist nicht notwendigerweise gefährlich oder destruktiv. Es ist vor allem unklug. Es kann erstaunen lassen, und oft ist es für Eltern, Lehrer oder andere Erwachsene, also für Ältere, einfach frustrierend. Vielleicht ist dies manchmal gerade der Grund für dieses Verhalten. Es kann Eltern angst machen und sie zu der Überlegung veranlassen: „Ist das normal?"

An anderer Stelle in diesem Buch beschreibe ich einen jungen Mann, der in meiner Praxis mit orangefarbenem Haar erschien, das sich in Stacheln und als schmales Band von der Stirn bis in den Nacken erstreckte. Rechts und links davon war er kahl rasiert. Seine Kleidung war zwar nicht orange, aber doch durchaus aufsehenerregend. Seine Aufmachung war glücklicherweise nur eine Übertreibung gewöhnlicher Kleidung von Jugendlichen. Er hatte ein sehr großes Bedürfnis danach, wahrgenommen zu werden. Er war einsam und unglücklich, hatte es sehr schwer, einen Sinn und eine Bedeutung in seinem Leben zu finden, und er hatte ein sehr schlechtes Bild von sich selbst. Er war kein normaler Heranwachsender, kämpfte aber mit einigen der Anpassungsschwierigkeiten, die alle Jugendlichen bewältigen müssen.

Auch normale Jugendliche „rebellieren" mit ihrer Kleidung, ihrer Musik und ihren Formen der Unterhaltung, wenigstens zum Teil deswegen, weil sie mit solch einem Verhalten viele Erwachsene ärgern können. All das ist aber auch eine Erprobung von Rollen: Die Jugendlichen versuchen ihre aufkeimende Identität zu gestalten und zu verkörpern. Mehr noch, es gibt einen gewissen Druck, korrekt zu sein, das heißt korrekt in den Augen der Altersgenossen, anderer Heranwachsender. Sie müssen absolut die „richtige" Musik mögen, die „richtige" Kleidung tragen, die „richtigen" Filme sehen und die „richtige" Sprache sprechen.

In gewisser Weise behalten wir unser Leben lang das Verlangen, von unseren Altersgenossen akzeptiert und bestätigt zu werden. Wir nehmen genau wahr, wie andere von uns denken. Aber im Laufe des Reifungsprozesses wird diese Bestätigung weniger wichtig.

Vorpubertät

Kinder in der Vorpubertät sind in vieler Hinsicht anständige und zivilisierte Menschen, die meist tun, was man von ihnen verlangt. Sie sind im allgemeinen höflich, respektvoll, liebevoll, freundlich und manchmal auch scheu. Freud beschrieb dieses Alter als eine Latenzperiode. Was in der psychischen Entwicklung des kleinen Kindes in lebendiger Bewegung war, scheint in eine eher ruhige Periode überzugehen, die es den psychischen Energien des Kindes erlaubt, in sozialen Lernprozessen aufzugehen. Was auch immer die Gründe und Erklärungen sein mögen – Kinder in diesem vorpubertären Alter sind weniger beunruhigend als ihre älteren Geschwister.

Zwölf Jahre alte Kinder glauben jedoch, daß das Leben mit 13 beginnt, und sie beginnen sich auf neue Rechte, Privilegien und auf die *Freiheit* vorzubereiten. Sie beginnen, 13 und 14 Jahre alte Heranwachsende zu beobachten und stellen unauffällige Nachforschungen darüber an, wie es ist, wenn man in der Pubertät ist. Sie haben schon gelernt, wie sie ihre Musik auf höchste Lautstärke stellen können, und nur solche Musik auszuwählen, die Erwachsene nicht mögen. Sie sind Jugendliche, die dabei sind, erwachsen zu werden, und beginnen, nach soliden Beweisen dieser bevorstehenden nächsten Phase Ausschau zu halten. Sie stellen sich neue Verhaltensweisen vor und schwelgen in Aussichten auf ihre Zukunft.

Normalität bei Jugendlichen definieren

Bei der Betrachtung dessen, was am Verhalten von Heranwachsenden normal und was abnormal ist, ist es vielleicht hilfreich, das Wort ‚normal‘ zu definieren. Ich schlage vor, *‚normales‘ Verhalten von Heranwachsenden* als das Verhalten zu definieren, das der durchschnittliche Heranwachsende zeigt. Was der durchschnittliche Heranwachsende tut, muß in den Augen von Erwachsenen nicht als angemessen gelten. Ich möchte den Eindruck vermeiden, daß ‚normal‘ angemessen oder gut bedeutet; ich betone vielmehr, daß ‚normal‘ sich nur auf die Norm einer bestimmten Gruppe bezieht, die angibt, was in normale Grenzen fällt. Eines ist noch zu beachten: Vergessen Sie bei der Bestimmung, was normales Verhalten von Heranwachsenden ist, nicht, daß Veränderung die einzige Konstante in ihrem Prozeß ist.

Die Studien von Offer und Offer

Offer und Offer (1975) haben über eine Langzeitstudie an einer Gruppe von männlichen Heranwachsenden berichtet, die 1962 begonnen wurde. Die Arbeit der Offers hat uns ein besseres Verständnis des Heranwachsenden und seines Entwicklungsprozesses vermittelt.

Für die Zwecke ihrer Studie wählten sie eine Gruppe von Oberschülern von zwei Schulen eines Großstadtvorortes aus. Sie schieden zunächst mit Hilfe psychologischer Tests und psychiatrischer Untersuchungen diejenigen Schüler aus, die schlecht angepaßt oder im Gegenteil äußerst gut angepaßt zu sein schienen. Die Schüler, die in die Mitte des Spektrums, zwischen die Extreme fielen, wurden als Modellgruppe gewählt, weil sie das Typische der größeren Gruppe repräsentierten. Diese besondere Gruppe beobachteten die Offers während der folgenden drei Jahrzehnte.

Anhand eines Fragebogens zur Erforschung des Selbstbildes versuchten sie zu bestimmen, was normales Verhalten oder psychische Gesundheit bei Heranwachsenden ausmacht. Gruppen von 200 bis 500 Jugendlichen wurden in den Altersgruppen 13 bis 15 und 16 bis 19 für die 60er, 70er und 80er Jahre verglichen.

Offer et al. (1989) berichteten über ihre Ergebnisse, die zeigen, daß die meisten Heranwachsenden gut zurechtkommen, sich am Leben erfreuen und im allgemeinen zufrieden mit sich sind. Sie haben keine größeren Probleme mit ihrem Körperbild, und Sexualität ist für sie kein besonderes Problem. Wie Offer und seine Mitarbeiter betonten, ist es wichtig, die einzelnen Jugendlichen im Zuge ihres Reifungsprozesses zu verstehen.

Das Verhalten von Heranwachsenden verändert sich ständig

Die frühe Pubertät kann so belastend sein, daß es zu Problemen kommt. Es ist nicht ungewöhnlich, daß Heranwachsende häufig

Streit suchen oder ohne ersichtlichen Grund in Tränen ausbrechen. Sie sind ihren Stimmungen ausgesetzt und können in einem Augenblick in tiefe Verzweiflung geraten und nach einem Telefonanruf gleich wieder gegenteilig gestimmt sein. Unzufriedenheit mit ihrem Körper und seinen Veränderungen tritt zurück hinter die angenehmen Empfindungen, die sie dabei haben, erwachsen zu werden. Und mit der Entwicklung ihrer Fähigkeit zu abstraktem Denken beginnen sie auch anders zu denken (vgl. dazu Kapitel 6).

Einerseits werden Heranwachsende mit manchen ihrer Ideen unerträglich für Eltern und andere Erwachsene, auf der anderen Seite ist es eine Freude, ihre Entfaltung in Richtung Reife zu beobachten und mitzuerleben. Eltern sind oft von einer Handlung völlig überrascht, die ein Nachdenken und eine Besonnenheit zu verraten scheint, die auf vollkommene Reife schließen läßt. Andererseits sind sie dann wieder über etwas anderes sehr verärgert. Wenn sie dann auf ihr Kind mit Trost, Nachsicht und, seinem tatsächlichen Alter gemäß, mit weniger Anspruch an Verantwortlichkeit eingehen, dann macht ihr Kind erneut einen Sprung vorwärts. Eltern und Familie nehmen das mit vorsichtiger Dankbarkeit auf.

Heranwachsende sind zwar oft aufreibend und beängstigend, manchmal aber auch eine Freude. Sie können auch witzig sein. Aber ihrem Humor fehlt oft der Symbolgehalt und der Anspielungsreichtum erwachsenen Humors. Es bleibt ein Element Kindlichkeit mit seiner Konkretheit. Ferner enthält der Humor von Heranwachsenden oft einen großen Teil kaum verborgener Feindseligkeit. Es geht ihnen vielfach ums „Runtermachen".

Normales Verhalten von Heranwachsenden

Vor vielen Jahren schrieb ich auf Bitte einer Psychiatrischen Gesellschaft eine Broschüre, in der ich versuchte, eine Vielzahl von Verhaltensweisen als normal oder abnormal zu kategorisieren (auf Tafel 5–1 wiedergegeben). Es war eine vereinfachte Darstellung, aber darin lag ihre Stärke und ihre Schwäche. Wenn man sie liest, sollte man Vorsicht beim Kategorisieren von Verhalten walten lassen. Heranwachsende sollten eher als „innerhalb normaler

Grenzen" denn als „normal" angesehen werden. Außerdem erinnere ich den Leser daran, daß die Reise in Richtung Erwachsensein von einer chamäleonartigen Gabe zur Veränderung und einer Sehnsucht nach den Rechten und Freiheiten eines Erwachsenen wie auch nach dem Komfort und dem Schutz der Jugendzeit gekennzeichnet ist. Was im Alter von 13 Jahren normal ist, ist es mit 19 sicher nicht mehr.

1. *Verantwortung für Schularbeiten.* Wenn ihr heranwachsendes Kind jeden Tag zu seinem „Job" geht (gerne oder nicht), nach Hause kommt und sich für den nächsten Arbeitstag vorbereitet, und am „Zahltag" mit seinem „Lohn" nach Hause kommt, dann haben Sie das Privileg, in der Gesellschaft von jemandem zu ein, der einen der wichtigsten Aspekte von Reife meistert, einem Menschen, der lernt, wie man unmittelbare Befriedigung für zukünftigen Genuß zurückstellt. Sie stehen vor einem sehr gefragten zukünftigen Angestellten.

Erwachsene gehen auch jeden Tag zur „Schule", wenn sie ihre Arbeit tun, und bringen am Ende jedes „Schuljahres" ein „Zeugnis" mit nach Hause. Es ist von einem Arbeitgeber statt von einem Lehrer unterschrieben. Aber das Zeugnis eines Jugendlichen und der Lohn eines Erwachsenen sind äußerer Lohn für Leistungen. Sie zeigen an, wie gut jemand seine Arbeit macht.

Nicht alle Heranwachsenden haben einen hohen Intelligenzquotienten (IQ) und sind in der Lage, hervorragende Zensuren zu bekommen. Entsprechend sind nicht alle Erwachsenen in der Lage, hohe Löhne oder Gehälter zu verdienen. Was vielleicht mehr zählt als Einsen oder viel Geld ist das, was in der Schule oder bei der Arbeit geleistet wird. Ich habe erlebt, wie Jugendliche ohne hohen IQ gute Noten bekamen. Sie hatten einen mäßigen IQ, aber ein sehr starkes Gefühl von „Ich schaffe das". Die gleiche Mischung von Fähigkeit und Streben habe ich bei Erwachsenen beobachtet.

Das folgende Beispiel illustriert, wie Eltern manchmal ihren Kindern nicht erlauben, volle Verantwortung für die Arbeit in der Schule zu übernehmen:

Die Eltern eines 16 Jahre alten Jungen baten mich, ihren Sohn zu bewerten. Er war gescheit, talentiert und konnte sich gut artikulieren, aber war trotzdem schlecht in der Schule. „Wir haben Angst, daß er mit den Noten, die er bekommen hat, nicht aufs College gehen kann", vertrauten mir seine Eltern an. „Wir haben alles getan, was uns eingefallen ist, um ihn zu motivieren", versicherten sie mir. Sie hatten beide das College abgeschlossen, spielten eine herausragende Rolle im sozialen Leben, waren beliebt, wohlhabend und schrecklich besorgt wegen der Zukunft ihres Sohnes. Als ich ihren Sohn später traf, stellte ich ihm die Frage: „Kannst du dir vorstellen, wie du mit so miserablen Noten auf das College kommen willst?" Er lächelte, verschränkte die Hände hinter dem Kopf und sagte: „Doktor, meine Eltern sind so besorgt wegen meiner Ausbildung. Ich denke, sie werden sich etwas ausdenken." Und das taten sie auch.

Manche Jugendlichen sind schlecht in der Schule, weil ihr Leben chaotisch ist. Andere sind nicht intelligent. Aber es gibt auch Jugendliche, die der Auffassung sind, daß es die Verantwortung ihres Vaters und ihrer Mutter ist, sie zu drängen und zu bitten oder ihnen zu drohen, damit sie bessere Leistungen in der Schule bringen.

2. *Geschlechtsidentifikation.* Die meisten Jungen möchten wie ihr Vater sein und die meisten Mädchen, wenn sie groß sind, wie ihre Mutter. Aus verschiedenen Gründen kann der Prozeß dieser Identitätsfindung auch anders verlaufen (vgl. dazu detaillierter Kapitel 6).

Jeder von uns hat bei der Geburt ein Geschlecht mitbekommen. Jeder versteht die Erwartung, daß wir eines Tages eine Frau oder ein Mann werden. Früh im Leben beginnt ein Prozeß der Differenzierung, im Verlaufe dessen wir mehr und mehr die Attribute des Geschlechtes annehmen, mit dem wir geboren sind. In der Pubertät beschleunigt sich der Prozeß. Das heranwachsende Mädchen, das während seiner Kindheit miterlebt hat, wie seine Mutter benutzt und herabgesetzt wurde, hat wahrscheinlich eher ernste Zweifel daran, ob es Spaß macht, eine Frau zu werden. Wenn die ganze Macht in einer Familie in den Händen des Vaters gelegen hat und er auf Frauen herabsah, dann kann es vorkommen, daß ein Mädchen sich entscheidet, daß es besser ist, ein Mann zu sein, und mit einer verwirrten Geschlechtsidentität zu kämpfen hat. In gleicher Weise wird der heranwachsende Junge in einer Abwägung von Risiko und Gewinn von dem beeinflußt, was er im Prozeß der Identifikation mit seinem Vater beobachtet hat.

3. *Aus Fehlern lernen.* Die meisten Menschen lernen aus ihren Fehlern. Sie begegnen in ihrem Leben Problemen, versuchen sie zu lösen und entwickeln dann Strategien, wie sie mit ähnlichen Probleme umgehen können, wenn sie ihnen wieder begegnen. Diese Fähigkeit, aus Fehlern zu lernen, ist bei emotional reifen Erwachsenen eine wichtige Qualität. Eltern, die ihren Kindern nicht erlauben, aus Fehlern zu lernen, nehmen ihnen damit eine Gelegenheit zu reifen, wie im folgenden Beispiel:

Ein 16 Jahre alter Junge fuhr aufgrund seines leichtsinnigen Fahrstils sein Auto zu Schrott. Seine liebevollen Eltern waren dankbar, daß ihm nichts passiert war und schenkten ihm ein neues Auto. Als ihr Sohn dieses Auto wieder zu Schrott gefahren hatte, ersetzten sie es wieder mit einem neuen Fahrzeug. Als ich diesen Jungen sah, fuhr er sein viertes Auto. Er war deprimiert. Er fragte sich, warum ihm seine Eltern immer wieder eine neues, eigenes Auto gaben. Ich fragte mich dasselbe.

4. *Reaktion auf Regeln.* Vernünftige Regeln werden leichter befolgt und können deshalb leichter durchgesetzt werden. Aber erwarten Sie nicht, daß Jugendliche sich nicht über die Regeln beschweren. Dies sollte ihnen erlaubt sein. Aber sollte ihnen erlaubt sein, die Regeln zu brechen? Natürlich nicht.

Heranwachsende müssen lernen, Ablehnung auszudrücken, die sie empfinden, einschließlich Ablehnung der Eltern. Es ist leichter, dies mit jemandem zu lernen, der einen liebt; Ablehnung kann mit Temperament und Gefühl, aber ohne Schimpfworte ausgedrückt werden. Die Feststellung: „Es ist in Ordnung, deine Ablehnung gegen mich auszudrücken, aber ich werde nicht dulden, daß du mich herabsetzt, und ich werde nicht dulden, daß du herabgesetzt wirst – auch nicht von dir selbst", setzt klare Grenzen.

Zu oft werden Heranwachsende, die niemals Ablehnung äußern oder Regeln brechen, für „gute" Jugendliche gehalten. Viele von ihnen sind es. Aber manche haben einfach große Angst, daß sie nicht mehr geliebt werden, wenn sie etwas falsch machen. Das ist nicht normal und nicht gesund, wie das folgende Beispiel illustriert:

Ein junger Heranwachsender wurde zu mir gebracht, weil er in der Schule versagte, bettnäßte und bei seinen Mitschülern sehr unbeliebt war. Ansonsten war er ein perfektes Kind: sauber, ordentlich, höflich, pünktlich, freundlich, rücksichtsvoll und Erwachsenen gegenüber respektvoll.

Die Mutter des Jungen war eine Vorbildmutter. Auch sie war sauber, ordentlich, höflich, pünktlich, freundlich, rücksichtsvoll und sehr ordentlich. Nach sechs Monaten Behandlung ihres Sohnes kam die Mutter zu mir und sagte: „Er ist schlimmer." Ich fragte, warum er schlimmer war. „Er ist frech. Er gibt Widerworte," antwortete sie. Ich war nicht überrascht. Ihr Sohn hatte angefangen, sich in seiner Familie besser zu fühlen und für möglich zu halten, daß sie ihn vielleicht doch liebten. Er traute sich, ihnen Dinge zu erzählen, die er vorher aus Angst, sie würden ihn verstoßen, vor ihnen verborgen hatte. Er war ein Junge, der schreckliche Angst hatte, seine Familie würde ihn fallenlassen, wenn er nicht perfekt wäre. Als seine Mutter dies verstehen konnte, freute sie sich darüber, daß ihr Sohn ein viel glücklicherer Junge war. Sie erzählte mir auch, daß er in der Schule besser war, nicht mehr bettnäßte und gute Beziehungen mit anderen Jugendlichen entwickelt hatte.

5. *Rücksicht nehmen.* Für den Heranwachsenden ist es „normal", gelegentlich rücksichtslos zu sein. Es ist „normal" für Jugendliche, auf Geschwister eifersüchtig und ihnen gegenüber gelegentlich auch rücksichtslos zu sein. Geschwister konkurrieren miteinander um die Aufmerksamkeit und Zuneigung der Eltern. Es ist wünschenswert, daß sie einander lieben, konstruktiv miteinander spielen und zusammenhalten und nicht eifersüchtig aufeinander sind.

Auf der anderen Seite kann ein Jugendlicher leidenschaftlich loyal und anderen gegenüber rücksichtsvoll sein und sich mit den Eltern anlegen, wenn die „anderen", denen gegenüber er loyal ist, in den Augen der Eltern schlechte Menschen sind. Eltern stöhnen auf, wenn ihr Kind einen Altersgenossen verteidigt, der immer in

Schwierigkeiten ist. „Aber, Papa, du hast mir immer gesagt, daß man niemanden auch noch treten soll, der schon am Boden liegt. Du hast mir immer gesagt, daß man Leuten noch eine Chance geben soll." In solchen Momenten müssen wir einfach auf unsere Lebenserfahrung zurückgreifen.

Es ist normal, wenn Eltern mit diesen Themen Mühe haben. Es ist normal, wenn Jugendliche zu den „falschen" Leuten halten. Nicht normal oder gesund ist es bei einem Jugendlichen, wenn er kein Mitgefühl und keine Rücksicht außer für sich selbst kennt. Es kann für einen Jugendlichen besser sein, wenn er zu jemandem hält, den die Eltern nicht mögen, als zu niemandem.

6. *Bindungen an die Familie lösen.* Es ist normal, wenn Jugendliche in ihrer Teenagerzeit anfangen, ihre Bindungen zu ihrer Familie zu lösen. Zur gleichen Zeit verbringen sie mehr und mehr Zeit mit Freunden. Es ist abnormal, wenn Jugendliche keine Freunde haben und sich übermäßig an die Familie klammern.

7. *Reue zeigen und empfinden.* Es ist normal für einen Jugendlichen, echte Reue für seine Verfehlungen empfinden zu können. Wenn keine Reue *gezeigt* wird, ist das jedoch nicht immer ein Beweis für ihr Fehlen. Die Weigerung eines Jungen in der Pubertät, seiner Schwester zu sagen, daß es ihm leid tut, daß er sie geschlagen hat, beweist nicht, daß er herzlos ist. Später, wenn seine Wut verraucht ist, tut ihm wahrscheinlich leid, was er getan hat. Wenn man einen sich entwickelnden und noch unfertigen Heranwachsenden beurteilt, darf man nicht vergessen, daß man Reue empfinden kann, auch wenn man sie nicht zeigt.

Wenn ein Kind schließlich in die Pubertät kommt, kennt es den Unterschied zwischen gut und schlecht, richtig und falsch. Die überwältigende Mehrheit der Heranwachsenden sind anständige Menschen, denen es nicht gut geht, wenn sie Schlechtes tun – wenn nicht gleich, dann sicher später. Mich haben immer ältere Jugendliche erschreckt, die kein Gewissen ausgebildet hatten. Sie können keine Reue oder Schuld empfinden.

8. *Emotionen zeigen.* Daß Menschen ein großes Spektrum von Gefühlen erleben, auch solche, die andere Menschen für inakzep-

tabel halten, gehört zur menschlichen Natur. Es ist nicht normal oder gesund für einen Heranwachsenden, keine Emotionen zu zeigen. Es ist fast genauso ungesund, wie nur „nette" Gefühle zu zeigen.

Wie Menschen mit ihren Gefühlen umgehen, wirkt sich auf ihr Zusammenleben mit anderen aus. Wenn Heranwachsende von ihrer Familie verstanden werden sollen, müssen sie in der Lage – und bereit – sein, über ihre Gefühle zu sprechen. Junge Kinder neigen dazu, ihre Gefühle in ihrem Verhalten auszuagieren. Heranwachsende müssen lernen, wie man Gefühle nicht nur in Handlungen, sondern auch in Worten ausdrückt. Es ist für einen Bruder weit besser, seiner Schwester zu sagen, wie wütend er auf sie ist, als sie zu schlagen. Es ist weit besser für ein Mädchen in der Pubertät, ihrer Mutter zu sagen, daß und warum sie wütend auf sie ist, als diese Wut tief in sich zu vergraben, und der Mutter ein falsches Bild von sich zu geben und sie glauben zu lassen, daß alles in Ordnung ist. Es ist natürlich für einen Jungen in der Pubertät auch weit besser, jemandem zu sagen, wie deprimiert er ist, als diese Botschaft in einem Selbstmordversuch auszudrücken.

Wut, Eifersucht, Angst und Trauer sind keine angenehmen Gefühle. Aber das Leben in der Familie sollte Menschen darauf vorbereiten, in der Not wie in guten Zeiten mit sich selbst zurechtzukommen. In der Familie lernen Menschen, wenn sie Glück haben, sich auf faire Weise zu streiten – nicht indem man sich gegenseitig beleidigt oder herabsetzt, sondern indem man mit dem Ziel, einander zu verstehen, den eigenen Standpunkt deutlich macht. In der Familie können alle lernen, ihre Wunden und auch ihre Liebe, Sympathie und ihr Mitgefühl zu zeigen und Unterstützung zu suchen und zu bekommen. Heranwachsende sollten lernen können, daß ihre Gefühle Ausdruck ihrer menschlichen Natur, also „in Ordnung" sind.

Es ist für Erwachsene wichtig zu wissen, daß alle Gefühle in Heranwachsenden wie auch in ihnen selbst legitim sind. Wenn Erwachsene mit ihren eigenen Gefühlen und deren Existenzberechtigung nicht ins reine kommen, dann vermitteln sie ihren Kindern den Eindruck, daß sie bestimmte Gefühle nicht haben oder kennen oder daß sie nur „gute" Gefühle haben. Heranwachsende, die Eltern erleben, die nie wütend, eifersüchtig, traurig oder ängstlich sind, werden versuchen, diese Gefühle auch vor anderen und vor sich selbst zu verbergen. Sie werden zu dem Glauben gelangen, daß „etwas mit mir nicht in Ordnung ist. Ich bin schlecht. Mutter und Vater haben nur gute Gefühle. Wenn sie jemals merken, wie schlecht ich eigentlich bin, dann werden sie mich wegschicken."

9. *Ordnungsliebe*. Bei Heranwachsenden ist Unordnung ziemlich normal. Zum Teil liegt das daran, daß sie wie ihre Freunde sein wollen. Zum Teil wollen sie damit „cool" wirken und einen Eindruck von Nonchalance vermitteln. Oder sie wollen damit beweisen, daß sie nicht angepaßt sind.

Es liegt mir fern zu behaupten, Ordentlichkeit, Pünktlichkeit und Genauigkeit seien abnormal oder nicht gesund. Im Übermaß aber können diese Eigenschaften bedeuten, daß ein Heranwachsender gehemmt ist. Übertriebene Ordentlichkeit ist selten eine Folge elterlicher Wünsche. Ich mache mir Sorgen, wenn sie verbunden mit anderen Hemmungen in einem solchen Maße präsent ist, daß die Beziehungen des Heranwachsenden zu seiner Familie und seinen Freunden bedroht sind.

10. *Wie ein Jugendlicher aussehen*. Es ist normal, wenn ein Heranwachsender wie einer seiner Altersgenossen aussieht. Da die Mode ist wie sie ist, wage ich es nicht zu definieren, welche Kleidung momentan unter Jugendlichen als akzeptabel gilt, da sich dies schon verändert haben wird, bevor dieses Buch gedruckt ist. Es wäre auch nicht normal für Jugendliche, sich so zu kleiden, wie ich mich kleide. Dreiteilige Anzüge sind nicht gerade ihre Stärke.

11. *Sich geliebt fühlen*. Die meisten Heranwachsenden glauben, daß ihre Eltern sie lieben und sie als Menschen akzeptieren. Als Folge davon empfinden sie Achtung vor sich selbst. Das ist normal. Es gibt für Heranwachsende zwar auch Momente, in denen sie glauben, daß ihre Eltern sie nicht lieben, aber diese Gefühle gehen vorüber.

Es ist jedoch ungesund und abnormal für einen Heranwachsenden, sich als Mensch wirklich ungeliebt und nicht angenommen zu fühlen. So viele Heranwachsende, die zu mir in Behandlung kommen, haben das Gefühl, daß ihre Eltern sich für sie schämen. Sie sehen sich selbst als wertlos, haben wenig Achtung vor sich selbst und besitzen kein Selbstvertrauen. (Ich bespreche das Thema der Identität bei Heranwachsenden in Kapitel 6.) Hier möge die Feststellung genügen, daß es für eine gute Entwicklung des Heranwachsenden entscheidend ist, sich geliebt und akzeptiert zu fühlen.

12. *Der älteren Generation Sorgen bereiten.* Ein abnormer Heranwachsender macht der älteren Generation Sorgen. Allerdings macht sich die ältere Generation auch über normale Jugendliche Sorgen. Ich bin nicht sicher, ob das mehr über Heranwachsende oder über die ältere Generation aussagt.

Das oben Gesagte ist verallgemeinernd und insofern lückenhaft und ungenau. Ich sage es im Bewußtsein, daß der Entwicklungsprozeß bei Jugendlichen ein dynamischer Wechsel von Ebbe und Flut ist.

Reaktionen der Eltern auf die Teenagerjahre

Die Kindheit, die für Eltern oft eine glückliche und erfüllte Zeit war, wird unterbrochen vom Ausbruch der Pubertät mit all dem, was sie mit sich bringt. Sorge oder Angst der Eltern nehmen in der Pubertät noch zu, besonders beim ersten Kind. Sobald das Kind älter als zehn ist, werden Eltern wachsam. Sie erkundigen sich bei anderen Eltern, was da auf sie zukommt. Sie betrachten andere Heranwachsende mit kritischen Augen und fragen deren Eltern um Rat.

Die meisten Eltern freuen sich darüber, daß ihr Kind größer wird und wie es an Schönheit und Kraft zunimmt. Diese Eltern sind glücklich, stolz und besorgt. Kraftvoll und schön zu sein schließt alles mögliche ein. Mit der Kraft kommt die Fähigkeit, anderen oder sich selbst körperlich wehzutun. Mit der Schönheit kommt die Aufmerksamkeit anderer, auch solcher Menschen, die in den Augen der Eltern unerwünscht sind.

Zwei sehr mächtige Kräfte muß jeder Mensch während der Pubertät meistern lernen: Aggression und Sexualität. Jeder Mensch muß seine eigene Weise finden, wie er diese Kräfte beherrschen und in produktive und gesunde Kanäle lenken kann. Wenn Heranwachsende diese Kräfte stärker erfahren, haben sie bereits eine eigene Persönlichkeit entwickelt, die stark beeinflußt, wie sie mit diesen neuen Kräften umgehen. Ihre Erfahrungen in der Familie und ihr genetisches Erbe bestimmen mit, wie sie reagieren. Viele Heranwachsende fühlen sich von diesen Kräften überwältigt und verbergen sie tief in sich selbst – mit nichts als den besten Absichten. Gleichzeitig verbinden sie schlechte Gefühle mit ihnen.

Wenn Jugendliche schließlich erwachsen sind, haben sie sich angepaßt und ihr Leben ist fortgeschritten. Jeder Mensch war irgendwann einmal mit diesen Trieben konfrontiert und entwickelte seine ganz persönliche Umgangsweise mit ihnen, um eine gesunde Kontrolle über sie zu gewinnen. Als Eltern eines Heranwachsenden müssen Menschen zusehen, wie ihr Kind denselben Herausforderungen ausgesetzt ist wie sie selbst in ihrer Jugend. Oft beginnen alte Wunden zu schmerzen, wenn Eltern miterleben, wie ihr heranwachsendes Kind kämpft. Jetzt versuchen sie, ihr Kind durch diese unruhigen Zeiten zu lenken. Ihr Erfolg wird sehr davon abhängen, wie gut sie ihre eigene Pubertät bewältigt haben, was sie seitdem gelernt haben und wie sehr sie persönlich gewachsen sind.

Eltern, die selbst immer noch in einer verzweifelten Situation leben, für die ihre intimste menschliche Beziehung nichts als eine Ursache von Schmerz ist, und die mit sich selbst immer noch nicht im reinen sind, werden es schwer haben zu entscheiden, was normales und um Anpassung bemühtes Verhalten eines Heranwachsenden ist. Wie können sie ihrem Kind in der Pubertät dabei helfen etwas zu finden, was sie selbst noch nicht gefunden haben? Die meisten Eltern haben Sinn und Wert in ihrem Leben gefunden, wenigstens in gewissem Maß. Diejenigen, die irgendwo auf dem Wege steckengeblieben sind, tun gut daran, im Hinblick darauf, wie es ihnen selbst ergangen ist, die große Chance wahrzunehmen und zu ergreifen, die in dem Aufblühen ihres Kindes in der Pubertät liegt.

Entscheiden, wann etwas mit einem Heranwachsenden nicht stimmt

Meine Erfahrung mit sehr vielen Eltern hat mich zu der Überzeugung geführt, daß die meisten eine ziemlich genaue Vorstellung davon haben, was richtig und was falsch ist. Ich glaube, daß die meisten Eltern über angemessene Fertigkeiten im Lösen von Problemen verfügen und im Bedarfsfalle häufiger die richtige Entscheidung treffen als nicht. Ein Teil des Problems hat damit zu tun, daß die Eltern und auch andere Familienmitglieder oder wichtige Freunde oft verschiedene Anschauungen in der Sache haben, um die es geht. Allzu oft fehlt Eltern das Vertrauen in ihre eigene Urteilskraft, und dann suchen sie an allen möglichen Stellen Rat. Wenn es um die Entscheidung geht, was bei ihren Kindern in der Pubertät normal (akzeptabel) und was abnormal (inakzeptabel) ist, ist vor allem eine klare Kommunikation zwischen den Eltern wichtig.

Kriterien für die Interpretation des Verhaltens eines Jugendlichen

Einen normalen Jugendlichen würde ich beschreiben als jemanden, der in den drei Hauptbereichen seines Lebens zurechtkommt. Wenn ich darum gebeten werde, einen Jugendlichen zu beurteilen, dann untersuche ich diese Bereiche, in dem ich mir selbst drei Fragen stelle:

1. Wie gut kommt der Jugendliche mit seiner Familie zurecht?
2. Wie gut geht es ihm mit seiner Arbeit?
3. Wie gut geht es ihm mit seinen Freunden?

Diese Fragen sprechen bedeutsame Aspekte im Leben eines Heranwachsenden an. Darüber hinaus sind sie bedeutende Aspekte im Leben eines jeden Menschen. Wie gut es einem Menschen in diesen drei Bereichen des Lebens geht, sagt viel über die Normalität dieses Menschen aus.

Wie gut kommt der Jugendliche mit seiner Familie zurecht? Wenn ich einen Heranwachsenden sehe, der mit seiner Familie nicht zurechtkommt, mache ich mir Sorgen. Ich meine nicht die natürlichen Meinungsverschiedenheiten mit Eltern und Geschwistern. Ich meine den ernsten Bruch einer Beziehung mit der Familie in dem Maß, daß die Beziehung eine permanente Quelle von Schmerz für den Heranwachsenden und die Familie ist, eine Beziehung, die für die eine wie für die andere Seite gleichermaßen unerfüllt ist. Ich spreche von einer Störung, die augenscheinlich und offensichtlich ist.

Es ist für einen Heranwachsenden nicht normal, über längere Zeit nicht in der Lage zu sein, mit seiner Familie zurechtzukommen. Normal ist es, mit den meisten Mitgliedern der Familie im allgemeinen zurechtzukommen. Wenn dies einem Jugendlichen mit den Menschen, die ihn am meisten lieben, nicht gelingt, dann ist ein wichtiger Bereich seines Lebens belastet, und er würde wahrscheinlich von einer Beratung oder Therapie profitieren. Bei manchen Heranwachsenden manifestiert sich die Störung nur zuhause.

Heranwachsende werden depressiv, wenn sie sich von denen ungeliebt fühlen, die eigentlich für sie sorgen sollten. Diese Depression zeigt sich in einer dauernden Traurigkeit oder verbirgt sich hinter auffallendem Verhalten. Es ist aber nicht leicht für einen jungen Heranwachsenden, über Depression zu sprechen. Eine Familie, die daran gewöhnt ist, über Gefühle zu sprechen, wird es leichter haben, eine Depression in einem Kind zu entdecken. Tatsächlich ist es so, daß in einer Familie, die es gewohnt ist, über Gefühle zu sprechen, eine Störung nicht nur frühzeitig entdeckt wird; wahrscheinlich wird das Zusammenleben so sein, daß eine Störung gar nicht erst entsteht. Denn wenn eine Familie wirklich ein „psychologisches System zur Unterstützung seiner Mitglieder in Zeiten der Not" ist, wie in Kapitel 1 gesagt, dann wird sie für Leid oder Schmerz ihrer Mitglieder offen sein und ihnen helfen.

Wie gut geht es dem Jugendlichen mit seiner Arbeit? Für Heranwachsende ist die redlichste Beschäftigung die eines Schülers. Es gibt eine signifikante Entsprechung zwischen der Weise, wie gut sie heute in der Schule sind und wie sie in Zukunft ihren Job tun. Der Heranwachsende, dem es zuhause nicht gut geht, der aber in der Schule gut ist, zeigt ein höheres Maß an Kompetenz als derjenige, dem es nicht nur zuhause nicht gut geht, sondern der auch in der Schule versagt. Um diesen letzteren mache ich mir mehr Sorgen. Wenn ein Heranwachsender in zwei Dritteln seines Lebens gestört ist, dann sollte professionelle Hilfe ernstlich erwogen werden.

Es ist ein wenig irreführend, wenn man behauptet, daß das Leben eines Heranwachsenden fragmentarisch ist oder zumindest sein kann. Es ist sogar noch irreführender, wenn man behauptet, daß die verschiedenen Teile seines Lebens keine Verbindung miteinander haben. Jeder Bereich, in dem ein Jugendlicher sich nicht zurechtfindet, kann sich auf die anderen Bereiche auswirken. Es ist schwer, sich zuhause deprimiert und ungeliebt zu fühlen und zugleich in der Schule Hervorragendes zu leisten. Manche Jugendlichen können damit besser umgehen als andere. Aufmerksame Lehrer, die bemerken, wie sich die Leistungen eines Schülers plötzlich verschlechtern, fragen sich fast immer: „Wie geht es diesem Kind wohl zuhause?" Aufmerksame Eltern, die bei ihrem Kind Rückzug und Distanz bemerken, sollten sich fragen: „Wie geht es ihm wohl in der Schule?"

Wie gut geht es dem Jugendlichen mit seinen Freunden? Alle drei Bereiche der funktionalen Entwicklung eines Heranwachsenden sind wichtig, aber seine Fähigkeit, Freundschaften zu schließen und zu pflegen, erstreckt sich auch auf die anderen Lebensbereiche. Ich habe Jugendliche gesehen, die mit ihren Familien permanent in Kämpfe verwickelt und in der Schule schlecht waren und auf der anderen Seite viele Freunde hatten und allgemein beliebt waren – bei Erwachsenen wie auch Altersgenossen. Das sagt etwas über ihre Fähigkeit aus, in der Welt unter Menschen zu überleben.

Auf der anderen Seite können Erfolg in der Schule und in der Arbeit und gute Beziehungen in der Familie ein gewisses Maß an Zufriedenheit und Glück gewährleisten. Einem Kind, das unfähig ist, Kontakt mit seinen Mitmenschen zu knüpfen, steht ein einsames Leben bevor.

Hat ein Heranwachsender Probleme in allen drei Bereichen? Ein Heranwachsender, der zuhause nicht zurechtkommt, in der

Schule versagt und erlebt, daß seine Altersgenossen ihn nicht mögen, hat in allen drei Bereichen zu kämpfen. Dieses Kind braucht professionelle Beratung und Therapie.

Im Laufe meiner Arbeit mit Jugendlichen hat mir diese Gruppe die meiste Sorge bereitet. Dies waren die Heranwachsenden, die ich auf meine Station aufnahm. Viele dieser Heranwachsenden waren psychisch krank, aber nicht alle. Die Behandlung einer psychischen Krankheit hinauszögern, die die Integration eines Jugendlichen in seine soziale Umwelt verhindert oder erschwert, ist unentschuldbar. Einem psychotischen Heranwachsenden eine medikamentöse Behandlung vorzuenthalten, ist so wenig zu rechtfertigen wie eine solche Behandlung ohne Notwendigkeit. Wenn es um das Leben eines Heranwachsenden geht, dann braucht er professionelle Hilfe, vielleicht auch stationär.

Es gibt keine einfachen und absoluten Maßstäbe für die Entscheidung, welcher Heranwachsende was braucht. Die vorangehenden Gedanken waren nur ein Teil der Gedanken, die ich mir mache, wenn es um die Entscheidung für die richtige psychiatrische oder psychologische Hilfe für Heranwachsende geht – aber ein wichtiger Teil.

Mit psychisch belasteten Jugendlichen arbeiten

Blick in den Kontext der Familie

Wenn ich einen psychisch belasteten Jugendlichen treffe, schaue ich mir zuerst einmal an, wie er oder sie im Kontext der Familie zurechtkommt, um einen Eindruck von ihm zu bekommen und ihn zu verstehen, denn dort lernt er Autonomie. Wenn eine Familie ihre Pflichten ihren Mitgliedern gegenüber erfüllt, dann funktioniert sie richtig. Wenn eine Familie ihre Pflichten ihren Mitgliedern gegenüber nicht erfüllt, dann sind die Mitglieder wie die Familie als ganze gestört.

Ich habe gelernt, daß ich fast immer eine Liste von Beschwerden über die Eltern und darüber zu hören bekomme, wie sie seine Probleme verursachen, wenn ich einfach nur einem Heranwachsenden zuhöre, wenn er mir erzählt, was nicht stimmt. Wenn ich nur den Eltern zuhöre, bekomme ich ein anderes Bild: Die Eltern tendieren dazu, sich auf den Heranwachsenden als das Problem zu konzentrieren. Obwohl sie verschiedene Ansichten haben, haben oft beide Seiten recht; das heißt, wenn eine Familie schlecht funktioniert, hat das meist mehr als eine Ursache.

Auf der Suche nach einer Lösung

Die Ursache der Probleme vieler Heranwachsender kann ich oft in der ersten Stunde meines Gesprächs mit ihnen erschließen, ihre Lösung aber erfordert meistens deutlich mehr Zeit. Warum? Weil das Problem für mich als einen Außenseiter zwar leicht zu erkennen sein kann, dies jedoch nicht auch für die Beteiligten so sein muß. Gewöhnlich versuchen alle Beteiligten, „das Richtige" zu tun. Das Problem besteht jedoch darin, daß ihre Sicht von richtig und falsch gewöhnlich von vielen Faktoren beeinträchtigt ist.

Ein weiteres Hindernis für die Lösung eines Problems besteht in der Schwierigkeit, über die richtige Strategie zu entscheiden. Die meisten Eltern entscheiden sich, wenn sie die Wahl zwischen dem Richtigen und dem Falschen haben, für das Richtige. Das ist leicht. Aber was sollen Eltern tun, wenn sie die Wahl zwischen einem Falschen und einem anderen Falschen haben? Eltern mühen sich häufig mit einer Entscheidung ab, bei der es keine Garantie für eine glückliche Lösung gibt. In einem solchen Fall sind sie gezwungen, zwischen zwei Übeln zu wählen, entscheiden sich für das geringere und hoffen das beste.

Eltern sollten sich bei der Lösung eines Problems einig sein

Wenn es darum geht, einen Plan zu machen, wie man inakzeptable Verhaltensweisen oder Haltungen bei einem Jugendlichen korrigieren kann, sollten Eltern einander ihre Ansichten deutlich mitteilen und in ihren Anstrengungen wirklich zusammenarbeiten. Auch wenn beide Eltern entgegengesetzter Meinung sind, kann oft ein Konsens gefunden und dann entsprechend gehandelt werden. Manchmal wissen Mütter besser als Väter, was für eine Tochter normal ist, und ihre Meinung verdient in den Überlegungen der Eltern besondere Beachtung. Manchmal haben gute Väter, die auch liebevolle Ehemänner sind, zu sehr den Schutz ihrer

Töchter im Sinn und sind entsprechend nach Ansicht der Töchter zu streng. Wenn zwei Eltern in bezug auf das, was für ihr heranwachsendes Kind richtig und falsch ist, verschiedener Meinung sind, dann ist eine klare und offene Kommunikation zwischen ihnen entscheidend. Solch eine Situation kann für Mann und Frau eine gute Gelegenheit sein, eine gemeinsame Position auszuhandeln und ihre Beziehung zueinander zu stärken.

Diese Situation bietet Eltern auch eine zusätzliche Gelegenheit, etwas übereinander zu lernen. Wenn sie über ihr Kind sprechen, haben sie auch die Möglichkeit, etwas über sich selbst zu lernen. Einer der beiden, dem es ganz besonders darum geht, sein Kind zu beschützen, sagt vielleicht: „Vielleicht bin ich zu streng, aber ich habe solche Angst, daß sie verletzt wird." Solch eine Situation kann auch eine Gelegenheit sein, aufgestaute Wut und Frustration über einen verständnislosen Partner loszuwerden. Wenn die Beziehung zwischen Mutter und Vater nicht glücklich ist, kann die Auseinandersetzung zwischen ihnen unglücklicherweise auf die heranwachsenden Kinder abgelenkt werden, wenn man abwägt, was für sie normal ist und was nicht.

Die Familie als eine Quelle der Heilung

So viele Eltern haben ihre heranwachsenden Kinder zur Beurteilung zu mir gebracht und sagen bei der Begrüßung scherzhaft: „Doktor, vielleicht finden Sie heraus, daß wir das Problem sind." Diese Erklärung war fast immer von nervösem Lachen und der tiefen Hoffnung begleitet, daß das nicht der Fall sein möge. „Nichts würde mich glücklicher machen", ist meine Standardantwort. Ich antworte ihnen:

„Sie lieben dieses Kind so sehr, daß Sie bereit sind, es zu mir zu bringen, obwohl das für Sie vielleicht schmerzhaft werden kann. Ich hoffe, Sie sind ‚das Problem', weil ich weiß, daß Sie mir in diesem Fall helfen werden, dieses Kind zu heilen. Heranwachsende entwickeln ihre psychischen Störungen fast immer im Kontext ihrer Familie. Folgerichtig trifft auch zu, daß dies der Ort ist, an dem sie heilen können. Die menschliche Familie besitzt eine enorme Heilkraft, die viel dabei bewirken kann, die Dinge wieder zur Normalität zurückzuführen."

Bei der Arbeit mit Heranwachsenden hat die Familie für mich eine zentrale Rolle eingenommen. Ich fing an, Familien miteinzubeziehen, als dies noch nicht so populär war. Ich tat dies aus einem sehr guten Grund: Ich brauchte alle Hilfe, die ich nur bekommen konnte. Mehr noch, ich hatte die Vermutung, daß der Ausschluß der Eltern vom Prozeß der Behandlung in den Eltern berechtigte Ablehnung und Widerstand gegen meine Bemühungen verursachen würde. Ich glaube, es ist von entscheidender Bedeutung, Eltern von Anfang an in den Behandlungsprozeß mit einzubeziehen.

Einem Heranwachsenden können zwar auch schlimme Dinge zustoßen, die mit seiner Familie nichts zu tun haben, aber die Teilnahme und Unterstützung der Familie ist in jedem Falle wichtig. Wenn die Ursache des Problems außerhalb der Familie liegt, dann ist es nicht leicht, die enthusiastische Unterstützung von „Schuldigen" zu bekommen, die mit dem Jugendlichen nicht verwandt sind.

Zusammenfassung

Wenn Menschen überlegen, was in menschlichem Verhalten normal und was abnormal ist, dann suchen sie einen Weg zu angepaßtem und produktivem Zusammenleben mit anderen Menschen. Der elterliche Wunsch nach normalem Verhalten bei ihren Kindern ist zumindest teilweise dadurch motiviert, daß sie ihnen ein harmonisches Leben wünschen. Wenn Eltern den Reifungsprozeß ihrer Kinder betrachten, dann können sie sehen, wie effektiv ihre Familie in der Erfüllung ihrer Aufgabe ist. Wenn ein Heranwachsender normale Fortschritte macht und sich normal zu Reife, Autonomie und Emanzipation entwickelt, dann ist zumindest eine der Aufgaben der Familie erfüllt.

Kapitel 6
Entwicklung der persönlichen Identität

Viele Erwachsene sind ungeduldig im Umgang mit Jugendlichen, die versuchen, sich selbst zu „finden". Eine Mutter bekannte etwas naiv:

„Ich wünschte, er würde sich nicht darum kümmern. Wenigstens wünschte ich, er würde sich beeilen und es hinter sich bringen. Er hängt im Haus herum, sieht sich dauernd im Spiegel an, und plötzlich explodiert er dann vor Wut oder bricht in Tränen aus. Unsere Freunde sagen uns, daß er versucht, ‚sich selbst zu finden'. Mein Mann sagt, wenn er das nicht schnell hinter sich bringt, dann brauchen wir jemanden, der versucht, uns zu finden."

In gewisser Weise ist die Pubertät ein Prozeß der Suche und des Versuchs, sich selbst zu „finden". Es ist eine Zeit der Niedergeschlagenheit, aber auch eine Zeit plötzlich aufflammender Freude, wenn der Heranwachsende sich die verschiedenen Möglichkeiten von Ruhm und Glück vorstellt. Der Prozeß des Sichfindens ist in etwa wie das Proben einer Rolle, aber es geht dabei um mehr als nur um die Wahl eines Berufes oder einer Laufbahn. Der Heranwachsende kreist um die Frage: „Was für ein Mensch werde ich?"

Heranwachsende entwickeln neue Kräfte der Selbstanalyse

Übergang von konkretem zu abstraktem Denken

Vorpubertäre Kinder wissen ebenfalls bereits, wer sie sind. Man braucht nur ein Kind zu fragen: „Wer bist du?" und man wird hören: „Ich bin Jimmy Jones, und ich lebe in der und der Straße, Nummer soundso," oder etwas ähnliches. Wenn wir Jimmy danach fragen, was für ein Mensch er ist, versteht er uns vielleicht nicht. Abstraktes Denken und Verstehen kennen kleinere Kinder noch nicht. Ein anderes Beispiel: Wenn man ein acht oder neun Jahre altes Kind fragt. „Was meine ich, wenn ich sage: ‚Menschen, die in einem Glashaus wohnen, sollten nicht mit Steinen werfen'?" dann antwortet es wahrscheinlich: „Weil man das Glas zerbrechen könnte."

Aber kurz vor dem Beginn der Pubertät geschieht etwas, das Kindern eine ganz neue Welt eröffnet. Sie erfahren kein größeres Wachstum an Intelligenz, aber sie beginnen, eine neue geistige Fähigkeit zu entwickeln, die es ihnen ermöglicht, die Welt anders zu sehen. Was vorher immer entweder schwarz oder weiß gewesen war, bekommt jetzt verschiedene Schattierungen von Grau. Was immer richtig oder falsch gewesen ist, scheint jetzt weniger klar definiert. Auch die Menschen scheinen jetzt anders zu sein. Manche, die sie bisher für perfekt gehalten haben, sind es für sie jetzt weniger. Andere, die als ganz schlecht galten, scheinen jetzt Seiten zu haben, die nicht ganz so schlecht sind. An diesem Punkt ihres geistigen und emotionalen Lebens beginnen Heranwachsende Fertigkeiten und Fähigkeiten zu entwickeln, die es ihnen ermöglichen, ihre Umwelt und sich selbst wie auch andere, die ihnen ähnlich oder unähnlich sind, zu verstehen. Die Kraft zu argumentieren, zu analysieren und zu unterscheiden entwickelt sich.

Piaget verbrachte ein Leben lang mit der Erforschung der Entwicklung der intellektuellen Funktionen beim Menschen. Er beschrieb verschiedene Entwicklungsstadien bei Kindern, Heranwachsenden, jungen Erwachsenen und Erwachsenen. Das höchste Niveau der Entwicklung benannte er nach der Fähigkeit zu „formalen Operationen", ein Ausdruck für eine neue Art Denken. Zwischen sieben und elf denken Kinder in eher konkreten Begriffen, aber sie fangen an, mental und intellektuell aufregende Dinge zu tun. Ein großer Teil der Erziehung wird in diesen Jahren geleistet, aber eine bestimmte Art Denken muß erst noch entwickelt werden. Das geschieht in der nächsten Phase. Der Erwerb der Fähigkeit zu „formalen Operationen" beginnt um das 11. oder 12. Lebensjahr und wird Heranwachsenden an einem sehr wichtigen Punkt in ihrem Leben zugänglich. Sie fangen an, den versteckten Sinn in einem Sprichwort zu verstehen. Mit dieser Fähigkeit zu abstraktem Denken können sie ihr eigenes Denken betrachten. Sie entwickeln auch die Fähigkeit, den Gebrauch von Symbolen und in der Folge auch symbolisches Denken zu verstehen.

Neue Fähigkeiten einsetzen, um Identität auszubilden

Auf dieser Stufe sind Heranwachsende in der Lage, sich selbst als ein Symbol zu sehen, indem sie sich bildlich gesprochen drei Schritte von sich entfernen, sich umdrehen und sich selbst betrachten. Sie sind jetzt daran interessiert, sich selbst mit den Augen anderer zu betrachten. „Was denken andere Leute von mir?" und „Was glaube ich von mir selbst, wer ich bin?" sind Fragen, die sie auf den Weg zu einer Definition ihrer eigenen Person und einem Gefühl persönlicher Identität bringen. Dies ist eine Zeit, in der sie Inventur machen. Auf den Regalen ihrer Erinnerung betrachten sie jetzt all das, was sie über sich selbst gehört haben und was diejenigen, die sie am besten kennen sollten, in ihnen als wertvoll anerkannt haben.

Erikson beschrieb die zentrale Aufgabe der Pubertät als die Festigung eines stabilen Gefühls von Identität. Gelingt dies nicht, so kommt es zu etwas, das Erikson „Rollendiffusion" nannte oder die Unfähigkeit, ein stabiles Gefühl von Identität zu entwickeln. Heranwachsende probieren eine Vielzahl von Rollen aus, wenn sie damit zu experimentieren beginnen, was und wer sie werden könnten. In Vorbereitung auf ihre Rolle als Erwachsene fangen sie an, das Gewebe ihrer Identität zu weben. Sie setzen ihre neu gefundenen mentalen Fertigkeiten ein und nutzen im Prozeß der Selbsteinschätzung auch verschiedene äußere Quellen, wenn sie nach diesem Gefühl von Identität suchen. Eine der wichtigeren Quellen von Information ist die Gruppe der Altersgenossen (Näheres dazu weiter unten).

Während ihrer frühen Entwicklung ist das Gefühl persönlicher Identität unvollständig, verletzlich und in gewisser Weise immer noch fragil. Ereignisse und Umstände im Leben eines Jugendlichen nehmen eine gravierende Bedeutung an und können in das Gewebe ihrer Identität eingewoben werden. Erfahrungen, die sie in dieser Zeit machen, können auch übertriebene Bedeutung bekommen. Dieselbe Erfahrung hat vielleicht wenig oder gar keine

Wirkung mehr, nachdem ein Selbstgefühl konsolidiert ist. Zum Beispiel können starke Gefühle von Zuneigung zu einem Freund desselben Geschlechts für Heranwachsende sehr beängstigend sein und zu der Frage führen: „Bin ich homosexuell?" Nicht zu einer Party eingeladen zu sein, kann ihm das Gefühl geben, häßlich und unerwünscht zu sein. Wie andere Menschen ihn sehen oder von ihm denken, kann in einem unfertigen Heranwachsenden große Angst hervorrufen.

Der Prozeß des sich entfaltenden Gefühls persönlicher Identität sollte eine lebenslange Aufgabe insofern sein, als alle Menschen innerlich weiter wachsen sollten. Die Definition davon, wer und was ein Mensch ist, erweitert sich, wenn dieser Mensch mehr über sich erfährt und sich immer besser kennenlernt.

Heranwachsende sehen sich selbst mit den Augen ihrer Altersgenossen

Wie gehen junge Heranwachsende mit dem Prozeß der Entwicklung einer persönlichen Identität um? Es trifft zu, daß sie die Gruppe der Altersgenossen als Informationsquelle über sich selbst nutzen. Diese Gruppe vermittelt eine Erfahrung sozialer Bewertung. Aber sie wird auch überschätzt. Die bloße Erwähnung des Ausdrucks „Gruppe von Altersgenossen" kann in den Herzen der Eltern eines Heranwachsenden Schrecken auslösen. Sie sehen solch eine Gruppe leicht als eine Bande von Outlaws, die dabei sind, ihr hilfloses Kind aus dem Schutz des Elternhauses weg zu einem dunklen Schicksal zu locken. Das ist nicht so.

Soziale Bewertung

Die Gruppe der Altersgenossen ist mehr oder weniger eine Anzahl unbeholfener Zeitgenossen, die alle mit der gleichen psychologischen Aufgabe zurechtzukommen versuchen. Es ist eine improvisierte Gruppe – das heißt, die Mitgliedschaft kann sich jeden Moment ändern. Die Gruppe kann zwei Mitglieder fallenlassen und zwei neue aufnehmen. Die Gruppe ist eine dynamische Organisation, die ihre Aufnahmebedingungen von Zeit zu Zeit ändert.

Aber sie ist wertvoll. Die Botschaft der Gruppe an den erfolgreichen Bewerber lautet „Ja, du trägst die richtige Kleidung, du hörst die richtige Musik, du sprichst den richtigen Slang, du sagst die richtigen Dinge" und so weiter. Im Grunde sagt die Gruppe: „Du bist wie wir; deshalb bist du in Ordnung." Die Gruppe der Altersgenossen kann die Freude vermitteln, von den Mitmenschen angenommen zu sein, oder den Schmerz der Ablehnung. All das ist für die meisten Heranwachsenden hilfreich, weil sie nicht viel mehr als das brauchen. Manche von ihnen brauchen aber doch noch mehr (vgl. die Ausführungen über Heranwachsende mit einem negativen Selbstbild weiter unten).

Der Einfluß der Altersgenossengruppe ist vorübergehend

Der Einfluß der Gruppe ist nur vorübergehend. Vergessen Sie nicht, daß die Beziehung des jungen Heranwachsenden zu dieser Gruppe nicht lange dauert. Vergleichen sie die Zeit, die ein Heranwachsender mit dieser Gruppe verbringt, mit den Millionen menschlicher Interaktionen, die er mit seiner Familie bis dahin hatte. Was der Gruppe ihre anscheinend so entscheidende Bedeutung verleiht ist, daß Heranwachsende sich in einem Prozeß der Selbstentdeckung befinden, für den es wichtig sein kann, wie diese Gruppe fühlt und denkt.

Der Einfluß der Gruppe auf den Heranwachsenden steht und fällt damit, wie wohl er sich mit sich selbst fühlt – etwas, das sich zum größten Teil an anderer Stelle entscheidet. Der Heranwachsende, der sich von seiner Familie geliebt und respektiert fühlt, hat ein geringeres Bedürfnis nach Bestätigung aus anderen Quellen. Wer sich ungeliebt und nicht geschätzt fühlt, sucht Anerkennung und Bestätigung, wo immer er sie finden kann. Je mehr er diese Bestätigung braucht, um so höher ist der Preis, den er zu zahlen bereit ist, um sie zu bekommen.

Viele der Heranwachsenden, die zu mir gekommen sind, brauchten viel, viel mehr als eine nette Gruppe von Altergenossen. Die meisten hatten ein so schlechtes Bild von sich selbst, daß keine Gruppe dies jemals hätte ändern können. Viele von ihnen hatten für sich bereits entschieden, daß sie nicht wert waren, leben zu dürfen. Manche hatten schon versucht, die Welt von ihrer

Wertlosigkeit zu befreien, indem sie versucht hatten, sich das Leben zu nehmen. Wie in aller Welt waren diese Jugendlichen zu solch einem Bild von sich selbst gekommen? Hatte die Gruppe der Altersgenossen daran Schuld? Unwahrscheinlich. Kann eine Gruppe so etwas heilen? Ebenfalls unwahrscheinlich.

Heranwachsende sehen sich selbst mit den Augen ihrer Eltern

Wenn es nicht der Einfluß der Gruppe der Altersgenossen ist, der Heranwachsende dazu bringt, solch ein negatives Bild von sich zu entwickeln, wer oder was kann es sonst sein? Der nächste Platz, an dem man suchen sollte, ist die Familie.

Wie schätzen Heranwachsende die Meinung ein, die ihre Eltern von ihnen haben?

Es war immer meine Gewohnheit, meinen jungen Patienten am Beginn eines Gespräches bestimmte Fragen zu stellen. Eine davon lautet: „Was für ein Mensch bist du?" Meistens schaut man mich dann erstaunt an, oft von einem Schulterzucken begleitet und einer Geste mit den Händen, die Hilflosigkeit anzeigt. Viele Jugendliche können nicht antworten; sie kennen die Antwort nicht, weil es in der Pubertät gerade erst um die Entwicklung einer persönlichen Identität geht. Ich stelle diese Frage mit dem Wissen, daß sie vielleicht nicht beantwortet wird, und als eine Art Einleitung zu einer anderen, sehr provokativen Frage: „Also gut, angenommen, ich müßte deinen Vater fragen, was für ein Mensch du bist. Wie, meinst du, würde er diese Frage beantworten?"

Das ist eine gewichtige Frage. Viele jugendliche Patienten antworten mit einem erschreckten Blick, zucken mit den Schultern, heben ihre Hände in einer Geste der Hilflosigkeit und antworten: „Ich weiß es nicht." Manche starren in den leeren Raum, denken über meine Frage nach und antworten dann: „Also, wenn Sie meinen Vater fragten, was für ein Mensch ich bin, würde er sagen, daß ich faul bin, daß ich dumm bin, daß ich verantwortungslos bin, daß ich grob bin, daß ich ... kriminell bin." Ich höre geduldig und genau zu. Dann sage ich: „Wenn er denkt, daß du so ein Mensch bist, dann sage mir, was er für ein Gefühl dir gegenüber hat." Ein neuer Blick in den leeren Raum, wieder ein Schulterzucken, wieder die Gesten mit den Händen antworten mir mit schmerzhafter Beredsamkeit.

Ich bat einmal ein 15 Jahre altes Mädchen, mir zu erzählen, wie ihre Mutter meine Frage beantworten würde. Sie ließ ihren Kopf hängen, und als sie wieder aufschaute, weinte sie. „Meine Mutter würde Ihnen sagen, daß ich mich herumtreibe", antwortete sie. „Was für ein Gefühl hat sie dann dir gegenüber?" fragte ich. Sie schüttelte den Kopf. Sie konnte nicht sprechen. An dem Punkt konnte ich es auch nicht. Ich bin sicher, daß ihre Mutter nicht wirklich glaubte, sie triebe sich herum; wenigstens meinte sie es wahrscheinlich nicht wirklich, wenn sie es so nannte.

Wenn ich die Eltern von Patienten auffordere, mir zu erzählen, was sie glauben, wie ihr Sohn oder ihre Tochter die Frage („Für was für einen Menschen halten deine Eltern dich?") beantwortet hätte, bekomme ich interessante Antworten, zum Beispiel: „Oh, ich glaube, er wird ihnen sagen, daß ich ein ziemlich guter Vater bin, Doktor." Das ist eine Antwort auf die falsche Frage. Aber Väter machen sich eben Sorgen darüber, ob sie gute Väter sind. Andere Väter zucken anstelle einer Antwort auf die Frage mit den Schultern, heben hilflos die Hände und sagen: „Ich weiß nicht, wie er (oder sie) die Frage beantwortet hat." Wieder andere, denen meine Frage gar nicht gefiel, starrten mich nur an. Diese Eltern mochten im voraus nicht, was sie als Antwort erwarteten. Sie hatten Angst vor der Antwort ihrer Kinder.

Denken Sie darüber nach. Ein Vater oder eine Mutter haben die letzten 13 Jahre mit ihrem Kind hautnah zusammengelebt, und keiner von beiden kann sagen, was sie voneinander denken oder was für Gefühle sie füreinander haben. Was in aller Welt ist schief gegangen? Schlechte Kommunikation? Aber sie kommunizieren doch miteinander. Sie sprechen über Dinge, über Orte und über andere Leute. Worüber sie allerdings nicht sprechen, das sind ihre Gefühle – wie wütend, wie eifersüchtig, wie traurig sie sind, wie groß ihre Angst ist oder was für Gefühle sie füreinander haben.

Es ist wichtig, daß Eltern diese besondere Aufgabe der Identitätsbildung verstehen. Und auch wenn ihr Kind vielleicht keine besonderen Probleme hat, ist dies auch bei gesunden Kindern eine

Zeit des Infragestellens. Was ihre Eltern über sie denken ist wichtig. Sogar noch wichtiger ist, was sie glauben, was ihre Eltern von ihnen denken. Die meisten Eltern hoffen, daß ihre Kinder in der Pubertät wissen, wie sie ihnen gegenüber fühlen, aber wissen sie es wirklich? Die Liebe, die Eltern ihren Kindern gegenüber empfinden, ist manchmal so stark, daß sie einen entscheidenden Fehler machen und den Schluß ziehen, daß ihre Kinder ‚sicher wissen‘, wie sehr sie sie lieben. Ich möchte behaupten, daß die Kinder vielleicht hoffen und vielleicht sogar glauben, daß ihre Eltern sie lieben, aber ich bezweifle, daß sie „wissen", was die Eltern fühlen.

Kinder, die in die Pubertät kommen und glauben, daß sie von ihren Eltern geliebt werden, bringen ein gewichtiges Hilfsmittel für die Entwicklung ihres Gefühls persönlicher Identität mit. Die meisten Jugendlichen glauben, daß ihre Eltern sie lieben und daß sie liebenswert sind. Der entscheidende Punkt ist hier, daß die Weise, wie sie über sich selbst fühlen, wenn sie den „Prozeß des Werdens" durchmachen, eng damit verknüpft ist, wie Menschen, die ihnen etwas bedeuten, ihnen gegenüber empfinden. Dabei spielt eine große Rolle, in welchem Maße die Eltern des Heranwachsenden in der Lage sind, diese Gefühle deutlich auszudrücken und zu vermitteln, und ob der Jugendliche sie deutlich wahrnehmen kann.

Die meisten Heranwachsenden überleben diesen Prozeß, ohne Bestätigung an anderer Stelle suchen zu müssen, meistens weil sie die Liebe und die Fürsorge ihrer Eltern und Familien spüren. Die meisten Kinder haben auf sehr gesunde Weise ein gutes Gefühl sich selbst gegenüber. Sie haben 13 oder 14 Jahre lang das Gefühl gehabt, von denen, die sie lieben und bewundern, angenommen zu sein. Sie haben 13 oder 14 Jahre lang Gutes über sich gehört, außer ein paar schlechten Dingen. Sie haben 13 oder 14 Jahre lang die Erwachsenen in ihrem Leben dabei beobachtet und miterlebt, wie sie sich in effektiver und achtsamer Interaktion miteinander und mit anderen Erwachsenen verhalten haben. Sie brauchen nicht verzweifelt die Bestätigung irgendeiner Gruppe von Gleichaltrigen.

Heranwachsende mit einem negativen Selbstbild

Ich mache mir über Heranwachsende Sorgen, die ein schlechtes Bild von sich selbst haben. Sie sind die gefährdeten Jugendlichen, besonders wenn sie anfangen, Bilanz, über sich zu ziehen. Dies macht die Entwicklung des Gefühls einer persönlichen Identität für Heranwachsende, die Probleme haben, zu so einer schmerzhaften Erfahrung. Negative Gefühle sich selbst gegenüber sind für Heranwachsende in dieser Situation nicht neu. Bis zu diesem Punkt waren sie nur irgendwie in der Lage gewesen, vorzutäuschen, daß sie liebenswert sind oder es bald sein werden, daß irgend etwas Geheimnisvolles alles besser machen würde, oder daß „sie" anfangen würden, sich um einen zu kümmern. Mit dem Beginn der Pubertät beginnt die Entwicklung analytischer Fähigkeiten und des schlußfolgernden Denkens. Jetzt haben Heranwachsende die Fertigkeiten, die sie brauchen, um zu sehen, was für hoffnungslose Individuen sie in Wirklichkeit sind. Sie machen Bilanz, und was herauskommt, ist eine Null.

Außerdem ist, wie oben erwähnt, in den Anfangsphasen der Pubertät das Ich erst teilweise entwickelt, was den Heranwachsenden für Angriffe von außen wie von innen verletzlich macht. Ist erst einmal ein starkes Gefühl persönlicher Identität entwickelt, so entwickelt ein Mensch einen gewissen Grad an Immunität den Bedrohungen des Ich gegenüber. Was für das Ich eines 13 Jahre alten Menschen schädlich sein kann, ist es vielleicht viel weniger für das Ich eines 25 Jahre alten Menschen. Aber während der frühen und mittleren Jahre der Adoleszenz steht viel auf dem Spiel. Und für Heranwachsende, die sich ungeliebt fühlen, steht ihre andere Quelle von Immunität – die Bestätigung durch ihre Ernährer, die Eltern – auch nicht zur Verfügung, und das macht sie gegenüber Bedrohungen aus der Außenwelt noch verletzlicher.

Bestätigung an anderer Stelle suchen

Die Entwicklung eines Identitätsgefühls und die anderen Aufgaben der Pubertät machen das psychische Wachstum aus. Psychisches Wachstum ist harte und zeitweise schmerzhafte Arbeit. Jugendliche, die sich ungeliebt, nicht geschätzt und unwichtig für die, die sie lieben, fühlen, suchen dann vielleicht auf anderem Wege Erleichterung des Schmerzes. Die große Gefahr für sie kommt zu einer Zeit, wenn sie schwierige psychische Arbeit leisten und gleichzeitig beweglich genug sind, Erleichterung außerhalb der Familie zu suchen (Näheres dazu in Kapitel 9).

Dies ist das Profil eines Heranwachsenden, der verzweifelt die Gruppe der Gleichaltrigen braucht. Aber „die" Gruppe will keinen „Versager". Aber es gibt andere Gruppen, an die sich dieser Heranwachsende wenden kann. Da ist die Gruppe der gleichaltrigen Drogenabhängigen, die der kriminellen Jugendlichen, die der Gefühllosen, die der Leistungsverweigerer. Wenn ein Heranwachsender sich an das Verhalten einer dieser alternativen Gruppen anpaßt (z. B. durch den Gebrauch von Drogen oder durch Straftaten), dann verwandelt er sich von einem Niemand, den niemand wollte, in einen Jemand, der von einer Gruppe akzeptiert ist. Und vielleicht ist es, wenn auch auf eine falsch angepaßte Weise, besser, jemand zu sein, der Drogen nimmt, als ein Niemand.

Die große Tragödie liegt darin, daß Heranwachsende mit Problemen entdecken, daß sie mit ein paar Drinks oder ein paar Zügen an einem Joint den Schmerz psychischen Wachstums zeitweise lindern können. Wenn sie Drogen nehmen, vermeiden sie dieses Wachstum und bleiben oft lebenslang Heranwachsende. Je größer ihr Schmerz, um so größer ist ihr Bedürfnis, ihn zu lindern. Je mehr sie Suchtmittel als Mittel der Erleichterung benutzen, um so mehr wird der Konsum dieser Suchtmittel eine automatische Reaktion auf Angst. Anstatt sich einsam und ungeliebt zu fühlen, beginnen diese Heranwachsenden zu glauben, daß sie beliebt und liebenswert sind. Gebrauch und Mißbrauch von Suchtmitteln werden Lösungen für sie. Aber nicht nur Suchtmittel bieten diese Fluchtmöglichkeit. Andere fehlangepaßte Lösungen können genauso destruktiv sein. Heranwachsende können in dieser Zeit der Unsicherheit andere Formen riskanten Verhaltens einsetzen.

Eltern kennen die Gefahren von Drogen und Alkoholmißbrauch und die Gefahren der entsprechenden Gruppen von Gleichaltrigen. Außer sich schreien sie vielleicht: „Tu das nicht! Laß die Gruppe! Du schadest dir! Das wird schlimm enden!" Was der Heranwachsende jedoch hört ist: „Gib das auf und komm zurück und sei ein Niemand, ein Nichts, eine Null!" Bevor Eltern ihr pubertierendes Kind auffordern können, sein fehlangepaßtes Verhalten aufzugeben, müssen sie verstehen, daß es sich dazu erst einmal besser fühlen muß. Und wenn es einem Heranwachsenden gelingt, seine Gruppe von fehlangepaßten Gleichaltrigen zu verlassen, kann es immer noch sein, daß er mit der Ablehnung der neuen, „guten" Gruppe konfrontiert wird, die keine „Junkies" will.

Gruppen von Gleichaltrigen dienen als Übergangsstufen von der Familie zu einer Form unabhängigen Lebens. Der Heranwachsende, der Rehabilitation von einer Gruppe Drogenabhängiger sucht, muß seine Beziehung zu seiner Familie durcharbeiten, weil man dort lernt, sich mit sich selbst gut zu fühlen, und weil man dort auch Heilung finden kann.

Das ist keine schnelle Sache, die mit einem Klopfen auf den Rücken abgetan ist. Der erste Schritt besteht darin, Alkohol oder Drogen aufzugeben, aber er wird nicht von Dauer sein, wenn das zugrundeliegende Problem nicht gelöst ist. Alkoholismus ist mehr als ein Problem mit dem Trinken; es ist ein Nüchternheitsproblem. Dem Menschen, der Alkohol oder Drogen mißbraucht, bringt der Rausch Erleichterung des Schmerzes. Mit der Rückkehr zur Nüchternheit kehren Schmerz und Angst zurück. Man muß mehr tun als Alkohol und Drogen vermeiden; man muß Nüchternheit genau untersuchen, denn dort liegt das Problem.

Zusammenfassung

Für den Heranwachsenden ist die Frage „Wer bin ich?" eine Frage nach einem Urteil über seinen persönlichen Wert. Das „Ich" in der Frage ist mehr als die Summe physischer Charakteristika: Es ist zum großen Teil die Summe dessen, was man denkt und wie man sich fühlt, besonders in bezug auf sich selbst. Die Arbeit der Entwicklung eines Selbstgefühls und des Findens einer ermutigenden Antwort auf die Frage nach dem persönlichen Wert erlaubt dem Heranwachsenden, einen Weg durch diese Jahre von Unsicherheit zu finden. Obwohl er leidenschaftlich nach Unabhängigkeit strebt, ist ein Gefühl persönlichen Wertes noch wichtiger. Wenn der Jugendliche das Alter von 21 oder 22 Jahren erreicht hat, wird die Persönlichkeit oder das Ich einen Grad an Reife erreicht haben, der ihm eine gewisse Immunität gegen psychische Störungen verschaffen wird.

Heute dauert der Prozeß der Identitätsbildung länger als vor vielen Jahren, als man eine Familie in den späten Teenagerjahren oder den frühen Zwanzigern gründete. Wie Collange beobachtete, leben heute viele jungen Leute noch mit 25 oder sogar mit 30 zu Hause. Sie bemerkte, daß „in Frankreich drei Viertel der 18- bis 25jährigen immer noch bei den Eltern leben .... Seit dem Mittelalter bis heute haben wir der Länge des Lebens 30 Jahre hinzugefügt und etwa 10 Jahre seiner Vorbereitung."

Die Entwicklung eines Gefühls persönlicher Identität ist mit dem Ende der Jugend nicht abgeschlossen. Auch Erwachsene fügen ihrem Selbstgefühl immer wieder etwas hinzu. Aber am Ende der Jugend ist die Persönlichkeitsstruktur reifer, solider und weniger verletzlich geworden. Das Ich hat sich zum größten Teil gefestigt.

Kapitel 7
Entwicklung der sexuellen Identität

Ich möchte ein Mann sein

Ich bin ein 13 Jahre alter Junge und möchte ein Mann sein. Was soll ich tun, um ein Mann zu werden? Die Leute sagen mir, soll erwachsen werden. Manche sagen: „Du bist doch schon ein großer Junge. Benimm dich entsprechend!" Andere sagen: „Hör auf, ein Kind zu sein!" Jeder sagt mir, was ich tun soll, aber niemand sagt mir wie!

Wie höre ich also auf, ein Kind zu sein? Ich möchte das. Wirklich. Ich kann sehen, wie mein Körper sich verändert, deshalb weiß ich, daß etwas geschieht. Meine Stimme klingt manchmal tiefer. Aber gerade wenn ich etwas Wichtiges oder Ernstes sagen möchte, kommt wieder so ein heller Ton, und dann lacht jeder.

Ich habe ein langes schwarzes Haar, das an meinem Kinn wächst. Aber nur eins. Auch andere Dinge wachsen in meinem Gesicht, aber ich will das nicht. Manchmal stolpere ich über meine Füße, und meine Mutter sagt, ich sei ungeschickt. Meine Schwester zieht mich auf, dann fasse ich sie kaum an, und sie schreit auf. Ich wollte sie wirklich nicht so fest schlagen. Manchmal überrascht mich meine Kraft.

Ich bekomme eigenartige Gefühle. Manche mag ich, manche machen mir angst. Ich werde schrecklich traurig, und manchmal geht es mir sehr schlecht. Aber dann gibt es auch wieder Momente, wo es mir wunderbar geht. Manchmal mache ich dumme Sachen. Aber ich werde auch gelegentlich richtig launisch. Ich weiß nicht, was mit mir los ist.

Früher habe ich Margy nicht gemocht, aber jetzt kommt sie mir wirklich nett vor. Sie ist wirklich anders geworden. Es macht mir nichts aus, wenn meine Freunde mich jetzt neben ihr hergehen sehen. Aber dann habe ich auch wirklich komische Gefühle ihr gegenüber. Und nicht nur, wenn ich mit ihr zusammen bin. Was soll ich machen, wenn das jemand herausfindet? Oder wenn sie es merkt?

Ich möchte eine Frau sein

Ich bin ein 13 Jahre altes Mädchen und möchte eine Frau sein. Ich möchte wie eine Frau aussehen, wie eine Frau handeln und daß man mich wie eine Frau behandelt. Werde ich jemals diese Zahnspange loswerden? Ich wette, ich würde mehr wie eine Frau aussehen, wenn Mama mich Lippenstift, Mascara und Lidschatten nehmen ließe. Vielleicht kann ich sie überreden, daß ich Strümpfe und hochhackige Schuhe tragen darf. Ich kann die Veränderungen an meinem Körper sehen, und Mama sagt, daß ich schon eine Frau werde, jetzt wo ich meine Periode habe. Das heißt, ich kann ein Kind bekommen. Heißt das nicht, daß ich eine Frau bin?

Jungen kommen mir jetzt netter vor. Sogar Jody. Er scheint jetzt gern in meiner Nähe zu sein. Und seine Freunde ärgern ihn deshalb anscheinend nicht. Was mache ich, wenn er sich mit mir verabreden will? Papa will bestimmt, daß ich warte, bis ich 100 bin oder wenigstens 16.

Hormonale Veränderungen bei Heranwachsenden

So fängt es an: Jungen werden Männer, und Mädchen werden Frauen. Bei beiden entwickeln sich die zur Fortpflanzung nötigen körperlichen Eigenschaften. Die körperlichen Veränderungen finden als Teil eines Prozesses statt, der als *Pubertät* definiert ist. Die psychologischen und sozialen Veränderungen sind Teil des Prozesses der Adoleszenz. Es ist ein wenig irreführend, wenn man behauptet, daß es sich dabei um getrennte Prozesse handelt, denn sie beeinflussen sich gegenseitig.

Hormonale Veränderungen finden bereits vor der äußerlich sichtbaren sexuellen Reifung statt. In der Vorpubertät und Adoleszenz sind Kinder zunehmend angespannt, ungeschickt und reizbar. Wenn die hormonalen Veränderungen begonnen haben, bewegen Ebbe und Flut der Hormone wunderbare Gefühle durch den Körper des Heranwachsenden. Mit diesen Gefühlen kommt eine enorme Welle von Angst, gemischt mit Stolz und Verlegenheit. Das Mädchen, das in die Pubertät kommt, fürchtet vielleicht, daß man seine Brüste sehen kann – oder schlimmer noch: daß man sie nicht sieht. Der Junge hat schreckliche Angst, daß er vielleicht plötzlich eine spontane Erektion bekommt, gerade wenn die Lehrerin ihn auffordert, etwas an die Tafel zu schreiben. Und jeder würde dann vor Lachen kreischen. Da ist eine dauernde Furcht, daß jemand herausfinden könnte, was sie machen, wenn sie mit sich allein sind.

Obwohl der größte Teil der bekannten Untersuchungen über pubertäre Entwicklung an Jungen vorgenommen wurde (Offer 1969), verdient das Thema der Geschlechtsunterschiede einige Beachtung.

Veränderungen bei jungen Männern

Bei Jungen hat ein Wachstumsschub unter Umständen schon vor der Pubertät begonnen – aber bei den meisten von ihnen ist dies nicht der Fall. In der Adoleszenz erfahren Jungen eine Zunahme der Größe ihrer Genitalien. Sie erleben spontane Erektionen, gelegentlich unabhängig von sexuellen Vorstellungen. Häufigere Masturbation kann mehr einer Erleichterung innerer Spannung als erwachsenen sexuellen Phantasien zugeschrieben werden.

In der Voradoleszenz und frühen Adoleszenz neigen Jungen dazu, sich in rein gleichgeschlechtlichen Gruppen zusammenzutun und Mädchen aus dem Weg zu gehen. Als Reaktion auf ein zunehmendes Bedürfnis, Abhängigkeit abzulehnen, beginnen sie, sich aktiv auch den besten Absichten ihrer Eltern zu widersetzen. Sie sind laut, wild und streitlustig, schreien und schlagen Türen.

Jungen erleben den stärksten Wachstumsschub meist zwischen 13 und 15 Jahren, wobei es auch vorkommt, daß er erst mit 18 einsetzt. Anfangs zeigt sich das Wachstum besonders an Armen und Beinen, so daß ihre Bewegungen ungeschickt werden. Sie wirken unbeholfen und fühlen sich auch so, was von Verlegenheit und Reizbarkeit begleitet sein kann.

Infolge des hormonalen Schubes wachsen Scham- und Achselhaare. Die Produktion von Sperma beginnt im Alter von 14 und 16 Jahren.

Die Anzeichen sexueller Entwicklung werden bei Mädchen früher sichtbar als bei Jungen. Mädchen beginnen früher in die Länge zu wachsen als Jungen; diese Phase beginnt etwa im Alter von 10 oder 11 Jahren, und Mädchen erreichen etwa mit 15 oder 16 ihre volle Größe. Die erste Menstruation haben Mädchen heute etwa zwischen 10 1/2 und 15 Jahren.

Junge Mädchen sind sehr besorgt um ihren Körper und leicht sehr unzufrieden mit dem, was sie entdecken. Sie neigen dazu, sich mit anderen Mädchen zu vergleichen und finden sich zu dick, zu klein, zu groß, zu dünn oder auf andere Weise unansehnlich. Sie nehmen andere Veränderungen an ihrem Körper wahr, von denen manche Anlaß zu Stolz oder Scham sind. Ein 17 Jahre altes Mädchen erinnerte sich folgendermaßen an ihre Erregung bei der Entdeckung ihrer Brüste: „Als ich etwa 12 Jahre alt war, wachte ich eines Morgens auf und lag auf meinem Rücken, starrte herunter auf meine Brust und da waren sie. Nicht viel. Aber meine, ganz meine!" Nichts hätte deutlicher ihre neue Zugehörigkeit zur Gemeinschaft der Frauen anzeigen können.

Wie der junge Mann beginnt auch die junge Frau, sich aus kindlicher Abhängigkeit von der Mutter zu befreien und nimmt infolgedessen Fehler an ihr wahr. Wenn es einen Menschen gibt, mit dem sie mehr kämpft als mit ihrer Schwester, dann ist es ihre Mutter. Paradoxerweise ist diese zugleich ihr Vorbild, auch wenn sie sich bemüht, ihre Abhängigkeit von ihr zu leugnen.

Gleichaltrige Jungen sind für junge Frauen in diesem Alter kaum von Interesse, weil sie so „unreif" sind. Sie gleichen das aus, indem sie ihr Interesse auf ältere Jungen oder junge Männer richten. Es ist für eine junge Frau nicht ungewöhnlich, sich in einen älteren Lehrer oder eine andere unerreichbare oder angesehene Persönlichkeit zu verlieben. Sie sucht die Gesellschaft anderer Mädchen ihres Alters und findet oft eines, mit dem sie besonders vertraut ist und ihre Geheimnisse teilen kann. Diese Beziehung kann sehr intensiv sein. Sie kann für die sich entwickelnde junge Frau sehr wertvoll sein, weil sie in ihr jemanden hat, der die Welt mit ähnlichen Augen sieht, und weil sie mit ihr beginnen kann zu lernen, was es heißt, eine Frau zu sein.

Entwicklung der Geschlechtsidentität

Viele Jahre lang habe ich gelehrt, daß die Entwicklung sexueller Identität zugleich die Entwicklung der Geschlechttsidentität ist. Jetzt sehe ich das etwas anders. In der Adoleszenz beginnen junge Menschen, das Verhalten, die Haltungen und Charakteristika des Geschlechtes zu entwickeln, mit dem sie geboren sind. *Geschlechtsidentität* aber beschreibt viel genauer als „sexuelle Identität", worum es im Prozeß des Heranwachsens geht. Die sexuelle Funktion ist Teil der Geschlechtsidentität. „Geschlecht" ist mit seinen Implikationen ein viel weiterer Begriff und spricht deutlicher das an, worin das Frausein oder Mannsein besteht.

Heranwachsende brauchen ein gleichgeschlechtliches Vorbild

Der große Plan der Natur sieht vor, daß jeder Haushalt ein Modell oder Vorbild jedes Geschlechtes hat: eine Mutter und einen Vater. Kinder, die in ihrem alltäglichen Umfeld eine enge Beziehung zu einem erwachsenen Mann und einer erwachsenen Frau entwikkeln können, haben Glück.

Aber nicht alle Kinder sind so gesegnet. Tod, Scheidung oder Entfremdung können Kindern den natürlichen Luxus dieser beiden elterlichen Vorbilder nehmen. Und für einen Elternteil allein ist es schwer, die Rolle des anderen, abwesenden mitzuübernehmen. Im Falle geschiedener Eltern ist es sehr hilfreich, wenn die Eltern eine klares Verständnis von den seelischen Bedürfnissen ihres Kindes oder ihrer Kinder aufrechterhalten können und entweder eine positive seelische Verbindung mit dem abwesenden Elternteil erlauben und ermutigen oder ein befriedigendes Ersatzvorbild für sie finden (z. B. einen Großvater, Onkel, Mentor oder männlichen Lehrer für einen Jungen; eine Großmutter, Tante, Mentorin oder Lehrerin für ein Mädchen). Natürlich können auch Stiefmütter und Stiefväter sehr gute Vorbilder sein.

Unter zwei grundlegenden Bedingungen wird ein Kind versuchen „ganz wie Papa" oder „ganz wie Mama" zu werden. Die erste Bedingung ist die, daß die Mutter oder der Vater bereit und in der Lage sind, seine oder ihre Liebe dem Kind mitzuteilen. Das ist etwas anderes, als einfach ein Kind zu lieben – das ist vorausgesetzt. Elterliche Liebe ist eine biologische Funktion. Es erfordert keine besondere Anstrengung, sie auszulösen. Nicht biologisch gegeben ist die Fähigkeit, die eigene Liebe mitzuteilen, auch elterliche Liebe. Die zweite Bedingung für die Identifikation des Kindes mit dem gleichgeschlechtlichen Elternteil ist, daß dieser erreichbar ist, und wenn nicht der biologische Elternteil, dann ein Stellvertreter oder eine Stellvertreterin.

Obwohl Kinder beim gleichgeschlechtlichen Elternteil nach ihrer Geschlechtsidentität suchen, nehmen sie natürlich auch andere Aspekte der Persönlichkeit von beiden Eltern an. Im Zuge ihres Heranwachsens nehmen sie gewissermaßen Teile der Eltern in ihre sich entwickelnde Persönlichkeit auf.

Direkte Vorbilder geschlechtsspezifischer Verhaltensweisen. Angehende Heranwachsende brauchen Vorbilder, an denen sie ihre Entwicklung auf geschlechtliche Reife messen und überprüfen können. Um einen Kuchen zu backen, braucht man ein Rezept. Um ein Segelboot zu bauen, braucht man einen Bauplan. Wie kann man einem Muster folgen, das man nicht kennt? Jungen müssen wissen, wie sich Männer benehmen, denken, fühlen und vielleicht auch riechen, und junge Mädchen müssen dasselbe von Frauen wissen. Beide werden sehr davon profitieren, wenn sie in unmittelbarer Nähe zu einem erwachsenen Vorbild desselben Geschlechts leben. Ohne Anstrengung lehren Väter so ihre Söhne und Mütter ihre Töchter.

Indirekte Lektionen über geschlechtsspezifisches Verhalten. Sehr viel von dem, was Eltern lehren, hat wenig mit dem zu tun, was sie sagen. Kinder hören nicht immer zu, aber fast immer schauen sie hin. Zum Beispiel sprechen Väter gewöhnlich mit ihren Söhnen darüber, was es heißt, ein Mann zu sein und wie Männer Frauen behandeln sollten. Aber auch aufrichtige, gutgemeinte Worte stoßen auf taube Ohren, wenn der Sohn ein Leben lang gesehen hat, wie der Vater die Mutter vernachlässigt oder gekränkt hat. Ein anderes Beispiel: Wie definiert ein 13 Jahre altes Mädchen seine Geschlechtsrolle und seine Beziehung zum anderen Geschlecht, wenn seine Mutter nichts anderes tut, als den Vater des Kindes lächerlich zu machen?

Wenn die Kinder in die Pubertät kommen, haben die meisten fast ihr Leben lang eine Beziehung zwischen Mann und Frau miterlebt. Auch wenn die Familie durch eine Scheidung gespalten ist, haben sie ihre Mutter und ihren Vater zusammen oder getrennt erlebt. Was sie an ihren Eltern gehört und beobachtet haben, beeinflußt ihre Ansicht davon, was es bedeutet, eine Frau oder ein Mann zu sein.

Homosexualität

Die Frage der Geschlechtsidentität ist eng an Sexualität gebunden. Sexualität und Geschlechtsidentität unterscheiden sich jedoch in bedeutsamer Weise. Es gibt nur zwei Geschlechter: männlich und weiblich. Aber Sexualität bedeutet mehr als nur Fortpflanzung. Es gibt in allen Menschen eine innere Spannung, die Entspannung durch sexuelle Aktivität sucht.

Die Wahl eines Sexualobjekts wird von vielen Faktoren beeinflußt, von denen manche unbewußt sind. Wenn das Objekt sexueller Begierde ein Mensch des gleichen Geschlechts ist, wird sie beim Mann *homosexuell*, bei der Frau *lesbisch* genannt. Traditionell wurde der Prozeß der Objektwahl als eine im wesentlichen persönliche Wahl oder als von unbewußten Motiven bestimmt verstanden. Jüngere Untersuchungen scheinen darauf hinzudeuten, daß die Objektwahl zumindest teilweise auch genetisch bestimmt ist (Bailey und Pillard).

Der junge Heranwachsende kann sich zu einem Menschen des gleichen Geschlechts hingezogen fühlen, und zwar mit oder ohne sexuelle Komponente. Obwohl das Objekt der eigenen sexuellen Neigung vielleicht schon gewählt ist, bevor man sich dessen gewahr wird, muß der junge Mensch noch eine Entscheidung treffen. Heranwachsende sind noch nicht sexuell – weder heterosexuell, homosexuell oder sonstwie. Das Erreichen erwachsener Sexualität ist ein langsamer Prozeß, und unabhängig vom Objekt der eigenen Sexualität liegt dauernde Erfüllung eher im Erreichen wahrer Intimität als in reiner sexueller Befriedigung.

Die Frage der sexuellen Orientierung bei den eigenen Kindern ruft in den Eltern viel Angst hervor. In der Welt, wie sie ist, stehen einem Heranwachsenden mit homosexueller Orientierung viele

Probleme bevor. Manche homosexuelle Heranwachsende werden akut depressiv, und viele Selbstmorde von jungen Menschen haben ihren Ursprung in der Angst vor Homosexualität oder dem sozialen Druck, der mit ihr verbunden ist. Dieser soziale Druck kann überwältigend sein. Wie bei den anderen Belastungen im Leben können soziale Pressionen jedoch ertragen werden, wenn man mit der Liebe und dem Verständnis der Familie rechnen kann, denn in der Familie kann man Trost in Zeiten der Not suchen.

Sexuelle Aktivität in der frühen Pubertät

Sexuelles Verhalten kann einfach lustvolle Gefühle verschaffen. Es ist eine der Arten, wie Menschen miteinander in Beziehung treten können. Über die physische Entspannung hinaus hat der sexuelle Akt auch andere positive Implikationen. Es gibt symbolische Bedeutungen, die zu ihm gehören und die dazu beitragen können, Attraktivität und Selbstwertgefühl zu erhöhen.

Die Risiken sexueller Aktivität in der frühen Pubertät sind beträchtlich. Und Heranwachsende bekommen aus vielen Quellen widersprüchliche Informationen darüber, ob man seine Sexualität leben sollte: von den Massenmedien, Schulen, Freunden, Erwachsenen und auch Eltern.

Die Massenmedien ermutigen zum Sex

Sicher gibt es viele Quellen, aus denen Heranwachsende Informationen darüber bekommen, was ein Mann und was eine Frau ist: Bücher, Filme, Fernsehen und auch Eltern von Freunden.

Wenn ein junger Mensch sich fragt, wie er ein Mann werden kann, dann fragt er sich vielleicht: „Was tun Männer, was mich zum Mann macht, wenn ich es auch tue?" Er überblickt eine ganze Palette von Tätigkeiten und lernt schnell, daß eines, was Männer tun, Sex mit Frauen ist. Mit seiner voraristotelischen Logik schließt er, daß Sex mit einer Frau ihn zum Mann macht. Oder ein 13 Jahre altes Mädchen zieht den Schluß, daß Frausein bedeutet, sich einem Mann hinzugeben.

Und warum sollten Eltern von solch einer Schlußfolgerung überrascht sein? Fast alles um einen Heranwachsenden herum schreit geradezu vor sexueller Aufladung. Sexuelle Aktivität wird als das Einundalles ausgerufen. Sex wird noch in der Zahnpasta-Werbung eingesetzt. Heranwachsende werden dazu gedrängt, verführerisch, attraktiv und beliebt zu sein. Wo immer sie sich hinwenden, sehen sie Erwachsensein als sexuellen Erfolg dargestellt.

Es ist wahr, sexuelle Aktivität ist etwas, was Mann und Frau miteinander tun – aber es ist nur eine Weise, wie sie ihre Beziehung zueinander ausdrücken und leben. Vielleicht ist es der leichteste Teil des Erwachsenseins; sicher ist er einer der angenehmsten. Sex verlangt wenig an Lernen oder Übung. Die meisten gesunden Erwachsenen besitzen einen starken Trieb nach sexueller Befriedigung. Die Zukunft der Rasse hängt davon ab. Sexualität ist ein wesentlicher Aspekt eines gut angepaßten und gesunden Erwachsenenlebens.

Eltern können hinsichtlich Sex widersprüchliche Botschaften geben

Es ist nicht wahr, daß alle Heranwachsende „es" sowieso tun. Viele von ihnen gewinnen Stärke aus dem Wissen, daß ihre Eltern enttäuscht wären, wenn sie in Schwierigkeiten kämen. Dies sind die Heranwachsenden, deren Eltern es gelang, ihre Werte an sie weiterzugeben und diejenige Art von Beziehung zu ihren Kindern zu entwickeln, die diesen einen guten Grund gibt, ihr Leben nach denselben Werten zu orientieren. Die Gefahr besteht nicht darin, daß Eltern irgendwie darin versagen, ihren Kindern Sicherheit zu geben, sondern daß sie sie im Hinblick auf Werte und auf ihre Verhaltenserwartungen verwirren.

Erinnern Sie sich daran, daß Kommunikation mit Kindern nicht nur aus dem Inhalt der gesprochenen Worte besteht, sondern auch aus dem Prozeß der Kommunikation, der gelegentlich der Bedeutung der gesprochenen Worte widersprechen kann. Zum Beispiel glauben manche Eltern, daß sie ihrer Tochter die Antibabypille verschreiben lassen sollten – „für alle Fälle". Sie sagen: „Wenn wir ihr die Pille nicht geben und sie schwanger wird, dann wäre es unser Fehler." Ich bin aus zwei Gründen anderer Meinung. Zum einen wird niemand zufällig schwanger; die Entscheidung, mit jemandem zu schlafen, ist ein bewußter Akt. Zweitens wäre es nicht der Fehler der Eltern. Eltern haben die Pflicht, mit ihren Kindern über die Gefahren der Welt zu sprechen, aber sie können diese Gefahren nicht verhindern oder ausschließen. Sie können sie nur über die physischen und psychischen Gefahren eines Verhaltens aufklären. Tatsächlich müssen Heranwachsende schließlich die Kontrolle über ihr eigenes Leben übernehmen. Aber es ist am besten, sie erst darüber zu beraten, wie sie mit sich ins reine darüber kommen können, was sie wollen, bevor man sie auffordert, in bezug auf ihr Verhalten Entscheidungen zu treffen, das mit Risiken verbunden sind.

Der einzige Punkt, an dem diese Eltern vielleicht im Unrecht sind, ist der, daß sie ihrer Tochter eine doppelte Botschaft geben. Obwohl sie ihr sagen, sie solle keinen Sex haben, ist ihre Botschaft deshalb nicht eindeutig, weil sie ihr die Pille geben, was im wesentlichen bedeutet: „Nur zu, mach was du willst!" Es ist genauso, wie wenn Sie Ihren Kindern sagten: „Raucht nicht, aber hier ist eine Schachtel Filterzigaretten mit geringen Teergehalt für den Fall, daß ihr es ausprobieren wollt." Eltern sollten an die Implikationen denken, die in den Diskussionen um den Gebrauch der Pille oder anderer Verhütungsmittel verborgen sind. Wenn man einem Jungen in der Pubertät sagt: „Denk daran, ein Kondom zu nehmen, mein Sohn," dann läßt man kaum Zweifel daran, wie man sich sein Rendezvous vorstellt.

Gefahren früher sexueller Aktivität

Frühe sexuelle Aktivität von Heranwachsenden birgt eine Reihe von Risiken, von denen manche nicht besonders in die Augen fallen – dem Jugendlichen selbst ohnehin nicht, aber manchmal nicht einmal den Eltern oder anderen Erwachsenen. Offensichtliche Gefahren sind Schwangerschaft bei Teenagern und Geschlechtskrankheiten. Als Psychiater mache ich mir mehr über die psychischen Risiken Sorgen. Es gibt kein Kondom oder Antibiotikum, das psychischen Schutz verleiht. Deshalb glaube ich, daß Heranwachsende auf Geschlechtsverkehr verzichten sollten, bis sie einen Grad psychischer Reife mindestens in dem Maß erreicht haben, daß die wichtigeren Probleme der Pubertät und Adoleszenz gelöst sind.

Sexuell übertragbare Krankheiten

Man sollte sich hüten, einfache Lösungen für allgemeine Probleme vorzuschlagen – und sich der Botschaften bewußt sein, die man Heranwachsenden gibt. Wenn man die Pille verteilt, lautet eine implizite Botschaft hinsichtlich der Gefahren früher sexueller Aktivität: „Werde vor allem nicht schwanger!" Ist das die einzige Gefahr? Obwohl die Pille Empfängnis verhüten kann, wenn sie richtig und verantwortungsbewußt eingenommen wird, kann sie nicht AIDS, Gonorrhoe oder Syphilis verhüten.

Wenn in diesem Sinne jeder Jugendliche mit einem Vorrat an Kondomen versorgt würde, der ein Leben lang reicht – würde das Geschlechtskrankheiten verhüten? Vielleicht, wenn sie richtig und verantwortlich verwendet würden. Aber wie können Sie dafür sorgen, daß ein Heranwachsender Kondome „richtig und verantwortlich" gebraucht? Wie bringt man ihn dazu, sich „richtig und verantwortlich" hinsichtlich der Sauberkeit seines Zimmers zu verhalten? Oder wenn es um Schularbeiten geht? Oder seinen Fahrstil? Nicht leicht.

Teenagerschwangerschaften

Sehr wenige junge Mädchen möchten schwanger werden. Die meisten von denen, die schwanger werden, suchten in ihrer sexuellen Beziehung etwas anderes. Manche möchten von einem anderen menschlichen Wesen gebraucht werden und sich ihm nahe fühlen. So groß ist das Bedürfnis danach, sich angenommen zu fühlen, daß dieser verletzliche junge Mensch sich einem Risiko aussetzt. Für das einsame und verletzliche Mädchen besteht das Risiko auf einer bestimmten Ebene nicht darin, schwanger zu werden. Das Risiko besteht darin, unwichtig zu sein. Das Risiko besteht im Verlust dessen, was sie im Moment mit diesem besonderen Menschen erlebt. In diesem Augenblick ist sie für jemanden wichtig.

Die Erfahrung hat gezeigt, daß Teenagerschwangerschaften nicht einfach dadurch vermieden werden, daß an pubertierende Mädchen, bei denen es wahrscheinlich ist, daß sie ein uneheliches Kind bekommen, die Pille verteilt wird. Erneut ist das Problem die Botschaft, die man diesen Heranwachsenden gibt: „Habe Sex, und zwar *sicher*!" Was der junge Heranwachsende hört, ist: *„Habe Sex*, und zwar sicher!" Nicht in der Strategie, über Empfängnisverhütung aufzuklären, liegt der Fehler, sondern in der Voraussetzung, auf der diese Aufklärung basiert: „Heranwachsende leben in jedem Fall ihre Sexualität, also versuchen wir einfach dafür zu sorgen, daß sie es richtig und verantwortlich tun." Unwillentlich tragen Erwachsene so zu dem Problem bei, auch wenn sie versuchen, es zu lösen.

Wenn ein Mädchen in der Pubertät schwanger wird, sollten Eltern dieses Ereignis als eine wichtige Herausforderung an ihre elterliche Weisheit sehen. Wie andere Krisen, die auf Eltern zukommen, bringt auch diese sowohl eine Chance als auch oft große Angst mit sich. Die meisten Eltern sind darauf vorbereitet, an der Seite ihres Kindes zu stehen, gleich was geschieht, und viele haben ihnen das irgendwann einmal auch gesagt. Eine ungewollte Schwangerschaft ist der Ernstfall. Ich habe viele junge heranwachsende Frauen gesehen, die schwanger wurden und die die schmerzlichen Gespräche und Auseinandersetzungen kennen, die dann zwischen ihnen und den Eltern stattfanden. Obwohl es keine leichten Lösungen gab, konnten viele dieser Heranwachsenden und Eltern später das Ereignis als etwas sehen, was sie näher zusammen brachte.

Wenn ein junges Mädchen entdeckt, daß es schwanger ist, ist sein erster Gedanke: „Meine Mutter bringt mich um." Der zweite Gedanke ist vielleicht: „Mein Vater bringt meinen Freund um." Im seltensten Falle kommt es tatsächlich zu so etwas. Regen sich die Eltern auf? Mit Sicherheit. Die meisten der jungen Schwangeren waren voller Angst bei dem Gedanken, ihren Eltern erzählen zu müssen, was geschehen war. Die meisten erzählten es ihrer Mutter zuerst, und dann erzählte es die Mutter dem Vater. Stellen Sie sich vor, wie erschreckend es mit 13 Jahren sein muß, schwanger zu sein und zu wissen, daß Sie es Ihren Eltern erzählen müssen. Manche Mädchen können sich dem nicht stellen und versuchen statt dessen, die Schwangerschaft zu beenden oder sogar, sich das Leben zu nehmen.

Ich bezweifle, daß es Eltern gibt, die nicht mindestens einmal daran gedacht haben, daß so etwas passieren könnte. Eltern sollten sich fragen: „Würde unsere Tochter den Mut haben, zu uns zu kommen und es uns zu sagen, wenn sie schwanger wäre?" Ihre Tochter braucht vielleicht viel Mut, um sich Ihnen zu stellen. Wie wäre das, wenn sie sich Ihnen stellen müßte? Ob Ihr Kind bereit ist, mit solch einer Nachricht zu Ihnen zu kommen, hängt sehr davon ab, wie Sie bisher auf andere schlechte Nachrichten reagiert haben. Es hilft, wenn Eltern sich im Laufe der Jahre bei ihren Kindern einen guten Ruf erworben haben, gegründet auf viele Dinge, nicht zuletzt auf ihre Fähigkeit zuzuhören, um sie zu verstehen.

Psychologische Auswirkungen früher sexueller Aktivität

Die psychologischen Auswirkungen früher sexueller Aktivität von jungen Heranwachsenden machen mir am meisten Sorgen. Hier können Wunden entstehen, die weit tiefer gehen, als man ihnen ansieht. Die Verletzlichkeit von Heranwacchsenden liegt in der sich entwickelnden Geschlechtsidentität. Für Männer wie für Frauen hat frühe sexuelle Aktivität Konsequenzen. Jeder lernt über das andere Geschlecht und lernt vom anderen. Was wird gelernt?

Wirkung auf Männer. Es gibt nichts Drängenderes als einen 13 Jahre alten Jungen, der von Testosteron überschwemmt ist und Erleichterung seiner sexuellen Spannung sucht. Er ist bereit, fast alles zu tun oder zu sagen, wenn er eine Zustimmung aushandeln kann, die ihm Entspannung bringen könnte. Er wird sogar sagen: „Ich liebe dich!" In einer Zeit, in der er lernen sollte, wie er für sich selbst und später für andere Verantwortung übernehmen kann, sucht und findet er unmittelbare Befriedigung. Während er lernt, was es heißt, ein Mann zu sein, lernt der sexuell aktive junge Mann, daß die Frau dafür sorgt, daß nichts passiert, und daß sie sich, falls sie schwanger wird, darum kümmert. Er lernt, daß Männer sich um so etwas nicht zu kümmern brauchen oder nicht einmal sollen. Der junge Heranwachsende lernt nicht nur etwas über das Mannsein, das zu einem Verfall seines Wertgefühls als Ernährer und Beschützer führt, sondern er entwickelt eine arrogante und unerträgliche Haltung gegenüber Frauen – und ein verzerrtes Bild davon, was es heißt, ein Mann zu ein.

Eines der Kennzeichen psychischer Reife ist die Fähigkeit, unmittelbare Befriedigung zugunsten eines späteren Gewinnes zurückzustellen. Der impulsive, unreife männliche Jugendliche hat Schwierigkeiten damit, sich irgendwelche Beschränkungen aufzuerlegen. Zurückhaltung seiner Wut und seiner körperlichen Kampflust wird durch die Sanktionen gestärkt und unterstützt, die die Gesellschaft ihm auferlegt. Vergeltung durch andere kann in diesem Prozeß eine erzieherische Wirkung haben. Wenn aber die Gesellschaft auf Sanktionen gegen aggressive Gewalt verzichtet, dann kann es für einen Jugendlichen schwieriger sein, sich zurückzuhalten. Dasselbe gilt für sexuelle Aktivität. Wenn die Gesellschaft (oder Eltern) Sanktionen gegen sexuelle Aktivität in der Pubertät aufgeben, macht das Enthaltsamkeit schwieriger.

Wirkung auf junge Frauen. Zwischen 13 und 20 lernt ein Mädchen, was es heißt, eine Frau zu sein. Wenn sie die frühen Teenagerjahre erreicht hat, hat sie schon begonnen, ein Gefühl für ihre Geschlechtsrolle zu entwickeln und webt das Gewebe dieser Identität, indem sie benutzt, was man sie gelehrt hat und was sie von wichtigen Menschen in ihrem Leben und aus ihren eigenen Erfahrungen lernt. Viel wird von dem Wissen beeinflußt, das sie schon besitzt sowie davon, wie sie sich als Frau und als Mensch fühlen lernt. Später lernt sie, wie Männer sind, aber zuerst muß sie lernen, wie Frauen sind.

Eine junge Frau trifft vielleicht einen jungen Mann, der nach sexueller Entspannung hungert und alles tun oder sagen wird, um diese Entspannung zu bekommen. Daraus lernt die junge Frau, daß Männer nur an Sex interessiert sind und daß Frauen dafür da sind. Sie lernt, daß Männern Sex gefällt. In ihrem pubertären Denken zieht sie den Schluß, daß Frauen vor allem Männern gefallen sollen. Sie lernt auch, daß sie fast alles bekommen kann, was sie möchte, wenn sie bereit ist, mit einem Mann zu schlafen. Das zentrale Thema ihrer sexuellen Erziehung zu dieser entscheidend wichtigen Zeit ihrer psychischen Entwicklung ist, daß Frauen dazu da sind, sich um Männer zu kümmern. Sie lernt, daß Männer das wichtige Geschlecht sind. Sie lernt die schreckliche Lektion, daß Frauen weniger wichtig sind. Die junge Frau, die gerade zu der Zeit, in der sie ein Konzept von Frausein zu formulieren beginnt, „beschließt, sexuell aktiv zu werden", erweist sich selbst einen schlimmen Dienst.

Eine der wertvollen Quellen von Information über Weiblichkeit sind Freundinnen. Weil sie die Welt mit ähnlichen Augen betrachten, können Freundinnen nahe Gefährtinnen werden und einer jungen Frau helfen, Weiblichkeit zu betrachten. Wenn aber ein junges Mädchen sexuell aktiv wird, verbringt sie mehr und mehr Zeit mit einem Mann und weniger Zeit mit Frauen. Zugleich beginnt sie dann oft auch, Frauen abzuwerten. Sie bekommt nicht nur ein verzerrtes Bild von sich selbst als Frau, sondern sie verliert auch die Chance, etwas von der Freude zu lernen, die aus einer nahen Gemeinschaft mit anderen Frauen erwachsen kann.

Wenn sexuelles Verhalten begonnen hat, entwickelt es eine fast unwiderstehliche Eigenbewegung. Wie man Sex haben kann, ist nicht allzu schwer zu lernen und braucht wenig Übung. Auf der anderen Seite ist es ein sehr langer Prozeß, wirklich Frau zu werden. Frühe sexuelle Aktivität verschiebt oft den Akzent vom breiten Kontext des Frauseins auf die Entdeckung sexueller Techniken und sexueller Befriedigung.

Es ist möglich, Teenagerschwangerschaften und sexuell übertragbare Krankheiten zu vermeiden. Aber es ist nicht so leicht, die Geschlechtsidentität zu verändern, wenn man sie einmal entwickelt hat. Dies ist dann die schlimme Wunde, die vor dem Blick verborgen ist, und die in einem unreifen Bild von sich selbst liegt – einer Wunde, die gegen alle Antibiotika immun ist.

Reife steigert Sexualität

Vieles trägt zu einem stabilen Gefühl von Geschlechtsidentität bei. Nicht alle Fehlentwicklungen können früher sexueller Aktivität der Jugendlichen angelastet werden. Auch andere Einflüsse im Leben eines Jugendlichen können schädliche Folgen haben.

Aber unabhängig von dem, was früher im Leben eines jungen Menschen geschehen ist: Das Ringen um die Entwicklung eines gesunden Selbstbildes braucht Zeit.

Ein 21 Jahre alter Mensch, der sexuell aktiv wird, tut das auf dem Boden einer gefestigteren Ichstruktur als ein 13 Jahre alter Mensch. Der junge Erwachsene ist nicht nur eher in der Lage, mit den ungeplanten Konsequenzen seines Verhaltens umzugehen, sondern er wird mit höherer Wahrscheinlichkeit die dazu notwendige psychologische Arbeit hinter sich haben und gegenüber unangenehmen Folgen psychisch weniger verletzlich sein. Wenn Heranwachsende sexuelle Aktivität aufschieben, bis sie erwachsen sind, dann haben sie eine größere Chance für eine befriedigende und erfüllende Beziehung mit einem anderen Menschen.

Sexualität, Heranwachsende und Familien

Heranwachsende zur Enthaltsamkeit zwingen

Wie können Eltern dafür sorgen, daß ihre Kinder auf Geschlechtsverkehr verzichten? Die Antwort lautet, daß sie das nicht können und daß sie es auch nicht versuchen sollten. Es ist ziemlich schwierig, Enthaltsamkeit mit Hilfe von Zwang durchsetzen zu wollen. Außerdem können die Bemühungen von Eltern, diese Enthaltsamkeit aufzuzwingen, kontraproduktiv werden, denn dann geht es um das Thema Kontrolle, der Jugendliche sich widersetzen zu müssen meinen. Mehr noch, solche Anstrengungen unterstellen unabsichtlich und stillschweigend, daß es eigentlich in der Verantwortung der Eltern liegt, für die sexuelle Sicherheit ihrer Kinder zu sorgen. Für Eltern kann erschreckend sein, daß es keine sexuelle Sicherheit außer Enthaltsamkeit gibt. Und diese Enthaltsamkeit ist einem psychisch noch unreifen Jugendlichen überlassen.

Eltern sollten auch nicht vergessen, daß Jugendliche besonders dazu neigen, in Aussagen der Eltern Botschaften hineinzuinterpretieren, an die die Eltern nicht im Traum gedacht haben. „Nimm nicht das Auto, wenn du in die Pizzeria fährst!" wird zu „Aber es ist in Ordnung, wenn du in die Diskothek willst". „Ich will nicht erleben, daß du zu schnell fährst!" kann die Bedeutung

„Laß dich nicht von mir erwischen!" bekommen. Die Kommunikation mit Heranwachsenden ist niemals einfach oder frei von Nebengedanken. Es gibt in anscheinend einfachen Mitteilungen immer explizite und implizite Botschaften. Das ist besonders dann so, wenn die Kommunikation mit emotionalem Inhalt aufgeladen ist.

Was können Eltern also tun? Sie können dafür sorgen, daß sie eine gute Beziehung zu ihrem Kind haben, das in die Pubertät kommt oder bereits mittendrin steckt – eine Art Beziehung, die sie das Bedürfnis verspüren läßt, zu ihren Eltern zu kommen und zu erzählen und zu sprechen, besonders über die Dinge, über die zu sprechen ihnen schwer fällt (vgl. auch Kapitel 3 über Kommunikation mit Heranwachsenden). Ich glaube, daß Heranwachsende Unterstützung und Ermutigung durch die Eltern brauchen, um die Herausforderungen psychischen Wachstums in der Pubertät zu verstehen – die beängstigenden wie die schönen Seiten.

Sexuelle Aufklärung in der Schule kann ebenfalls nützlich und hilfreich sein, aber ich bin der Meinung, daß sie auch zuhause vorgenommen werden sollte. Es wäre hilfreich, wenn in den Schulen nicht nur etwas von der Mechanik des Geschlechtsverkehrs gelehrt würde, sondern auch ein waches Gefühl von Verantwortung für die vielen anderen Möglichkeiten menschlicher Beziehungen. Lehren ist eine Aufgabe für reife, stabile und emotional gesunde Menschen. Es sollte nicht Menschen anvertraut sein, die einseitige Konzepte von Sexualität vertreten.

Eltern und die Sexualität ihrer Kinder

Heranwachsende machen sich Sorgen über die Entfaltung ihrer Sexualität, aber nicht so sehr wie ihre Eltern. Auch mit den Erwachsenen geschieht etwas, wenn ihr Nachwuchs fortpflanzungsfähig wird. Anfangs neigen Eltern dazu, die Sexualität ihres Kindes, das in die Pubertät kommt, zu verleugnen, etwa so, wie Jugendliche dazu neigen, die Sexualität ihrer Eltern zu verdrängen oder zu übersehen. Aber mit jedem Tag der Pubertät, der verstreicht, sind Eltern etwas mehr gezwungen, diese Veränderungen anzuerkennen.

Die in der Vordergrund tretende und sichtbar werdende Sexualität eines Kindes vermittelt Eltern eine subtile, aber beunruhigende Botschaft über sich selbst und darüber, wo sie im Lebenszyklus stehen. Ein Vater oder eine Mutter denkt dann vielleicht: Wenn sie alt genug ist, ein Kind zu bekommen, dann bin ich alt genug, Großvater oder Großmutter zu werden.

Aber diese Veränderungen definieren die Eltern nicht einfach nur neu. Ein zunehmendes Gefühl der Verantwortung bei den Eltern ist ebenfalls die Folge. Was bislang eine Verantwortung für das allgemeine Wohlergehen ihres Kindes gewesen war, wird jetzt spezifischer und auch weiter. Eltern müssen jetzt nicht nur versuchen, Schaden von ihren Kindern fernzuhalten, sie müssen ihr Kind auch von Schaden fernhalten. Jugendliche glauben, daß ihre Eltern in irgendeiner Weise versuchen, ihr Sexualleben zu bestimmen und ihre sexuelle Freiheit einzuschränken, und daß sie das nichts angeht. In den Anfangsjahren ihrer Elternschaft neigen Erwachsene oft noch dazu, sich mit denen zu identifizieren, die gegen das Joch elterlicher Autorität kämpfen. Aber Haltungen ändern sich langsam, besonders wenn das eigene Kind in die Pubertät kommt. Eltern, die sich noch ein paar Jahre zuvor mit denen zusammentaten, die ungewollter Kontrolle durch die ältere Generation unterworfen waren, finden sich plötzlich in der Rolle von Eltern junger Erwachsener wieder und sind damit selbst Mitglieder der „älteren Generation" geworden. In dieser Rolle versuchen sie dann, ihre heranwachsenden Kinder zu verantwortlichem Handeln und sexueller Zurückhaltung zu bewegen, ganz wie ihre eigenen Eltern einmal.

Eine gute eheliche Beziehung verhindert Inzest

Intakte Familien überstehen belastende Ereignisse wie die stärker in den Vordergrund tretende Sexualität ihrer Kinder in der Pubertät besser, wenn die Eltern eine starke Beziehung zueinander als Eltern und als Ehepaar haben. Es ist unwahrscheinlich, daß es zu einem Inzest kommt, wenn zwischen den Eltern eine erfüllte eheliche Beziehung besteht, übrigens ganz unabhängig davon, ob einer der Elternteile ein Stiefvater oder eine Stiefmutter ist. Die Entwicklung von Kindern zu jungen Männern und Frauen kann Angst und andere – manchmal verwirrende – Gefühle auslösen.

Plötzlich steht vor einem Vater die Verkörperung des 17 Jahre alten Mädchens, in das er sich vor so vielen Jahren verliebt hat. Wie kann er da nicht Sehnsucht, Nostalgie oder Zärtlichkeit empfinden? Eine Mutter betrachtet ihren Sohn in der Pubertät und erkennt vielleicht seinen Vater in ihm, wie sie ihn einmal gekannt hat. Liebe Erinnerungen überfluten Erwachsene, wenn ihre Kinder anfangen, die Erregung ihrer erwachenden Sexualität zu spüren. Das ist nicht immer und notwendigerweise ein Problem, aber eine Aufgabe und vielleicht auch eine Herausforderung.

Veränderungen in der Beziehung zu den Eltern

Wenn Kinder in der Pubertät zunehmend ihre Sexualität spüren, kann ihre Beziehung zu ihren Eltern plötzlich aus den Fugen gehen, ohne daß die Eltern oder die Kinder verstehen, was geschieht oder warum es geschieht.

Eine 37 Jahre alte Mutter von drei Kindern saß in meiner Praxis und weinte, als sie von den wiederholten Auseinandersetzungen mit ihrem 13 Jahre alten Sohn erzählte:

„Er ist bei allem, was ich sage, anderer Meinung. Die dauernden Kämpfe machen mich fertig. Nichts was ich tue oder sage, paßt ihm mehr. Er versteht sich gut mit seinem Vater, aber manchmal denke ich, er haßt mich. Und das Schlimme ist, daß er immer ein guter Junge gewesen ist. Wir sind uns immer nah gewesen und hatten viel Zuneigung füreinander. Aber jetzt hört er mir nicht einmal mehr zu."

Vielleicht haben Sie schon gemerkt, was passiert war. Für mich war offensichtlich, daß diese Mutter nicht nur weniger gebraucht wurde, sondern daß dieser junge Heranwachsende in Wirklichkeit seine Mutter nicht haßte. Im Gegenteil, er liebte seine Mutter sehr. Und das machte ihm große Angst. Er fand sich in einer warmen, nahen und liebevollen Beziehung mit einer attraktiven Frau, zu der er in unmittelbarer Nähe lebte. Heranwachsende neigen dazu, Liebe mit Sexualität gleichzusetzen. Ich behaupte nicht, daß die Mutter oder der Sohn irgendwelche bewußten sexuellen Gefühle füreinander hegten. Die Beziehung war gut. Es war eine enge Beziehung – zu eng, als daß der Junge sich hätte wohl fühlen können. Die einzige Möglichkeit, wie der Junge eine gewisse Distanz zwischen sich und seiner Mutter schaffen konnte war, sie in wiederholten Kämpfen auf Abstand zu halten.

Als seine Mutter verstehen konnte, daß die Art ihres Sohnes, Fehler an ihr zu finden und sich mit ihr zu streiten, unbewußte defensive Versuche waren, unklare Ängste abzuwehren, ging es ihr besser, und sie konnte ihm mehr Atemraum und Bewegungsfreiheit geben. Sie war das Beispiel einer Mutter, die das Gefühl hatte, keine gute Mutter zu sein und sich nicht genug zu bemühen. In Wirklichkeit war sie eine sehr gute Mutter, die eher zuviel tat.

Das Auftauchen pubertärer Sexualität in einer Familie kann auch für Väter gewisse Veränderungen mit sich bringen. Ganz plötzlich möchte Papas kleines Mädchen nicht mehr auf seinem Schoß sitzen. Nicht nur das, sie fängt an, ihn zu kritisieren und geht ihm aus dem Wege. Er ist verletzt. Eine andere Möglichkeit besteht darin, daß ein Vater, der daran gewöhnt ist, seine Tochter fest zu drücken und ihr einen Gutenachtkuß zu geben, entdeckt, daß sein kleines Mädchen plötzlich einen Busen bekommt, und vor der abendlichen Gewohnheit zurückschreckt. Und die Tochter versteht nicht, warum ihr Vater ihr plötzlich auszuweichen scheint.

Heranwachsende und Familien mit Stiefvater oder Stiefmutter

Wenn ein Heranwachsender, der den Aufruhr erwachender Sexualität durchmacht, in eine Familie mit einem Stiefvater oder einer Stiefmutter kommt, dann wird diese neu gebildete Familie mit derselben Dynamik zu tun haben, wie ich sie beschrieben habe, und noch mit ein paar zusätzlichen Komplikationen. Zum Beispiel verlangt ein Vater zuviel, der wieder heiratet und erwartet, daß sein 17 Jahre alter Sohn seine neue Schwester behandelt, als wäre sie wirklich seine Schwester. In einer intakten Familie haben Brüder und Schwestern die Chance, im Laufe der Jahre entsprechende Tabus zu entwickeln, um sich selbst zu schützen. In einer neu gebildeten Familie erfordert die Situation, daß man lernt, mit einem neuen Elternteil, einem neuen Kind und neuen

Geschwistern zu leben. Es braucht Arbeit, Verständnis und wirkliche Kommunikation, um allein die nicht sexuellen Aspekte zu bewältigen. Das Umgehen mit den sexuellen Aspekten erfordert noch mehr. Es wäre naiv zu erwarten, daß heranwachsende Kinder mit sexuellen Gefühlen gegenüber einem neuen und attraktiven Elternteil oder Geschwister spontan und ohne einen Lernprozeß umgehen können.

Zusammenfassung

Erwachende Sexualität ist ein Teil der Entwicklung von Geschlechtsidentität. Aber es gehört mehr dazu, ein Mann zu sein, als zu lernen, mit einer Frau zu schlafen. Dringender ist die Notwendigkeit, eine Fähigkeit für Arbeit, Schutz, Loyalität, Ausdauer, Mitgefühl und Stärke zu entwickeln. Die zukünftige Rolle eines jungen heranwachsenden Mannes als Mann, Ehemann und Vater hängt viel mehr von Charaktereigenschaften ab als von der Fähigkeit, sexuell aktiv zu sein.

Für das junge Mädchen, das dabei ist, eine Frau zu werden, hängt ihre Weiblichkeit von ihrer Fähigkeit ab, Kinder zu bekommen, aber es ist wie beim anderen Geschlecht: Was für eine Frau sie wird, ruht auf der Grundlage einer Reihe von persönlichen Qualitäten. Eine Fähigkeit zum Ernähren, zu Zärtlichkeit, Loyalität, Verständnis und zum Geben und Nehmen von Liebe wird ihre Weiblichkeit kennzeichnen. Es gehört viel mehr dazu, eine Frau zu sein, als die reine Fähigkeit, ihre Sexualität zu leben.

Es ist nicht sehr schwer zu lernen, wie man miteinander schläft. Es gibt wichtigere Qualitäten, die die Kinder im Idealfall bei ihren Eltern suchen und finden. Wenn Eltern es geschafft haben, ihren Kindern die Liebe mitzugeben, die sie für sie empfinden, dann werden sie als attraktive Vorbilder gesehen. Wenn Eltern für ihre Kinder erreichbar sind, dann werden die Kinder im großen und ganzen versuchen, wie ihre Eltern zu werden.

Teil III
Probleme in der Pubertät

Kapitel 8
Riskantes Verhalten von Jugendlichen

Wohin ich mich wende, lese ich von empörendem Verhalten von Jugendlichen, begleitet von entsprechenden Prophezeiungen, daß es noch schlimmer kommen wird. Es ist ausreichend, um Eltern auf die Idee zu bringen, ihre Kinder zu verstecken oder die Stadt zu verlassen, ohne eine Adresse zu hinterlassen. Verbrechen, Drogen, Sex, psychische Krankheiten und Tod – all das scheint auf dem Weg eines Heranwachsenden zu lauern, gleich ob er Täter oder Opfer wird. Daß mehr und mehr Straftaten von immer jüngeren Kindern begangen werden, scheint fester Bestandteil der Frühnachrichten zu sein. Immer neue Untersuchungen belegen den Drogenmißbrauch von Jugendlichen. Selbstmord bei jungen Menschen hat in den letzten zehn Jahren enorm zugenommen. Jugendbanden machen die Straße in den Zentren unserer Städte unsicher und behaupten ihre „Rechte" aufeinander und die umliegenden Stadtviertel und ihre Bewohner. Vor Teenagerschwangerschaften, Geschlechtskrankheiten, Vergewaltigungen und Raubüberfällen sind wir oft auch in unserer näheren Umgebung nicht sicher.

Warum Heranwachsende Risiken eingehen

Manches, was Heranwachsende tun, bedeutet für ihr allgemeines Wohlergehen, ihre Gesundheit – geistige wie körperliche – und ihr Leben ein großes Risiko. Heranwachsende neigen zum Risiko. „Versuchs mal!" ist für viele eine attraktive Herausforderung und Einladung. Psychiater haben keine einfache Erklärung dafür, warum Heranwachsende sich selbst ernsten Risiken aussetzen. Manche Psychiater schreiben über einen angeborenen Todeswunsch, der in allen Menschen vorhanden sei. Sie behaupten, daß Menschen es genießen, dem Tod nahe zu kommen. Manche glauben, daß es eine gewisse Erregung auslöst, wenn man nur knapp dem Tod entkommt. Die meisten Menschen würden es allerdings wohl sehr schätzen, ihm zu entkommen und es sogar vorziehen, wenn es gar nicht erst zu lebensbedrohlichen Situationen käme.

Beim Versuch zu verstehen, warum Heranwachsende manche Dinge tun, die Erwachsenen Sorgen machen, ist es hilfreich, ihren Entwicklungsprozeß und seine Implikationen zu bedenken.

Das Gefühl von Allmacht bei Jugendlichen

Manche Psychiater glauben, daß das Risikoverhalten von Heranwachsenden in dem begründet ist, was *Allmacht der Adoleszenz* genannt wird. Es ist dieses Allmachtsgefühl, das Heranwachsende zu dem Glauben an ihre Unverletzlichkeit verleitet. Es scheint bei ihnen oft ein Gefühl der Allmacht zu geben, und dieser Glaube nährt zweifellos ihr riskantes Verhalten. Ihnen steht die Welt offen. Alles ist möglich.

Woher kommt dieses Gefühl der Allmacht, der Omnipotenz? Zum Teil stammt es aus dem Erwachen neuer Stärke und neu gefundener Fähigkeiten. Ein vollentwickelter und frischer Körper ist etwas, das einem zu Kopf steigen kann. Heranwachsende können jetzt Dinge tun, denen sie früher nicht gewachsen waren. Und bald werden sie erwachsen sein.

Die Allmacht der Adoleszenz, der Jugend ist leichter zu verstehen, wenn man sich an die Aufgaben erinnert, die der Heranwachsende jetzt zu erfüllen hat. Das Gefühl von Macht in ihm ist das Ergebnis einer Verschiebung: Heranwachsende nehmen jetzt die Macht zurück, mit der sie vor langer Zeit ihre Eltern ausgestattet hatten. „Sie sind nicht länger allmächtig; ich bin nicht länger nur ohnmächtig" ist eine aufregende Entdeckung.

Das Streben Heranwachsender, erwachsen zu werden

Der Heranwachsende ist ständig mit der Versuchung konfrontiert, falsche Abkürzungen in das Erwachsensein zu nehmen, die augenblickliche Befriedigung verheißen wie die folgenden:

- Kleine Kinder dürfen nicht rauchen. Erwachsene rauchen; wenn ich rauche, bin ich also erwachsen.
- Kleine Kinder dürfen keine Drogen nehmen. Erwachsene nehmen Drogen; wenn ich Drogen nehme, bin ich also erwachsen.
- Kleine Kinder haben keinen Sex. Erwachsene haben Sex; wenn ich also sexuell aktiv bin, dann bin ich erwachsen.

Von einer Sehnsucht nach dem Status von Erwachsenen getrieben, erfüllt von einem Gefühl der Unverwundbarkeit und bisher noch ohne die ernüchternden Erfahrungen des Lebens, stürmt der Heranwachsende weiter und glaubt, das Unglück befalle nur andere. Unfähig, unmittelbare Befriedigung im Interesse eines Gewinnes in der Zukunft zu verschieben, schlägt der emotional unreife Jugendliche alle Vorsicht in den Wind. Solch ein hochriskantes Verhalten kann durch Fehlanpassung zu einer Fixierung auf einer Entwicklungsstufe führen, die Heranwachsenden und nicht Erwachsenen entspricht.

Diesen Zuwachs an Macht erlebt jemand, der in gewisser Weise noch nicht reif dafür ist. Heranwachsende gewinnen enorme Stärke und Attraktivität, deutlich bevor sie Besonnenheit und Urteilskraft entwickeln. Sie haben noch keine Erfahrungen gemacht, die ihnen dabei helfen, die potentiellen Konsequenzen eines Mißbrauchs dieser neuen Fähigkeiten abzuschätzen. Nur langsam entwickeln sie ein *Bewußtsein für die Folgen ihres Handelns*. Wir alle müssen langsam unseren Weg durch das Leben finden. Und die Länge dieses Lebens steht in einer auffälligen Beziehung zu den Risiken, die wir eingehen und der Besonnenheit, die wir für den Umgang mit diesen Risiken erwerben.

Konstruktive Risiken können das Wachstum fördern

Sich auf Risiken einzulassen, kann eine konstruktive Rolle im Leben eines Heranwachsenden spielen. Heranwachsende sollten neugierig auf sich selbst und die Grenzen ihres Potentials sein. Ein Kind, das konstruktive Risiken eingeht, bekommt von Erwachsenen Anerkennung. So zum Beispiel ein junger Mensch, der Zurückhaltung und Vorsicht beiseite läßt und wissen will, wie weit ihn seine Intelligenz bringen kann, und dann als Forscher akademischen Ruhm erlangt.

Man kann wertvolle Lektionen lernen, wenn man Risiken eingeht. Ich erinnere mich an einen jungen Mann, dessen Mutter ihn drängte, nicht auf den Zaun zu klettern, der sein Elternhaus umgab. Er versicherte seiner Mutter, daß er kein Interesse daran hätte, herunterzufallen und kletterte weiter. Das gebrochene Schlüsselbein, daß er sich einhandelte, als er dann doch herunterfiel, trug erheblich zur Verbesserung seiner Kletterfähigkeiten bei und diente als frühe Einführung in die Zusammenhänge von Ursache und Wirkung.

Ohne Risiko kann man niemals neue Höhen erreichen. Es gab eine Zeit, in der es als feststehende Tatsache galt, daß niemand eine Meile in weniger als vier Minuten laufen kann. Ein junger Mann namens Roger Bannister glaubte, daß er mit entsprechendem Training diese Barriere durchbrechen könne. Er versuchte es und hatte Erfolg. Eltern wollen, daß ihre Kinder Vertrauen in sich selbst haben, sich ganz für etwas einsetzen können und Erfolg haben. Eine Mutter beklagte sich darüber, daß ihr 10 Jahre alter Sohn großen Spaß daran hatte, auf einen Baum in ihrem Garten zu klettern, und zwar so hoch er konnte. Sie hatte große Angst, er könnte herunterfallen. Sie war nicht besonders beeindruckt davon, als ich meinte, der Blick von da oben wäre vielleicht so schön, daß Klettern und Risiko es wert seien. Ich bemerkte, vielleicht erreiche er einmal andere große Höhen. Seinerzeit war das für sie wenig tröstend. Aber heute ist er ein sehr erfolgreicher Arzt, der die „Spitze" seiner Klasse erreicht hat.

Heranwachsende und destruktive Risiken

Konstruktive Risiken sind leicht zu erkennen und zu verstehen. Es ist schwieriger zu verstehen, warum Heranwachsende Risiken suchen, die destruktiv werden können, so zum Beispiel Drogen nehmen, Alkohol trinken und bei leichtsinnigem Verhalten sexuell übertragbare Krankheiten und Teeenagerschwangerschaften riskieren. Diese riskanten Verhaltensweisen fordern unsere Aufmerksamkeit.

Heranwachsende verfügen über verschiedene Stärken und Prägungen, die das Niveau von Risiko bestimmen, das sie bereit sind einzugehen. Manche Jugendliche gehen große Risiken ein. Manche leben gefährlich und sterben jung. Manche sterben nicht sofort, nehmen jedoch einen riskanten Lebensstil auf, der sie schließlich zu Tod oder schweren Schäden führt. Andere werden zwar nicht körperlich behindert, aber als Folge ihres riskanten Lebens psychologisch oder ökonomisch geschädigt. Zum Beispiel experimentieren manche Jugendliche nicht mit Drogen, trotz der Versuchung und des Drucks von Gleichaltrigen, manche werden die Drogen probieren und sich dagegen entscheiden, sie weiter zu nehmen, und wieder andere experimentieren mit ihnen und nehmen sie eine Zeitlang, werden aber nie abhängig. Oder ein anderes Beispiel: Ein junges Mädchen in der Pubertät, voller Sehnsucht nach Liebe, Angenommensein oder einfach danach, schon erwachsen zu sein, wird vielleicht sexuell aktiv und riskiert, dauernd abhängig und ökonomisch eingeengt zu sein, während sie damit kämpft, das Kind allein aufzuziehen, das sie als Teenager bekommen hat. Oder ein Heranwachsender, der das Gefühl hat, keine Kontrolle über sein Leben zu haben, versucht vielleicht dadurch, daß er sich wiederholt in große Risiken stürzt, ein Gefühl von Kontrolle zu bekommen. Oft bringt solch ein Verhalten Jugendliche schließlich in Konflikt mit dem Gesetz.

Grossman sagt, daß bestimmte Faktoren im Leben von Heranwachsenden ihnen bei ihrer Anpassung helfen: ein wenig Selbstvertrauen, das Gefühl, eine gewisse Kontrolle über ihr Leben zu haben, das Gefühl, daß es einen Zusammenhalt in ihrer Familie gibt und die Möglichkeit, wenigstens mit einem der beiden Eltern gut kommunizieren zu können. Aber auch gut angepaßte Jugendliche können Dummheiten machen. „Ich werde es dir zeigen!" kann der Anfang einer unüberlegten Handlung sein. Die meisten Dummheiten sind allerdings nicht lebensgefährlich, eben nur dumm.

Besonders verletzlich und gefährdet sind diejenigen Jugendlichen, die sich nach Beachtung oder Angenommensein sehnen. Dies sind die Kinder, die die Anträge eines leidenschaftlichen

Liebhabers eher annehmen werden. Einsame fühlen sich weniger einsam, wenn sie für einen anderen Menschen – gleich wen – zählen, und möchten verzweifelt hören und selbst sagen können: „Ich liebe dich!"

Riskantem Verhalten auf den Grund gehen

Als Psychiater neige ich dazu, nicht nur das Verhalten selbst zu betrachten, sondern auch die Kräfte, die dieses Verhalten formen. Manches am Verhalten des Heranwachsenden ist so riskant, daß es schwierig ist, es auf eine Erklärung hin zu durchschauen – Drogenmißbrauch kann eine Form von Verwahrlosung im Leben des Heranwachsenden widerspiegeln, aber das Symptom dieser Verwahrlosung ist äußerst auffällig. Es ist wirklich so auffällig, daß sich viele Eltern und manche Institutionen nur auf das Verhalten konzentrieren und dabei völlig seine Ursache übersehen. Es ist schwierig, auf verborgene Ursachen philosophisch neugierig zu sein, wenn das Leben eines Heranwachsenden auf verzweifelte Weise auf sein Ende zuzusteuern scheint. Auf der anderen Seite wiederholt sich das Verhalten immer wieder, wenn die Ursache des selbstzerstörerischen Verhaltens nicht gesucht und gefunden wird.

Für selbstzerstörerisches Verhalten gibt es nie nur eine einzige Ursache. Aber es gibt fast immer eine entscheidende zugrundeliegende Ursache. Und obwohl riskantes Verhalten scheinbar verschiedene Arten von Verhalten umfaßt, dienen alle diese Verhaltensweisen meist einem ähnlichen Zweck. In ihrer weltweiten Untersuchung über das Leben von Heranwachsenden haben Offer et al.(1988) festgestellt, daß 80 Prozent aller Jugendlichen auf eine gesunde Weise funktionierten, während etwa 20 Prozent in irgendeiner Form unter einer emotionalen Störung litten, von denen nur etwa ein Viertel angemessene Hilfe bekam. Sie hoben hervor, daß gestörte Jugendliche den Beginn ihrer Störung in einer kritischen Phase ihres Lebens erfahren, wenn bedeutende Veränderungen stattfinden. Depression und herabgesetztes Selbstvertrauen, die sonst vielleicht aufgefallen wären, werden einfach den Turbulenzen der Pubertät zugeschrieben. Diese Symptome setzen sich unbemerkt in das Erwachsenenalter fort. Offer und seine

Mitarbeiter gelangten zu der Forderung, daß Ärzte besonders auf zugrundeliegende Ursachen achten sollten.

Bevor man verstehen kann, warum eine bestimmte Verhaltensweise in einer bestimmten Form auftritt, muß man genau verstehen, worin das Verhalten besteht. Zum Beispiel hilft es mir beim Verstehen der Wirkung eines Suchtmittels auf einen Heranwachsenden, wenn ich weiß, welche Substanz er nimmt. Aber ich möchte auch wissen, was dieses Suchtmittel *für* den Heranwachsenden tut, und das hängt von seinen besonderen Eigenschaften ab – seinen Bedürfnissen und wie gut er ausgestattet ist, um angepaßte Methoden zu finden, diese Bedürfnisse zu befriedigen. Beim Betrachten destruktiven Verhaltens sollte man nicht übersehen, daß dazu nicht notwendig der Mißbrauch eines Suchtmittels gehört. Ein Heranwachsender nimmt vielleicht weder Alkohol noch Drogen noch zeigt er andere auffallende oder bizarre Symptome, sondern er erlebt einfach und ohne irgendwie aufzufallen irgendeine bösartige Dysfunktion, die zu Schaden oder Zerstörung führen kann.

Die Tragödie liegt in der Gefahr, die aus der Symptomlage resultieren kann und in der Gefahr, die hinter dieser Symptomlage verborgen ist. Die Symptome können so sehr ins Auge fallen, daß die Versuchung besteht, sie allein zu bekämpfen, ohne danach zu fragen, was sie verbergen und was hinter ihnen steckt, wie zunächst im folgenden Beispiel:

Mitzy, ein 17 Jahre altes Mädchen, das Drogen nahm, seit sie 15 war, war zweimal deshalb behandelt worden. In beiden Fällen hatte man angenommen, sie sei das Opfer von zufälligen Überdosen. Ihr Vater war gestorben, als sie zehn war, und ihre Mutter hatte wieder geheiratet, als sie zwölf war. Die Ehe war befriedigend, aber lieblos. Mitzy mochte ihren Stiefvater nicht, beklagte sich aber selten.

Im Laufe der Behandlung wegen Drogenmißbrauchs nahm Mitzy weiter Drogen. Sie war launisch, meistens jedoch deprimiert. Beide Eltern beklagten sich über Mitzys Drogenproblem und schrieben ihre schlechten Noten und ihre Depression ihrem Drogenmißbrauch zu. Als wir dann darauf bestanden, daß die Familie sich einer Familientherapie unterzog, wurde die Zwietracht in der Ehe der Eltern bald offensichtlich. Kurz darauf gestand

Mitzy, daß sie seit zwei Jahren Drogen nahm und seit drei Jahren sexuellen Kontakt mit ihrem Stiefvater hatte. Was als ein Drogenproblem diagnostiziert worden war, stellte sich als ein Inzestproblem heraus. Wenn wir unsere Aufmerksamkeit nur auf Mitzys Drogenproblem gerichtet hätten, hätten wir die schwerwiegende pathologische Störung übersehen, die hinter dem Drogenmißbrauch steckte.

Natürlich erschwerte Mitzy ihr Inzestproblem mit den Drogen. Auf der anderen Seite waren die Drogen ein Mittel, mit ihrer Wut, ihrer Angst und ihren Schuldgefühlen umzugehen. Sie hatte das Gefühl, daß sie die Drogen brauchte, die sie nahm. Was sie in Wirklichkeit am meisten brauchte, war eine Lösung der zugrundeliegenden pathologischen Beziehung mit dem Stiefvater.

Hätten wir nicht nach dem Grund für den Drogenmißbrauch gesucht, so hätten wir uns damit zufriedengegeben, dafür zu sorgen, daß Mitzy „aufhörte, Drogen zu nehmen". Wenn unsere Behandlung nur darin bestanden hätte, sie über die Gefahren der Drogen aufzuklären, hätten wir ungewollt dazu beigetragen, Mitzy in einem Zustand der Angst und Verzweiflung zu halten. Nachdem die Behandlung einmal auf die gestörte Beziehung zwischen Mitzys Mutter und dem Stiefvater konzentriert und diese auf den Weg zu einer Lösung gebracht war, brauchte Mitzy die Drogen nicht länger und hörte auf, sie zu nehmen.

Dieser Fall zeigt die Bedeutung, die eine starke elterliche Koalition im Leben der Kinder hat. Mitzys Eltern versagten darin, ihre Bedürfnisse gegenseitig zu befriedigen. Eine Folge davon war, daß der Stiefvater die Generationengrenze überschritt und eine Beziehung mit der Tochter begann, in der er seine Bedürfnisse befriedigen wollte. Obwohl Mitzy sich mit ihrem Drogenmißbrauch auf ein riskantes Verhalten einließ, ist klar, daß dieses Verhalten ein Versuch war, eine verzweifelte Situation zu lösen, allerdings mit dem falschen Mittel.

Das folgende Fallbeispiel ist insofern vergleichbar, als auch hier ein gestörtes Verhalten ein tieferliegendes Problem verbirgt:

Sarah wurde zu mir gebracht, als sie 14 Jahre alt war. Ihre Eltern erzählten mir, daß sie Alkoholikerin sei. Tatsächlich stimmte Sarah dieser Bezeichnung zu und beschrieb sich auch selbst als alkohol-abhängig. Sarah hatte in der Tat mit 13 angefangen zu trinken. Die sorgfältige und ausführliche Exploration von Sarah und ihrer Familie enthüllte ernstlich gestörte Beziehungen in der Familie. Zu der Zeit, als Sarah auf die psychiatrische Jugendstation aufgenommen wurde, war ihr Vater psychotisch und litt unter Halluzinationen. Er halluzinierte aktiv, war jedoch sehr geschickt darin geworden, das zu verbergen. Sarahs Mutter litt unter einer bösartigen Depression und war suizidal. Sie wußte, daß etwas mit ihrem Ehemann nicht stimmte, war aber unfähig gewesen, ihn zu überreden, Hilfe aufzusuchen. Er war zwar in der Lage weiter zu arbeiten, war jedoch deprimiert, mißtrauisch und zurückgezogen. Sarahs jüngerer Bruder hatte sie angebettelt, doch „etwas zu tun", um Hilfe zu bekommen. Sarah hatte keine Vorstellung davon, wie sie „etwas tun" sollte und war hilflos. Dann entdeckte sie den Alkohol. Sie gewöhnte sich daran, abends zu trinken, um einschlafen zu können. Sarah trank fast ein Jahr lang, bis ihre Eltern merkten, daß sie Hilfe brauchten – für Sarah. Hilfe für Sarah brachte Hilfe für den Vater. Hilfe für ihren Vater brachte Hilfe für ihre Mutter. Sarah brauchte über ein Jahr, um „etwas zu tun". Dadurch, daß wir in Sarah mehr als eine Alkoholikerin gesehen hatten, waren wir in der Lage, an das zugrundeliegende Leiden in der Familie heranzukommen und die Ursache dieser familiären Störung zu behandeln.

Heranwachsende bringen ihr Leben auf vielfältige Weise in Gefahr. Die beschriebenen Fälle illustrieren nur einen sehr kleinen Teil des Spektrums riskanter Verhaltensweisen.

Warum es Eltern schwerfällt, riskantes Verhalten von Heranwachsenden zu verstehen

Es gibt eine weite Palette von Verhaltensweisen Jugendlicher, die nicht nur Erwachsene irritieren, sondern Jugendliche zerstören, schädigen oder töten. Wie gesagt führt nicht alles zum Tode. Manche Verhaltensweisen führen zu einer lebenslangen Behinderung. „Warum tun sie das?" werde ich gefragt. Ich bin versucht zu sagen: „Keine Ahnung" oder „Unbegreiflich". Aber das kann ich nicht. Ich muß es wissen.

Erwachsene sind im Nachteil, wenn sie versuchen wollen, Heranwachsende zu verstehen, besonders Eltern, weil es nicht leicht ist, objektiv zu sein, wenn es um die eigenen Kinder geht. Diese sind nicht einfach Objekte; sie sind ihre Kinder. Die Eltern lieben sie, machen sich Sorgen um sie und haben Angst um sie. Wie können nen Eltern ruhig und ungerührt über ihre Kinder nachdenken, wenn die Angst sie erfaßt hat?

Eine Antwort wäre, Rat bei jemanden zu suchen, der nicht in einer ähnlich engen Beziehung zu den Kindern steht oder Angst um sie hat. Viele Eltern bekommen von anderen Eltern Rat. Klares Denken fällt leichter, wenn es nicht um das eigene Kind geht. Nachdem die verschiedensten Möglichkeiten nicht geholfen haben, wenden manche Eltern sich an professionelle Ratgeber, an Psychotherapeuten. Diese sind bei der Suche nach Antworten meist erfolgreich. Warum? Zum Teil, weil sie objektiv sein können und, was vielleicht noch wichtiger ist: weil sie bereit sind, Erklärungen in Erwägung zu ziehen, die oberflächlich keinen Sinn ergeben.

Das Verhalten von Jugendlichen hat etwas an sich, das Logik nicht erfassen kann. Fast ausnahmslos versuchen Eltern bei ihren Bemühungen, den Heranwachsenden zu verstehen, Erwachsenenlogik anzuwenden. In gewissem Sinne kann diese Fähigkeit, so nützlich sie in der Welt der Erwachsenen auch sein mag, ein Hindernis sein, wenn man sie auf Heranwachsende anwendet. Unlogisches Verhalten kann man nicht mit logischem Denken verstehen. Aber wenn man die Erwachsenenlogik einen Moment beiseite läßt und Erklärungen erwägt, die unlogisch sind, dann kann man vielleicht doch Hinweise darauf bekommen, warum ein bestimmter Jugendlicher Dinge tut, die zunächst keinen Sinn ergeben. Die Dinge sind nicht immer so, wie sie aussehen, wie im folgenden Beispiel:

Chris hatte während seiner schulischen Laufbahn immer sehr gute Noten bekommen. In der siebten Klasse war er weniger gut. Seine Mutter drängte ihn, besser zu sein. Er wurde noch schlechter. Er kam in ein Alter, in dem er normalerweise angefangen hätte, die Rechte eines Erwachsenen zu genießen; statt dessen fand er sich einer Vielzahl elterlicher Beschränkungen und Anweisungen ausgesetzt. Seine Mutter brachte Chris zu mir. „Ich verstehe das nicht", sagte sie. „Er hatte immer so gute Noten. Jetzt habe ich Angst, mir sein Zeugnis anzusehen. Ich habe ihn immer wieder bestraft. Er sagt mir, daß ich ihn unter Druck setze. Ich sehe keinen Ausweg. Ich glaube schon, daß ich ihn sehr bedränge. Es wäre sicher leichter für mich, wenn er leisten würde, was in ihm steckt", erklärte sie. Wir einigten uns darauf, daß Chris für einige Sitzungen zu mir kommen sollte, in der Hoffnung, die Situation ein wenig aufklären zu können.

Chris beklagte sich darüber, daß seine Mutter ihn wegen der Zensuren „nervte". „Ich hasse es. Sie behandelt mich wie eine Kind. Ich wünschte, sie würde aufhören", wiederholte er immer wieder, wenn er mit mir sprach. Ich kratzte mir den Kopf. Hier waren zwei intelligente Menschen in einer Situation gefangen, die keiner von ihnen mochte. Und doch ging es immer weiter. Es war sinnlos. Es war unlogisch.

Auf eine unlogische Weise aber schien die gegenwärtige Situation wohl doch sinnvoll zu sein. Die Situation war unangenehm, ungesund und kontraproduktiv, aber gab es in dieser Sackgasse auch einen Gewinn oder Vorteile? Vielleicht. Ich konnte leicht erkennen, was die Situation mit diesen beiden Menschen machte. Was nicht so leicht zu sehen war, was sie *für* diese beiden Menschen bewirkte.

Nachdem ich mir Chris' Beschwerden über das dauernde Drängen seiner Mutter wegen der Zensuren angehört hatte, sagte ich zu ihm: „Weißt du, Chris, ich bin verwirrt. Du sagst mir, daß du nicht möchtest, daß deine Mutter dich wegen der Zensuren bedrängt, und doch vermeidest du sorgfältig das eine, was dich garantiert davon befreien würde." „Was ist das?" fragte er. „Gute Zensuren", antwortete ich. Ich konnte in seinem Gesicht einen verwirrten Blick sehen, während er den Gedanken verarbeitete. Er brauchte eine Minute, bis er sprechen konnte: „Hm, ich weiß nicht. Ich frage mich, warum", murmelte er.

Ich antwortete „Ich weiß nicht, Chris. Ich kann nur vermuten. Ich weiß, daß deine Mutter dich sehr liebt und möchte, daß du erwachsen wirst. Aber ich glaube, sie möchte auch, daß sie weiter wichtig für dich ist. Solange du schlechte Noten nach Hause bringst, bist du für sie ein kleiner Junge. Einer, der seine Mutter sehr braucht!" spann ich meinen Gedanken weiter. Chris sah mich ärgerlich an. „Das macht doch keinen Sinn!" antwortete er. „Oh?" fragte ich. „Du glaubst, daß es nicht so ist? Du kannst recht haben", räumte ich ein und sagte nichts mehr.

Ich sah Chris mehrere Wochen lang nicht. Dann, in der nächsten Sitzung, sprudelte er nur so drauflos. Endlich sagte er: „Ich habe über das nachgedacht, was Sie gesagt haben. Vielleicht haben Sie recht." „Oh?" fragte ich. „Ja, ich glaube, ihr geht es besser, seit meine Zensuren besser geworden sind", sagte er. „Hm, das ist sehr interessant!" fügte ich hinzu.

Ich dachte nach: Was anfangs keinen Sinn gemacht hatte, wurde jetzt verständlich. Es gab zwei Kräfte, die zwischen Chris und seiner Mutter wirksam waren, und die ihre Auseinandersetzung wesentlich beeinflußten. Diese Kräfte waren nicht leicht zu erkennen, aber nachdem ich verstanden hatte, welchen Schwierigkeiten Chris bei seiner Bewegung weg von seiner Kindheit gegenüberstand, half mir das dabei, nach anderen Erklärungen zu suchen, die an der Oberfläche nicht zu erkennen waren. Mein Verzicht darauf, von ihm eine Zustimmung zu meiner Analyse zu verlangen, erlaubte ihm, zu derselben Schlußfolgerung zu kommen, nachdem er alles „durchdacht" hatte.

Was Eltern tun können, um riskantem Verhalten vorzubeugen

An die Kinder glauben

Eine Möglichkeit, wie Eltern etwas dagegen tun können, daß Kinder sich riskant verhalten, besteht darin, an sie zu glauben. Eltern ziehen ihre Kinder so gut auf, wie sie können, und versuchen ihnen Werte mitzugeben. Wenn ein Kind in die Pubertät kommt, sollten Eltern lernen, ihnen zu vertrauen.

Manchmal haben Eltern so große Angst, daß ihre Kinder in Schwierigkeiten kommen, daß sie Dinge tun, die die Kinder in Opposition zu ihnen bringen, und das unter der Voraussetzung, den Kindern helfen zu wollen. So auch im folgenden Beispiel:

Dottie war ein 16 Jahre altes Mädchen, dessen Eltern Angst davor hatten, daß sie in Schwierigkeiten kommen könnte – was keineswegs der Fall war. Sie fragten mich aber trotzdem: „Wären Sie bereit, mit ihr zu sprechen und sie vor Drogen zu warnen?"

Ich hatte in der Folge eine attraktive und lebendige junge Frau vor mir, die bei anderen beliebt und obendrein gut in der Schule war und viel elterliche Liebe und Schutz genoß. Dottie erzählte mir: „Ich spiele Basketball in der Schulmannschaft. Es macht Spaß. Wenn wir gewinnen, werde ich richtig aufgeregt. Ich muß warten, bis ich mich beruhigt habe, bevor ich nach Hause gehe, sonst denkt Mama, daß ich „high" bin, weil ich Drogen genommen habe. Sie kommt ganz nah an mich heran und schaut, ob meine Pupillen erweitert sind und prüft meinen Atem, um festzustellen, ob ich Alkohol getrunken habe. Ich tue beides nicht. Ich wünschte, meine Eltern würden mir mehr vertrauen. Würden Sie für mich mit ihnen sprechen?"

Heranwachsenden dabei helfen, daß sie kein riskantes Verhalten brauchen

Was können Eltern tun, um ihren heranwachsenden Kindern dabei zu helfen, diese risikoreiche Zeit zu überstehen? Die Antwort lautet, daß Eltern destruktives Verhalten nicht verhindern können, aber sie können ihren Kindern helfen, daß sie solch ein Verhalten gar nicht erst brauchen. Sie tun das, indem sie eine Atmosphäre liebevoller Aufmerksamkeit schaffen, die einen jungen Menschen dazu ermutigt, Autonomie und Unabhängigkeit im richtigen Ausmaß zu suchen. Grundsätze, um dies zu erreichen, sind zum Beispiel:

1. *Warten Sie nicht, bis etwas schief geht.* Entwickeln Sie zu Ihrem Kind eine Beziehung, die eine offene Kommunikation und gegenseitiges Vertrauen zwischen ihnen fördert. Ermutigen Sie seine vielleicht ungeschickten Versuche, mit Ihnen über seine Gefühle zu sprechen – wie Angst, Wut und Trauer. Lernen Sie Ihrerseits, wie Sie Ihre Liebe für Ihr Kind wie auch Ihre Achtung für den Menschen, zu dem es sich entwickelt, zeigen und in Worten ausdrücken können.

2. *Akzeptieren Sie, daß Sie Fehler machen werden, und versuchen Sie, angemessen damit umzugehen.* Wenn Ihre Kinder in die Pubertät kommen, haben Sie als Eltern unzählige Gelegenheiten gehabt, Fehler zu machen. Wie Sie mit diesen Fehlern umgehen, wird sich auf Ihre Elternschaft auswirken und darauf, wie es Ihnen mit sich selbst als Eltern und Menschen ergeht. Wie Sie mit diesen Fehlern umgehen, wird bei Ihren Kindern zur Ausbildung eines Reaktionsmusters führen, wenn sie versuchen, mit ihren eigenen Fehlern umzugehen. Bei alledem geht es darum, daß Ihre Kinder die Verantwortung für das eigene Verhalten übernehmen.

3. *Seien Sie für Ihre Kinder ein Vorbild an Besonnenheit persönlicher Verantwortung.* Achten Sie darauf, wie Sie selbst Ihr Leben führen.

Eltern sind für ihre Kinder ein Vorbild, daß ihnen vermittelt, wie man für einen anderen Menschen sorgt. Das Leben der Kinder ist gleichsam ein Experiment des Lebens, das im Laboratorium des Elternhauses durchgeführt wird. Weil es nicht möglich ist, Kinder dauerhaft gegen alle Gefahren zu schützen, sollten Eltern ihrem Kind helfen zu lernen, Verantwortung für die eigenen Handlungen zu übernehmen.

Es ist nur menschlich, Gefühle von Angst oder Schuld loswerden zu wollen und sich irgendwie zu erleichtern. Wenn die Folgen einer Handlung nicht so sind, wie man es gewollt hätte, dann sucht man vielleicht eine Erklärung außerhalb seiner selbst, um sich von den unangenehmen Gefühlen zu entlasten, die das Verhalten nach sich zieht. Die Schuld anderen oder den Umständen zuzuschieben, die nicht der eigenen Kontrolle unterliegen, kann zu einer Entlastung führen. Aber der Preis für diese Entlastung ist ein Gefühl der Hilflosigkeit und ein Verlust von Kontrolle über das eigene Leben. „Es war ihr Fehler" oder „Ich konnte nichts dagegen machen" bedeutet, daß andere das eigene Leben in der Hand haben. Kinder, die erleben, daß ihre Eltern sich so verhalten, werden wahrscheinlich später in ihre Fußstapfen treten. Auf der anderen Seite lernen Kinder von den Eltern, wenn sie erleben, wie diese in sich selbst nach Ursachen suchen, und werden ihnen in diesem Verhalten vermutlich später folgen.

4. *Lehren Sie Kinder, daß aus Selbstverantwortung Selbstdisziplin entsteht und aus Selbstdisziplin Selbstachtung.* Wenn Kin-

der in der Lage sind, die Verantwortung für ihr Leben zu übernehmen, auch wenn etwas nicht so gut läuft, dann werden sie sich auch die Verantwortung für diejenigen Dinge zuschreiben, die gut laufen. Die Fähigkeit, Verantwortung für ihr eigenes Leben zu übernehmen, führt Kinder zu Selbstverantwortung. Diese Selbstverantwortung führt sie zu Selbstdisziplin. Aus dieser Fähigkeit, sich selbst Disziplin aufzuerlegen, werden Kinder Selbstachtung kennenlernen. Heranwachsende, die in der Lage sind, für sich selbst echte Selbstachtung zu empfinden, sind in einer viel stärkeren Position: nicht nur, um sich selbst Sicherheit zu geben, sondern auch denen, für die sie später einmal verantwortlich sein werden.

5. *Betonen Sie, daß jeder Mensch nur für sich selbst verantwortlich ist.* Menschen, die über ihre Handlungen mit einem gewissen Mitgefühl und Verständnis dafür nachdenken können, warum etwas schiefging und welche Rolle sie dabei gespielt haben, haben damit Zugang zu einer Quelle enormer Kraft. Sie entdecken, daß ihr eigenes Schicksal in jedem Fall in ihren Händen liegt. Sie bestimmen, daß sie allein ihr Leben verbessern können.

Zusammenfassung

Das Leben ist ein dauerndes Risiko. In jedem Augenblick kann Risiko Leben zerstören oder ernstlich in Gefahr bringen. Aber Risiko hat auch eine Kehrseite: die Möglichkeit eines erfolgreichen und erfüllten Lebens, das in produktiver Harmonie mit der Umwelt und mit den Mitmenschen gelebt wird. Wenn wir lernen, Verantwortung für die eigene Lebensführung zu übernehmen, dann hilft uns das bei unserer Einschätzung der Risiken und Chancen, die sich uns bieten.

Eltern möchten Kinder vor gefährlichen Risiken beschützen. Bis zu einem gewissen Grad können sie das und tun es auch. Aber jeder von uns – auch unsere Kinder – muß die letzte Verantwortung für das eigene Leben und dessen Verlauf übernehmen. Weil wir uns die meisten unserer Wunden selbst zufügen, müssen wir nach Heilung und Vorbeugung in uns selbst suchen. Wenn wird die Verantwortung für unser Schicksal übernehmen – gleich wie es sich fügt – werden wir umsichtiger darin, wie wir unser Leben leben. Dadurch daß wir Vorbilder sind, lehren wir unsere Kinder Selbstverantwortung, Selbstdisziplin und Selbstachtung. Ausgerüstet mit diesen wertvollen Fähigkeiten, können unsere Kinder dann lernen, sich später selbst zu schützen.

Kapitel 9

Ernsthafte Probleme in Pubertät und Adoleszenz

Manchmal geht etwas schief, obwohl man sich sehr bemüht hat. Obgleich nur eine kleine Anzahl Heranwachsender mit ernsten psychischen Störungen psychiatrisch behandlungsbedürftig ist, brauchte eine relativ große Zahl von Jugendlichen irgendeine andere Art von Hilfe oder würde zumindest von ihr profitieren. Woran können Eltern erkennen, daß ihr Kind Hilfe braucht? Und wie findet man passende Hilfe?

Warum es zu Problemen kommt

Die erste Lektion, die ich gelernt habe, als ich mit Heranwachsenden arbeitete, war, daß der angemessene Ort, an dem Jugendliche gesund werden können, ihre Familien sind, auch wenn einige von ihnen die strukturierte Umwelt einer Institution brauchen. Nur wenn man den Zusammenhang versteht, in dem die Störung eines Kindes entstand, kann man hoffen, eine Heilung zu erreichen. Wenn Jugendliche mir also ihre Probleme schildern, betrachte ich ihre Herkunftsfamilie, um ihre Schwierigkeiten im Kontext ihrer Entstehung verstehen zu können.

Eltern versuchen ihr bestes zu tun

In meiner Praxis bin ich oft Familien begegnet, deren Leben chaotisch war. Ich habe nie Eltern getroffen, die Probleme für ihre Kinder schaffen wollten. Vielmehr versuchten sie, so gut sie konnten, das Richtige zu tun – oder das, was sie für richtig hielten. Einige waren davon überzeugt, daß alle Probleme in der Familie verschwinden würden, wenn das Kind sich nur zusammenreißen würde: „Er ist das Problem, Doktor. Wir wären nicht hier, wenn es nicht seinetwegen wäre. Wir wollen nur, daß er sich die Haare schneiden läßt, rechtzeitig nach Hause kommt und macht, was wir ihm sagen. Wenn Sie ihn dazu bringen, daß er sich benimmt, ist alles in Ordnung!" Dies waren häufige Bemerkungen von Eltern, die an unserem Behandlungsprogramm teilnahmen. Andere Eltern äußerten sich anders: „Mir geht es ganz schlecht damit, daß meine Tochter hier ist. Es ist alles mein Fehler. Meine Frau sagt, ich bin zu streng mit den Kindern. Vielleicht bin ich deshalb so, weil sie ihnen alles durchgehen läßt. Ich glaube, ich bin derjenige, der eigentlich hier sein sollte."

Probleme entwickeln sich langsam

Ich habe viele Heranwachsende gesehen, die zur Behandlung kamen, aber nie jemanden, der zur Vorsorge kam; das heißt: alle waren Notfälle. Genau genommen aber war keiner von ihnen ein wirklicher Notfall in dem Sinne, daß die Störung gerade erst akut aufgetreten war. Eltern beschrieben schmerzliche und leidvolle Vorfälle oder Zustände, die dem Entschluß, Hilfe zu suchen, unmittelbar vorhergegangen waren, aber wenn sie nachdachten, konnten sie sich erinnern, daß das Problem Wochen, Monate oder sogar Jahre früher begonnen hatte.

Das gewöhnliche Szenario war, daß die Eltern lange Zeit mit den Schwierigkeiten ihres Kindes kämpften, wobei sie alle ihre Kenntnisse anwendeten, um eine Lösung zu finden. Dann beschleunigte ein bestimmtes Ereignis ihre Entscheidung, aus der Familie herauszugehen und Hilfe zu suchen: ein gestohlenes Auto, eine körperliche Auseinandersetzung – manchmal zwischen Vater und Sohn, eine Schwangerschaft, ein Verweis von der Schule, ein Ausreißversuch, die Entdeckung von Drogen oder Alkohol im Zimmer eines Jugendlichen oder ein Suizid oder manchmal sogar Mord – versucht oder vollendet. Häufig aber waren die Ereignisse nicht so dramatisch. Oft war ein bestimmtes Ereignis nur der Tropfen, der das Faß zum Überlaufen brachte.

Wenn die Schwierigkeiten ihren Lauf nahmen, versuchte fast unvermeidlich ein Elternteil den anderen davon zu überzeugen, daß etwas nicht stimmte. Oft wurde auch mit Fingern auf andere gezeigt: Ehemänner zeigten auf ihre Frauen, Frauen auf ihre Männer, Eltern auf Kinder, Kinder auf Eltern. Viele dieser Familien waren schrecklich unglücklich, kämpften aber ausdauernd darum, ihren Schmerz für sich zu behalten und nach außen hin zu verbergen. Meistens gab es wenig oder gar keine Freude in ihrem Leben. Obwohl die Familienmitglieder miteinander kommunizierten, hatten sie einander in Wirklichkeit nie verstanden. Ihnen schien die Fähigkeit zu fehlen, die man braucht, um Konflikte in der Familie zu lösen, und sie hatten das Gefühl, daß alles immer schlimmer wurde.

Probleme treten vielfach dann auf, wenn Eltern unglücklich miteinander sind

Auch wenn Eltern freundlich, rücksichtsvoll und liebevoll zu ihren Kindern sind, kann etwas schiefgehen. Das Problem kann fast immer auf die Beziehung der Eltern zueinander zurückgeführt werden, wie in dem folgenden Beispiel:

Mattie, 16 Jahre, war ein energisches und hochintelligentes Mädchen, als ich sie zum ersten Mal sah. Nach einem Suizidversuch nahm ich sie in meine Station auf. Sie hatte drei frühere Krankenhausaufenthalte hinter sich und war insgesamt drei Jahre in psychiatrischer Behandlung gewesen. Im Durchschnitt blieb sie zehn Monate bei jedem Psychiater und brach dann aus dem einen oder anderen Grund die Behandlung ab. Ihre Eltern waren reich, spielten eine gesellschaftlich herausragende Rolle und waren zwar zu Mattie sehr liebevoll, aber nicht zueinander. Kurz vor dem ersten Auftreten von Matties psychischen Problemen und ihrer ersten Einweisung ins Krankenhaus hatten sie sich entschlossen, sich scheiden zu lassen. Erschreckt darüber, daß sie vielleicht zu Matties Problemen beigetragen hatten, versöhnten sie sich und arbeiteten gemeinsam daran, ihre Ehe zu retten. Von da an verbesserte sich Matties Zustand.

Als es mit der Ehe wieder bergab ging, kehrten Matties Symptome wieder, und sie ging zur stationären Behandlung in ein anderes Krankenhaus. Ein weiterer längerer Aufenthalt dort brachte ihre Eltern wieder dazu, es noch einmal miteinander zu versuchen. Zu dem Zeitpunkt, als ich Mattie sah, hatte sie begonnen, sich nach ihrer Rolle für die Ehe ihrer Eltern zu fragen. Um das Alter von 16 Jahren zog sie den Schluß, daß sie nicht für die Ehe ihrer Eltern verantwortlich sein konnte. „Ich glaube, ich höre auf, krank zu sein. Ihnen geht es viel besser, wenn ich krank bin. Aber mir nicht." Ihre Eltern hatten bis zu diesem Zeitpunkt schon ausreichend an ihren ehelichen Probleme gearbeitet, um ohne weitere „Hilfe" von Mattie zusammenbleiben zu können.

Scheidung und Adoleszenz

Ich hatte die schmerzliche Aufgabe, bei Gerichtsverhandlungen anwesend sein zu müssen, bei denen es um eine Entscheidung über das Sorgerecht nach einer Scheidung ging. Ich habe nie an einem Sorgerechtsverfahren für Kinder teilgenommen, deren Eltern Interesse aneinander hatten und einander freundlich zugetan waren. Die Pubertät kann eine besonders schlimme Zeit für Kinder sein, wenn sie gerade dann die Scheidung ihrer Eltern erleben müssen.

Aus den im vorliegenden Buch genannten Gründen ist die Adoleszenz eine besonders wichtige und schwierige Zeit. Erstens geben Heranwachsende einen Teil des Schutzes auf, den sie bei ihren Eltern hatten, wenn sie beginnen, das Bild ihrer Eltern neu zu definieren. Zweitens versuchen sie, ein Gefühl davon zu entwickeln, wer sie sind und wie sehr sie es wert sind, die Liebe eines anderen Menschen zu gewinnen. Diese Selbsterforschung kann zu Selbstzweifeln führen. Drittens ist es hilfreich, in einer gewissen Harmonie mit den Eltern und mit ihrer Anteilnahme zu leben, wenn sie versuchen, ihre Geschlechtsidentität zu entwickeln, denn ihre Eltern sind Rollenmodelle für sie.

Eine Scheidung erschwert diese Aufgaben, macht sie jedoch nicht unmöglich. Scheidung kann auf eine zersetzende Weise destruktiv sein, wenn Eltern nicht auf irgendeine Weise mit der Wut und Enttäuschung umgehen können, die eine Ehescheidung meistens nach sich zieht. Denn hier liegt letztlich für Kinder, die in die Bitternis der elterlichen Wut verwickelt werden, die Gefahr der Verletzung. Ich habe die Wirkungen einer Scheidung auf Kinder und Heranwachsende gesehen. Ein Heranwachsender paßt sich besser an den Weggang eines Elternteils an und hat ein klareres Verständnis der Dynamik des zugrundeliegenden Problems als ein kleines Kind.

Jede Altersgruppe reagiert anders auf eine Scheidung. Der Heranwachsende ist gewöhnlich durch die Trennung der Eltern weniger erschreckt, empfindet aber den Verlust des gleichgeschlechtlichen Elternteils als problematischer. Alle Kinder glauben heimlich und erklären sogar ausdrücklich, daß ihr schlechtes Benehmen die Scheidung verursacht habe, Heranwachsende jedoch vielleicht am wenigsten. Bei der gegenwärtig hohen Scheidungsrate hat ein Heranwachsender meist einen oder zwei Freunde, die diese Erfahrung schon gemacht haben und bereit sind, Rat zu geben.

Trifft es zu, daß eine Scheidung für alle beteiligten Kinder schädlich sein kann und der Akt der Trennung selbst es ist, der den Schaden zufügt? Eine Gruppentherapiesitzung, die ich vor ein paar Jahren leitete, ermöglichte mir eine interessante Entdeckung. Einer der Heranwachsenden begann über die Scheidung seiner Eltern zu sprechen, und mir fiel auf, daß mehrere andere Gruppenteilnehmer in Familien ohne beide biologische Eltern lebten. Als ich dann die Gruppe darüber befragte, fand ich heraus, daß neun von zehn Jugendlichen in solchen Familien lebten. Ich war überrascht, daß neun von zehn dieser psychisch belasteten Kinder in sogenannten „zerbrochenen" Familien lebten. Nur ein Kind lebte bei seinen beiden leiblichen Eltern. Und ironischerweise war gerade dieses Kind das von allen zehn Jugendlichen am stärksten seelisch belastete. Er litt unter einer schweren Schizophrenie, während alle anderen zwar Probleme hatten, aber nicht im engeren Sinn psychisch krank waren.

Wurzel der Probleme könnte eine psychische Störung sein

Manche Heranwachsenden weisen Probleme auf, die ernsthaft genug sind, um sie von einem Psychiater untersuchen zu lassen. Einige von ihnen sind schwer krank. Manche versuchen, sich das Leben zu nehmen, manche unternehmen mehrere Versuche. Einige der Suizidversuche sind das Ergebnis von schwereren psychischen Störungen wie einer manisch-depressiven Störung oder einer Schizophrenie. Manche treten als Folge halluzinierter Anweisungen auf.

Wie können Eltern psychische Störungen bei ihrem Kind feststellen? Das ist nicht immer leicht, weil Heranwachsende unterschiedliche Persönlichkeiten, Lebensstile und Lebensgewohnheiten haben. Und wegen der Konflikte, die sie in dieser Phase ihres Lebens durchmachen, kann ihr Verhalten ziemlich sprunghaft und irrational wirken. Die unten aufgeführten Verhaltensauffälligkeiten können fälschlich als Symptome psychischer Störungen gedeutet werden:

– Heranwachsende neigen gewöhnlich dazu, ihren Stimmungen unterworfen zu sein.
– Sie ziehen sich stundenlang in ihr Zimmer zurück.
– Sie sind öfter gereizt.
– Heranwachsende haben sehr stark wechselnde Vorlieben.
– Heranwachsende können Muster entwickeln, lange zu schlafen oder früh aufzuwachen.

Es ist eine überwältigende Verantwortung, die man sich auferlegt, wenn man versucht, immer wachsam oder aufmerksam zu sein, um möglicherweise frühe psychiatrische Symptome zu bemerken. Eltern, die ihre Kinder aus Furcht, etwas könne schiefgehen oder nicht in Ordnung sein, pausenlos überwachen, haben nur noch wenig Zeit für sich selbst. Außerdem entsteht eine Beziehung, die dem Kind das Gefühl vermittelt, daß nicht es selbst die Verantwortung für sein Leben trägt, sondern daß die Eltern ihm dies abnehmen.

Schwerwiegende psychische Störungen werden leichter erkannt, wenn ihre Anwesenheit deutlich als abnormes Verhalten zum Ausdruck kommt. Aber dies ist nicht immer der Fall. Schizophrenie kann sehr unauffällig beginnen. Sie kann sich in einem Kind entwickeln, das von Natur aus ruhig und scheu ist. Allmählicher Rückzug aus sozialen Bindungen und Kontakten kann anfangs das einzige Symptom solch einer Erkrankung sein. Bei einem Kind, das normalerweise wild, energisch und lebendig ist, fällt sozialer Rückzug eher auf. Aber ein Kind, das still und bedächtig ist, kann sich in sich selbst zurückzuziehen beginnen, ohne daß man es bemerkt.

Die meisten Heranwachsenden aber, die ich sah, waren nicht ernstlich suizidal oder von psychischer Krankheit belastet. Die meisten kamen aus Familien, in denen es viel Angst gab. Den meisten konnte geholfen werden, und sie konnten wieder nach Hause und zu ihren Familien zurückkehren.

Auch wenn die Symptome eines Heranwachsenden einmal als einer bestimmten psychischen Störung zugehörig erkannt sind, bin ich mit einer Diagnose vorsichtig, zum einen, weil Jugendliche noch so unfertig sind, zum anderen, weil einmal gestellte Diagnosen ein Eigenleben entwickeln und dann zur Tyrannei werden können. Mehr noch, es besteht die Gefahr, daß diese Diagnosen in das Verhaltensmuster eines Jugendlichen eingebaut und dann von ihnen eingesetzt werden können: „Ich bin ein Schizophrener" oder „ein Alkoholiker" oder „ein Drogenabhängiger" oder „kriminell" wird dann leicht eine Weise, in der man sich selbst dauernd sieht. Das Problem eines Heranwachsenden muß als das verstanden werden, was es ist, aber man muß auch berücksichtigen, daß in diesem Alter oft lebenslange Selbstbilder festgelegt werden, die eine weitreichende Wirkung darauf haben, wie ein Mensch sich selbst sieht.

Handeln Sie, bevor Probleme ernst werden.

Woran können Eltern erkennen, wenn etwas wirklich ein ernstes Problem ist? Sie können es nicht in jedem Fall wissen. Aber es gibt ein paar Strategien dafür, mit potentiellen Problemen in bestmöglicher Weise umzugehen.

Fragen Sie regelmäßig nach, wie es Ihrem heranwachsenden Kind geht. Eltern sollten ihrem Kind Fragen nach seinem Leben stellen, die ihm das Gefühl geben, daß man ein liebevolles Interesse an seinem Wachstum hat. Das Interesse der Eltern sollte nicht solange verborgen bleiben, bis etwas schief gegangen ist. Im folgenden ein paar Beispiele für Fragen, die von Jugendlichen wahrscheinlich nicht als neugierig oder aufdringlich, sondern einfach als interessiert aufgenommen werden:

- Wie geht es dir?
- Wie geht es dir in der Schule und mit deinen Freunden?
- Bist du mit deinem Vater im reinen? Kommst du mit ihm klar?
- Wie geht es dir damit, wie du mit der und der Sache umgegangen bist?
- Was für Pläne hast du für das kommende Schuljahr?

Diese Fragen erbringen nicht nur Informationen, sondern mit dieser Art Interaktion vermitteln Eltern ihren Kindern auch, daß sie sich um ihr Leben und was sie daraus machen sorgen. Es vermittelt Jugendlichen den Eindruck, daß ihre Eltern ihre Fähigkeit wertschätzen, immer mehr in ihrem Leben selbst in die Hand zu nehmen. Es sind Fragen, die eher mit „wie" als mit „warum" beginnen. Fragen, die mit „wie" beginnen, hört man lieber. Sie fragen nach Meinungen und nicht nach Rechtfertigungen oder Erklärungen. Sie machen Gespräche mit dem Vater oder der Mutter zu etwas, auf das man sich eher freut als daß man es fürchtet. Warten Sie nicht, bis etwas schiefgegangen ist. Beginnen Sie vorher, mit Ihren Kindern zu sprechen.

Schaffen Sie eine Atmosphäre, in der Ihr pubertierendes Kind das Bedürfnis verspüren kann, mit Ihnen zu sprechen, wenn etwas nicht in Ordnung ist. Es ist für Eltern wichtig, eine Beziehung zu ihren Kindern zu fördern, die es wahrscheinlicher macht, daß sie nicht warten, bis etwas schiefgegangen ist, um mit ihren Eltern zu sprechen. Solch eine Beziehung macht es Kindern nicht nur leichter, über etwas zu sprechen, das schiefgegangen ist, sondern sie kann auch mit dazu beitragen, daß es erst gar nicht soweit kommt. Eine Beziehung, in der Eltern mit dem Wissen davon gesegnet sind, worum es in der Pubertät geht und mit den Anstrengungen ihrer Kinder, erwachsen zu werden, mitfühlen, fördert ein gesundes Wachstum von Kindern und Eltern gleichermaßen.

Wenn etwas schiefgegangen ist, möchten Sie, daß Ihr Kind keine Angst davor hat, mit Ihnen zu sprechen. Und dann sollten Sie zuhören – mit dem Ziel, sie wirklich zu verstehen. Schweigen Sie, bis Ihr Kind damit fertig ist, die unangenehme Nachricht zu berichten. Fragen Sie dann, ob es noch etwas gibt, was es sagen möchte. Wenn Ihr Kind deutlich macht, daß es alles gesagt hat, dann überprüfen Sie, ob Sie alles richtig verstanden haben. „Laß mal sehen, ob ich richtig verstanden habe, was du mir erzählt hast. Wenn ich dich richtig verstehe, ist das und das geschehen, und du hast das und das getan? War es so?" Wenn es nicht so war, dann wird Ihr Sohn oder Ihre Tochter es Ihnen sagen. Darüber hinaus ist es hilfreich, wenn Sie Ihr Kind wissen lassen, daß Sie am Geschehen Anteil nehmen oder sich darüber Sorgen machen. Die Frage „Wie willst du damit umgehen?" läßt dem Kind die Verantwortung. Wenn Sie fragen „Kann ich dir irgendwie helfen?", werden Sie überrascht sein, wie oft Sie die Antwort bekommen werden: „Du hast mir schon geholfen. Du hast mir zugehört."

Seien Sie ein guter Berater. Ihre Position als Vater oder Mutter sollte so sein, daß Sie ein wertgeschätzter Erwachsener im Leben Ihres Kindes sind. Wenn Kinder in die Pubertät kommen, können sie bereits zwischen richtig und falsch unterscheiden. Sie werden die grundlegende Ausstattung haben, um ihr Leben ein Stück weit selbst in ihre Hände zu nehmen, aber sie werden immer noch einen guten Berater brauchen. Der sind Sie. Und Sie haben in Ihrem bisherigen Leben das eine oder andere erfahren. Das Problem ist, daß Eltern ungeduldig und überängstlich sein können. Eltern möchten, daß Probleme gelöst werden und alles gut ausgeht – und zwar möglichst sofort.

Eine liebevolle Haltung der Eltern kann sich auch folgendermaßen ausdrücken: „Ich habe das auch schon durchgemacht. Ich kann dir eine Menge Mühe oder Ärger ersparen, wenn du einfach tust, was ich dir sage." Aber an diesem Ansatz stimmt einiges nicht, auch wenn es sich um einen „guten Rat" handeln sollte.

1. So sehr Heranwachsende endlich erwachsen sein und wie Erwachsene leben möchten, mehr noch möchten sie aufhören, Kinder zu sein. Manchmal klingt der „gute Rat" eines Beraters mehr wie ein Gebot und scheint zu verlangen, daß der Heranwachsende ein Spiegelbild seiner Eltern wird. Um sich zu beweisen, daß sie nicht länger Kinder sind, werden Kinder Mittel und Wege finden, die Gebote der Eltern zu umgehen.

2. „Guter Rat" unterschlägt oft, daß es vielleicht mehr als nur eine einzige Lösung für ein Problem gibt.

3. „Guter Rat" ist vielleicht nicht immer gut – vielleicht ist er auch nicht immer praktikabel.

Ein erfahrener und nützlicher „Ratgeber" könnte folgendermaßen mit einem Problem umgehen:

Sohn: Papa, ich habe ein Problem und ich muß mit dir darüber sprechen.

Vater: Klar, Jack, leg los.

Sohn: Also, es geht darum ..., und ich weiß nicht, was ich machen soll.

Vater: Hmmm, ich verstehe. Was hast du bisher gemacht?

Sohn: Also, ich habe das und das gemacht, aber es nützt nichts.

Vater: Hast du einmal an ... gedacht?

Sohn: Ja, und das hat auch nichts geholfen.

Vater: Meine Güte, Jack, ich weiß auch nicht. Ich hatte ein ähnliches Problem, als ich in deinem Alter war, und ich versuchte ..., und es hat bei mir auch nicht geklappt. Und dann versuchte ich ..., und das schien dann zu gehen. Ich weiß nicht, ob es in deinem Fall jetzt auch gehen könnte, aber denk einmal darüber nach.

Natürlich würden Ihre Worte mehr auf Ihre eigene Situation zugeschnitten sein, aber dieses Beispiel kann Ihnen vielleicht für den Anfang ganz nützlich sein.

Erkennen Sie die Wichtigkeit des Problems an. Im allgemeinen schätzen Heranwachsende die Meinung ihrer Eltern und werden stark von ihr beeinflußt. Sie merken, daß die Eltern ihnen an Lebenserfahrung um Jahre voraus sind. Ein Teil des Problems der Jugendlichen ist, daß sie Schwierigkeiten haben, um Rat oder Hilfe zu bitten. Wenn sie es tun, geben sie damit zu, daß sie sich hilflos oder unfähig fühlen. Ein Teil des Problems der Eltern ist eine Tendenz, die Wichtigkeit des Problems für ihr Kind zu unterschätzen. Was Erwachsenen trivial vorkommen mag, kann in den Augen ihrer Kinder von großer Wichtigkeit sein.

Vermeiden Sie eine Haltung der Allwissenheit. Eltern haben manchmal die Neigung, ihre Ratschläge als „Evangelium" zu betrachten. „So sollte es gemacht werden" oder „So geht das" oder „So ist es am besten". Obwohl Eltern eine Menge wissen, haben sie selten das Gefühl, das sie alles wissen. „Meine Eltern glauben, sie sind perfekt!" ist eine Behauptung vieler Heranwachsender. Auch hier gilt in Wahrheit, daß Eltern sich meist sehr unvollkommen fühlen. Wenn es ein hundertprozentig wirksames Gegenmittel gegen Vollkommenheitsgefühle bei Eltern gibt, dann ist es ein Kind in der Pubertät.

Lassen Sie Ihr Kind seine eigenen Urteilsfähigkeit entwickeln. Das Treffen von Entscheidungen ist eine Aufgabe, die durch ständige Übung gemeistert wird. Ein angemessenes Urteil fällt man, indem man sorgfältig das Für und Wider einer Entscheidung abwägt. Wenn Heranwachsende auf diesem Gebiet kompetent werden sollen, dann müssen sie früh anfangen, dieses Vorgehen zu üben. Wenn ein Kind die Pubertät erreicht, entwickelt es neue mentale Fertigkeiten und ist mehr und mehr in der Lage, komplexere Situationen zu analysieren. Erwachsene sind schon lange gewohnt, Entscheidungen zu treffen und können sie wegen ihrer Erfahrung oft auch schnell treffen. Wenn Sie Ihrem Kind wirklich helfen wollen, dann helfen Sie ihm dabei zu lernen, wie man Entscheidungen trifft, statt einfach eine fertige Antwort zu geben.

Aus folgenden Gründen kann es vorteilhaft scheinen, Jugendlichen fertige Antworten zu geben:
- Das Problem ist möglicherweise schnell gelöst.
- Kinder sind beeindruckt davon, wieviel die Eltern wissen, und bewundern sie.
- Sie wenden sich vielleicht auch in Zukunft an die Eltern, um eine Antwort zu bekommen.
- Das gibt den Eltern das angenehme Gefühl, gebraucht zu werden.

Für die Haltung, Heranwachsenden dabei zu helfen, Antworten selbst zu finden, spricht folgendes:
- Die Eltern-Kind-Beziehung wird gestärkt.
- Heranwachsende werden in ihren Wachstum unterstützt.
- Auch Eltern werden in ihren Wachstum eher unterstützt, wenn sie Verantwortung abgeben.

Versuchen Sie zu erkennen, wann Hilfe gebraucht wird. Wenn etwas schiefzulaufen scheint, sollten die Eltern ihren Standpunkt deutlich aussprechen und Hilfe anbieten. Die Hilfe sollte jedoch unter der Bedingung angeboten werden, daß der Empfänger sie auch annehmen will und kann, und daß der Helfer bereit und fähig ist, die Hilfe auch zu geben. Die Bereitschaft, „alles zu tun", kann die Fähigkeit oder innere Bereitschaft der Eltern übersteigen. Eltern müssen darauf vorbereitet sein, anzuerkennen, daß Hilfe nicht immer gewollt wird oder nicht immer wertvoll oder nützlich ist.

Ernsthafte Probleme können mit Heranwachsenden direkt angegangen werden

In diesem Teil beschreibe ich ein paar der ernsthafteren Probleme, denen Heranwachsende begegnen können. Es ist nicht meine Absicht, all die schrecklichen Dinge zu beschreiben, die Heranwachsenden zustoßen können. Die meisten Dinge, die schiefgehen können, können mit Hilfe eines Verständnisses des Prozesses, den Jugendliche durchmachen, um erwachsen zu werden, durchgearbeitet werden. Ein Verständnis dieses Prozesses und eine gewisse Toleranz und Offenheit für uneindeutige Situationen in dieser Lebensphase kann Eltern dabei helfen, die Veränderung ihres Kindes in Pubertät und Adoleszenz zu überstehen, bis es erwachsen ist.

Depression und Suizid

Heute ist Suizid die zweithäufigste Todesursache bei Jugendlichen und wird nur noch von Unfällen übertroffen. In den letzten 50 Jahren hat sich die Lebenserwartung für alle Altersgruppen außer für Jugendliche erhöht,. Zwischen 1950 und 1988 hat sich die Suizidrate nach den Angaben des „Center for Disease Control" vervierfacht. Dies sind erschreckende Zahlen und bedeuten für die Gesellschaft einen traurigen Verlust.

Nichts ist für Eltern tragischer und erschütternder als ein Suizid eines Kindes. Solch einem Tod folgt fast immer überwältigendes Schuldgefühl. Es ist menschlich, Antworten auf die Fragen zu suchen wie „Was haben wir falsch gemacht?" und „Was hätten wir tun können, um das zu verhindern?" Viele Kinder, die ihrem Leben ein Ende setzen, haben vorher in irgendeiner Form Hinweise gegeben, die auf ihre Absichten hindeuteten, auch wenn sie verschleiert und mehrdeutig waren. Bei anderen Kindern ist der Suizid ein spontaner und ungeplanter Akt.

Manche Jugendlichen sind unfähig, mit den Anforderungen fertig zu werden, die mit der Pubertät auf sie zukommen. In ihrer Selbsteinschätzung finden sie sich selbst vielleicht abstoßend oder kommen zu dem Schluß, daß sie wertlos sind. Ich erinnere mich an ein Mädchen in der Pubertät, das erklärte: „Von allen Menschen des ganzen Universums, die ich hätte werden können, bin ich derjenige, der ich am wenigsten gern geworden wäre." Manchmal sind die depressiven Gefühle so erdrückend, daß ein Heranwachsender versucht, sie durch andere Gefühle zu ersetzen wie durch Wut oder Angst.

Die überwältigende Mehrheit der Jugendlichen aber bringt sich nicht um. Vor hysterischer Panik kann Eltern vielleicht der Gedanke bewahren, daß der Übergang von der Kindheit zwar oft schwierig, beängstigend und schmerzhaft ist, die Mehrheit der jungen Menschen die Pubertät aber durchmacht, ohne sich das Leben zu nehmen. Eine andere Überlegung ist die, daß ein Heranwachsender mit der Unterstützung und dem Verständnis wenigstens eines Elternteils diesen Prozeß ganz gut durchstehen kann.

Reale Suiziddrohungen vom Reden über Suizid unterscheiden. Nicht alle Heranwachsenden, die unter Depressionen leiden, sind suizidgefährdet. Manche denken über Suizid nach, empfinden aber nie einen Impuls zu solch einer Tat. Statt dessen fallen sie vielleicht durch anderes ungewöhnliches Verhalten auf, das einfach ein Ruf nach Hilfe ist. Eltern hören oft: „Ich wünschte, ich wäre tot" von Kindern, die frustriert, wütend oder verletzt sind, aber nicht die geringste Absicht haben, ihr Leben zu beenden.

Einige aber reden oder drohen nicht nur. Sie setzen ihre Drohung oder ihren Gedanken in die Tat um, um ihre Gefühle auszudrücken, wenn Worte sich ihnen versagen. Mitunter wird für solche Handlungen der Begriff *Suizidgeste* verwendet, den ich jedoch für riskant halte, weil er nämlich impliziert, daß der bloße Suizidversuch keine ernste Reaktion erfordert. Auch Suizidgesten erfordern eine schnelle und klar formulierte Reaktion, besonders bei Kindern. Sie können Signale sein, die auf ein ernstes, tiefliegendes Problem hinweisen, wie in dem folgenden Beispiel:

Donnie, ein 15 Jahre alter Junge mit Borderlinestruktur, versuchte sich das Leben zu nehmen und wurde von seinen Eltern im Zustand halber Bewußtlosigkeit gefunden. Er erklärte seine Verzweiflung mit den Worten: „Ich werde es in diesem Jahr in der Schule wieder nicht schaffen. Meine Eltern und meine Lehrer haben mir immer wieder gesagt, daß ich die höhere Schule schaffen muß und eine gute Ausbildung brauche, wenn aus mir etwas werden soll. Egal wie sehr ich mich anstrenge, ich schaffe es nicht! Ich glaube, aus mir wird ein Niemand!" Seine Eltern, Lehrer und ich haben aus seinen schmerzvollen Worten gelernt. Uns ist klar geworden, daß, ganz gleich wie wichtig eine gute Ausbildung ist, es für ein Kind kein Grund sein kann und darf, sich selbst das Leben zu nehmen, wenn sie fehlt.

Solche Handlungen enthalten verborgene Aussagen, die verstanden werden müssen. Der Akt selbst sagt aus, daß das Individuum sich unfähig fühlt, seine Verzweiflung in Worte zu fassen, oder fürchtet, daß die Worte nicht gehört oder verstanden werden. Ein Suizidversuch kann eine Weise sein, wie ein Kind jemanden dazu auffordert, mit etwas Bestimmtem aufzuhören oder etwas zu tun, was bisher nicht getan wurde. Die andere Botschaft ist ein Hilferuf nach Beachtung oder Aufmerksamkeit. Kleine Kinder neigen weniger dazu, sich das Leben zu nehmen als ältere Heranwachsende, obwohl es auch bei ihnen vorkommt. Auch haben Kinder in der Pubertät eher Zugang zu den Mitteln, mit denen man sein Leben beenden kann, als kleinere Kinder. Wiederholte Versuche sollten sehr ernst genommen werden, denn die Wahrscheinlichkeit nimmt zu, daß ein Versuch doch gelingt, und sei es durch eine Fehleinschätzung der Lage.

Traurigkeit von Depression unterscheiden. Traurigkeit ist etwas, das zum Menschsein gehört, und ein Heranwachsender weiß, wie Traurigsein sich anfühlt. Depression ist nicht dasselbe wie Traurigkeit. Alle Menschen erleben gelegentlich Traurigkeit, gewöhnlich aus Gründen, die sie kennen. Sie haben gute Tage und schlechte Tage, aber sie sollten nicht nur schlechte Tage haben.

Depression kann eine Folge des Verlustes von etwas entscheidend Wichtigem im Leben eines Heranwachsenden sein, eines Menschen oder bestimmter Lebensumständen, oder sie kann „aus heiterem Himmel" kommen, ohne einen ersichtlichen Grund. Depressive Erkrankungen können sogar zum Tod führen. Depression ist jedoch behandelbar. Antidepressive Medikation wirkt bei Heranwachsenden wie bei Erwachsenen. Bei einigen depressiven Erkrankungen spielt der genetische Faktor eine große Rolle. Ein Heranwachsender kann unter einer Depression leiden, auch wenn sein Leben sonst anscheinend gut verläuft. Depressive Erkrankungen sind manchmal schwer zu behandeln, weil sie mißverstanden werden können. Weil sie Zuständen von Traurigkeit ähneln, werden sie oft nicht behandelt, auch wenn das möglich wäre. Deprimierten Jugendlichen zu empfehlen, sich zusammenzureißen, nützt nichts. Sie können es nicht. Sie sind nicht depressiv, weil sie sich haben gehen lassen, und ihnen zu sagen, sie sollten sich zusammenreißen, bringt die Gefahr mit sich, daß sie anfangen zu glauben, sie könnten oder sollten es. Wenn sie dann versuchen, sich zusammenzureißen, merken sie, daß sie ihren depressiven Gefühlen nicht entkommen können, und infolgedessen geht es ihnen noch schlechter.

Mißbrauch

In einer intakten und kompetenten Familie aufzuwachsen, ist natürlich ein Vorteil. Aber auch da kann etwas schiefgehen. Und wenn etwas schiefgeht, ist es nur menschlich, nach einem Schuldigen zu suchen. Oft sind die Eltern die ersten, denen Kinder die Schuld an ihren Problemen geben. Es ist üblich geworden, die Wurzeln aller Probleme im Erwachsenenleben in der Kindheit zu suchen, die von „gestörten" Erwachsenen beschädigt worden ist. Eltern, die selbst als Kinder mißbraucht wurden, neigen sicher auch eher dazu, in einer mißbräuchlichen Beziehung zu leben. Und doch werden viele, die selbst schlimmen Mißbrauch erfahren haben, liebevolle und beschützende Eltern.

Ohne Zweifel können schmerzhafte Kindheitserfahrungen ernste Auswirkungen auf das Erwachsenenleben haben. Sexueller Mißbrauch, körperlicher Mißbrauch durch physische Gewalt und emotionaler Mißbrauch fügen nicht nur physische Wunden zu, sondern auch seelische, in der Kindheit wie später im Erwachsenenalter. Wenn sie die Pubertät erreicht haben, laufen Kinder, die mißbraucht worden sind, vielleicht von zuhause weg oder beginnen zurückzuschlagen, wie in dem folgenden Beispiel:

Tommy war ein intelligenter 17 Jahre alter Junge, der fleißig für die Schule arbeitete und auch gute Zeugnisse bekam. Er hatte wenige Freunde. Er brachte nie einen Freund mit nach Hause. Tommys Vater schlug seine Mutter und hatte sie sogar mißhandelt, als sie mit Tommy schwanger war. Nach Tommys Geburt mißhandelte der Vater ihn und seine Mutter ständig. Mit 17 beendete Tommy die Mißhandlungen, als er zur Verteidigung seiner Mutter auf seinen Vater schoß und ihn tötete. Er wurde vor Gericht freigesprochen und mußte nicht ins Gefängnis. Kindern, die ihren Vater oder ihre Mutter töten, ergeht es jedoch meist im Leben nicht gut, ganz unabhängig von den Umständen, unter denen die Tat geschah.

Verwahrlosung

Ein noch größerer Schaden kann oft aus Verwahrlosung entstehen, denn hier wird ein Kind ignoriert, als ob es nicht einmal existierte. Vielleicht fehlen ihm niemals materielle Dinge oder die notwendige Nahrung, aber ein Kind kann einen Mangel an innerer Nahrung erfahren, der zu einer Verarmung des Selbstwertgefühls führt. Niemals geschlagen, niemals verflucht, niemals mißbraucht – niemals wahrgenommen – ein Kind kann sich fragen, ob es in den Augen und Herzen derer, die für es sorgen sollten, überhaupt existiert. Das nächste Beispiel beschreibt den Fall eines Kindes, das so behandelt wurde:

Jeremiah war 17 Jahre alt, als ich ihn zum ersten Mal sah. Er war eines von vier Kindern. Seine Eltern waren geschieden. Jeremiah war das einzige der vier Kinder, für das der Vater das Sorgerecht hatte. Dieser hatte erneut geheiratet. Jeremiah lebte im Haus seines Vaters mit dessen neuer Frau und deren zwei Kindern. Er hatte niemals die Nähe zu einem anderen Menschen erfahren und fühlte sich in seiner Ursprungsfamilie und auch in der neuen Familie seines Vaters überflüssig und als Außenseiter.

Jeremiah war mir von seiner Schulpsychologin wegen seiner schlechten Leistungen überwiesen worden. Sie hatte bei Jeremiah auch ein durchgehendes, tiefes Gefühl von Verzweiflung entdeckt, das mit einer Aura von Hoffnungslosigkeit verbunden war, etwas, wovon sie ahnte, daß es zum Suizid führen konnte, obwohl er nie einen Versuch dazu unternommen hatte. Er war auch in der Schule ein Einzelgänger.

Als Jeremiah zu mir in die Praxis kaum, trug er Kleidung, die nur geringfügig weniger auffallend als seine Frisur war: ein fünf Zentimeter breiter Streifen von leuchtend orangefarbenem Haar stand in Stacheln von der Stirn bis in den Nacken; auf beiden Seiten war sein Schädel kahl geschoren. Seine Kleidung war kaum unauffälliger, aber sauber. Er reagierte positiv auf meine Fragen und schien um meine Anerkennung bemüht zu sein. Am Ende der Stunde hielt er es nicht länger aus und fragte mich, warum ich seine äußere Erscheinung nicht kommentiert hätte. Auf meine Frage: „Sollte ich das?" zuckte er mit den Schultern und sagte: „Jeder tut das sonst. Wenn ich mich nicht so anzöge, würde mich ja nie jemand sehen."

In ihrem Gedicht „Eine Wahl der Waffen" beschreibt P. McGinley die Verletzung, die daraus entsteht, wenn jemand nicht beachtet wird:

> Stöcke und Steine tun den Knochen weh.
> Mit wütender Genauigkeit gezielt,
> können Worte stechen
> wie nur irgend etwas.
> Aber Schweigen bricht
> das Herz.

Es ist ein schwacher Trost, aber ein Kind, das mißbraucht wird, wird wenigstens in seiner Existenz bestätigt.

‚Anorexia nervosa' und ‚Bulimia nervosa'

Störungen können bei Heranwachsenden viele Formen haben. Zwei der lebensbedrohlichsten und hartnäckigsten sind ‚Anorexia nervosa' (Magersucht) und ‚Bulimia nervosa' (Bulimie). Vor allem Mädchen in der Pubertät bekommen diese Krankheiten, manchmal aber auch Jungen. Symptome sind gieriges Hinunterschlingen von Nahrung, fast vollständige Verweigerung von Nahrung oder eine Kombination von beidem. Diese Jugendlichen stopfen sich voll, führen dann absichtlich Erbrechen herbei und stopfen sich wieder voll. Um nicht zuzunehmen und nicht zu werden, was in ihrer Wahrnehmung „dick" wäre, treiben sie oft exzessiv Sport oder betätigen sich anderweitig körperlich, wenn nötig heimlich. Sie fasten bis zu schwerer Unterernährung, wobei sie hartnäckig behaupten, daß sie abnehmen müssen. Manche sterben. Die Symptome dieser Krankheiten machen Eltern oft mit Recht angst. Das zentrale Symptom des Hungerns ist so auffällig, daß man es nicht übersehen kann.

Diese Störungen verlangen professionelle Behandlung. Früher konzentrierte sich die Behandlung auf die Wiederherstellung eines gesunden Körpergewichtes. Wirksame Behandlung muß jedoch über ein bloßes Bekämpfen des zentralen Symptoms hinausgehen. Mit genügend Zwang kann das Körpergewicht sogar gegen den Willen des Patienten wiederhergestellt werden. Um das zu erreichen, muß das behandelnde Personal jedoch vollkommene Kontrolle über das Leben des Patienten bekommen. Dazu gehört eine ununterbrochene Beobachtung des Patienten, auch im Schlaf. Sicher kann er so genug zunehmen, um aus dem Krankenhaus entlassen zu werden. Aber was dann? Der Patient fällt an den Punkt zurück, bei dem er anfing, wie im folgenden Beispiel:

Francie begann mit „Fasten", als sie 13 Jahre alt war. Ihre Eltern dachten zuerst nicht darüber nach, denn viele Kinder in der Pubertät machen sich Sorgen um ihren Körper, auch wenn er für niemand sonst eine Quelle der Besorgnis ist. Bald fiel den Eltern dann aber auf, daß etwas nicht stimmte. Als sie nicht in der Lage waren zu unterbrechen, was sie als selbstauferlegtes Verhungern erkannt hatten, suchten sie professionelle Hilfe. Francie wurde in ein Kran-

kenhaus aufgenommen und nahm nach kurzer Zeit wieder zu. Sie
wurde entlassen. Erneut begann sie zu fasten, zunächst heimlich,
dann offen. Sie kam wieder ins Krankenhaus, nachdem sie erneut
„wie Haut und Knochen" aussah. Wie zuvor nahm sie natürlich
wieder zu und wurde nach einigen Wochen erneut entlassen.

Schließlich landete sie wieder im Krankenhaus, nachdem sie
wieder beträchtlich abgenommen hatte. Dieses Mal war ihr Arzt
nicht mehr so leicht davon zu überzeugen, ihr Problem sei gelöst,
wenn sie nur angemessen zunähme. Er schickte sie zu mir und
empfahl eine Langzeitbehandlung.

Francie und ihre Eltern arbeiteten während ihres Aufenthalts
im Krankenhaus sehr konzentriert an ihrem Problem. Francies
Grundproblem – Depression – wurde diagnostiziert und behandelt. Wie alle Heranwachsenden kämpfte sie mit den konfliktrei-
chen Themen der Pubertät, was jedoch durch ihre Hungerdiät zunächst schwer erkennbar gewesen war. Sie hatte das Gefühl,
keine Kontrolle über ihr Leben zu haben, und versuchte durch
ihre strenge Diät, ein gewisses Gefühl von Selbstkontrolle zu erlangen. Diese Lösung war eine Fehlanpassung, also eine Scheinlö-
sung, aber sie gab ihr eben das Gefühl, Kontrolle zu haben. Während ihrer früheren Krankenhausaufenthalte mußte ihr Arzt ihr
die Kontrolle über ihr Leben abnehmen und sie zwingen zuzunehmen, um ihr Leben zu retten. Diese Strategie führte letztlich zu
einer Wiederholung ihres selbstschädigenden Verhaltens. Während ihres längeren Aufenthaltes auf meiner Station konnte sie zu
einem Verständnis der zugrundeliegenden Konflikte und einer Behandlung ihrer Depression gelangen. Sie lernte angemessenere
Weisen, ihr Leben selbst zu gestalten. Ihre Eltern setzten sich über
einen langen Zeitraum sehr für ihr Leben ein.

Lernschwierigkeiten

Ein weiterer Problembereich sind die schulischen Leistungen eines Kindes. Obwohl es bei diesem Thema nicht um Krankheit
geht, kann es bei Eltern und Kindern eine enorme Angst erzeugen.
Eigentlich gehören Lernschwierigkeiten eher in das Kapitel über
riskantes Verhalten, weil sie ernsthafte Konsequenzen für die Zukunft eines Heranwachsenden haben können.

Schlechte Leistung und geringes Selbstwertgefühl hängen zusammen. Ein kleines Kind kommt in die Schule, wo man von ihm erwartet, daß es neue Dinge lernt und Aufgaben löst, die seinem Alter und seiner Intelligenz angemessen sind. Es ist der erste „Beruf" des Kindes. In der Schule lernt es, fleißig zu sein und die Früchte seiner Anstrengungen zu ernten. Auf der Grundlage seiner Lernfähigkeit und der Reaktionen derer, die für das Kind sorgen, lernt es an sich selber Fleiß und Können schätzen oder es erlebt seine Situation mit einem durchgängigen Gefühl von Unterlegenheit oder Unfähigkeit. In der Schule erwirbt das Kind nicht nur Wissen über die Welt, sondern es beginnt auch damit, sich ein Bild seiner selbst und wie es in diese Welt paßt, zu machen.

Das Kind, das Schwierigkeiten hat, Dinge zu erlernen, hat es auch schwer, ein Selbstwertgefühl zu entwickeln. Die individuelle Begabung eines jeden Kindes sollte erkannt werden, so daß vernünftige Erwartungen gestellt werden können, die seiner Begabung angemessen sind. Kindern, die Liebe und Angenommensein durch Eltern und Familie erfahren, wird es nicht an Selbstwertgefühl mangeln.

Schlechte Leistungen in der Schule sind meist eine vorübergehend und eine normale Erscheinung innerhalb der pubertären Entwicklung. Fast alle Heranwachsenden, die ich behandelt habe, hatten in irgendeiner Form Lernschwierigkeiten. Einige dieser Jugendlichen hatten hervorragende Zensuren, aber waren trotzdem ernstlich krank. Manche von ihnen hatten alle Anstrengungen, Energie und jedes Interesse aus den anderen Bereichen ihres Lebens abgezogen und sich ganz auf die Schule konzentriert.

Selbst gesunde, gut angepaßte Kinder können zu Beginn der Pubertät ein Nachlassen schulischer Leistung zeigen. Die Pubertät ist eine Zeit der Neuorientierung, und wenn physische, emotionale und soziale Aspekte des Lebens in den Vordergrund treten, gibt es oft zumindest vorübergehend eine Verlagerung von Interessen. Die meisten Heranwachsenden gewinnen jedoch ihre alte Einstellung zurück und nehmen ihr verantwortliches Verhalten in bezug auf ihre Arbeit in der Schule nach einer gewissen Zeit wieder auf.

Heranwachsende lehnen sich gegen eine Kontrolle ihrer schulischen Leistungen durch die Eltern auf. Die schulischen Leistungen können durch verschiedene Dinge beeinträchtigt werden. Um das fundamentale Thema der Kontrolle kommt es zwischen Eltern und Kindern oft zu Konfrontationen. Wie in einem der vorangegangenen Kapitel bereits erwähnt, können Eltern übertrieben besorgt um die schulischen Leistungen ihres Kindes werden und dabei vielleicht übersehen, daß sie damit die Situation verschlimmern. Ein weiteres Beispiel dafür, wie sich dies äußern kann, ist der folgende Fall:

Kent war nicht besonders intelligent, aber er kam in der Schule gut mit. „Ich muß ständig seine Hausaufgaben überwachen", beklagte sich seine Mutter bei mir. „Jeden Tag überprüfe ich seine Hausaufgaben und achte darauf, daß er lernt. Er kommt kaum mit. Ich spreche mit seinen Lehrern. Sie sagen, er könnte besser sein und daß ich es ihm überlassen sollte. Natürlich mache ich mir Sorgen um seine Hausaufgaben, weil er selbst es nie tut. Was dieses Schuljahr angeht, schaffen wir alle Fächer." Mein Gesichtsausdruck mußte ihr bewußt gemacht haben, daß sie „wir" gesagt hatte. Sie verstummte und wurde rot. „Also, ich meine, er schafft es ... ich meine ... also, ich glaube, ich sollte ‚wir' sagen. Vielleicht hätte ich sagen sollen, ‚ich' schaffe alle Fächer." Was für ein Trost es für Kent gewesen sein muß, zu wissen, daß jemand sich so hartnäckig um seine Schulaufgaben sorgte!

Kents Mutter war eine ausgebildete Musikerin. Sie war eine hochintelligente Frau, die auf sich hielt und gesellschaftlich angesehen war. Sie war eine hervorragende Sportlerin und eine erfolgreiche Geschäftsfrau. In Kents Augen war sie auf vielfache Weise mächtig. Wenn er sich mit ihr verglich, schnitt er in seinen Augen ziemlich schlecht ab.

Auf einer gewissen Ebene verstand seine Mutter, daß es seine Verantwortung war, sich um seine Schularbeiten zu kümmern. Aber sie konnte machen, was sie wollte: sie konnte nicht damit aufhören, ihm Vorträge zu halten und ihn zum Arbeiten anzuhalten. „Ich denke dauernd daran, ob ich es noch einmal sagen kann, oder ob ich ihn irgendwie vielleicht doch erreiche, wenn ich es auf die richtige Weise sage", gestand sie. Sie unternahm herkulische

Anstrengungen, die Arbeit ihres Sohnes zu unterstützen, aber sie erreichte nur, daß er sich selbst als schwach sah. In seinen Augen konnte seine Mutter alles. In einem verborgenen Winkel seiner selbst aber besaß Kent einen gewissen kleinen Trost. In einer kleinen Facette seines Lebens war er so mächtig, daß er sie, bildlich gesprochen, auf die Knie zwingen konnte. Sie konnte alles, aber sie konnte ihn nicht zwingen, die Verantwortung für seine Schularbeiten zu übernehmen.

Mit einiger Unterstützung gelang es Kents Mutter, ihre Rolle als Verantwortliche für die Ausbildung ihres Sohnes abzulegen. Mit meiner Hilfe sagte sie ihrem Sohn: „Kent, ich möchte, daß du verstehst, daß ich nicht länger dafür verantwortlich sein werde, daß du die Schule schaffst. Keine Bitten mehr. Auch keine Bestechung. Keine Drohungen mehr. Es liegt alles bei dir. Wenn du es nicht schaffst, dann ist es deine Sache. Aber wenn du es schaffst, ist es ganz allein dein Verdienst."

Viele Eltern stehen vor diesem Problem und haben beträchtliche Schwierigkeiten damit, sich zurückzuhalten. Sie sind Geiseln der Angst, die sie davor zurückhält, ihre Rolle als Antreiber aufzugeben.

Der durchschnittliche Heranwachsende verfügt über eine normale Intelligenz. Kinder mit einem durchschnittlichen Intelligenzquotienten sollten dazu in der Lage sein, eine Realschul- oder auch Gymnasialausbildung abzuschließen, wenn sie das wollen. „Wie motiviere ich ein Kind dazu, sich bessere Zeugnisse zu erarbeiten?" war eine Frage, die viele Eltern meiner Patienten stellten. Es ist immer schwierig, sich selbst zu motivieren, diejenigen Dinge zu tun, die man einfach ungern tut. Andere motivieren? Das ist sehr schwer. Sie zu demotivieren ist deutlich einfacher. Eltern tun dies, indem sie ihrem Kind zu verstehen geben, daß sie dafür verantwortlich sind, ihm irgendwie den Anreiz zu verschaffen, in der Schule oder bei der Arbeit etwas zu leisten. Statt dessen könnten sie die Aufmerksamkeit ihres Kindes auf die Tatsache lenken, daß es für sein Leben selbst verantwortlich ist.

Drogengebrauch habe ich bereits in Kapitel 6 im Zusammenhang mit der Identitätsfindung bei Heranwachsenden besprochen. Weil Drogengebrauch jedoch eines ihrer Hauptprobleme sein kann, wiederhole ich hier einige Punkte. Ich möchte anmerken, daß ich auch Alkohol meine, wenn ich von Drogen spreche, vor allem, wenn er im Übermaß genossen wird.

Heranwachsende wenden sich vor allem aus zwei Gründen Drogen zu. Der erste Grund ist, daß Drogen (also auch Alkohol) Linderung eines psychischen Schmerzes bewirken, wie ein Jugendlicher ihn erlebt, wenn er infolge der Veränderungen, die sich an ihm vollziehen, in besonderem Maße inneren Konflikten ausgesetzt ist oder wenn er Probleme mit dem Leben in seinem Elternhaus hat. Zweitens können Heranwachsende dahin gelangen, Drogen zu nehmen, wenn sie in eine Gruppe von Gleichaltrigen gelangen, in der dies üblich ist. Ein Grund für Heranwachsende, sich an eine solche Gruppe zu wenden, kann übrigens auch sein, daß sie von einer anderen Gruppe ihrer Wahl nicht akzeptiert wurden.

Es gibt einen Unterschied zwischen der Einnahme von Drogen, Drogenmißbrauch und Sucht. Manche Drogen haben eine in jedem Falle süchtigmachende Wirkung, während andere nicht notwendigerweise zur Sucht führen. Einige Drogen machen nicht süchtig, sind aber trotzdem schädlich und sogar lebensgefährlich.

Das Diagnostische und Statistische Handbuch für psychische Störungen, Vierte Auflage (DSM-IV), herausgegeben von der American Psychiatric Association, beschreibt die wichtigsten Störungen, die durch die Einnahme von Drogen verursacht werden können, unter dem Stichwort ‚Substanzbezogene Störungen'. Eine Vielzahl von Substanzen kann zu Störungen führen, die als ‚Störungen durch Drogengebrauch' bezeichnet werden. Diese Störungen sind der Mißbrauch einer Substanz und die Abhängigkeit von ihr.

Der *Mißbrauch einer Substanz* wird als fehlangepaßtes Muster des Gebrauchs einer Substanz definiert, der innerhalb eines Zeitraumes von zwölf Monaten zu einem oder mehreren der im folgenden aufgeführten klinisch signifikanten Kennzeichen führt:

- Wiederholter Gebrauch, der zu Versagen in wichtigen Aufgaben führt, die zur Erfüllung einer Rolle gehören, wie bei der Arbeit, in der Schule oder zuhause.
- Wiederholter Gebrauch in körperlich gefährlichen Situationen (z.B. beim Autofahren, bei der Bedienung von Maschinen);
- Wiederholte Konflikte mit dem Gesetz aufgrund des Gebrauchs von Substanzen;
- dauernder Gebrauch trotz anhaltender sozialer und interpersoneller Probleme, die durch den Gebrauch der Substanz verursacht werden.

Die *Abhängigkeit von einer Substanz* führt zu Symptomen, die sich nicht nur im Verhalten, sondern auch in kognitiven Funktionen (wie Gedächtnisstörungen, Desorientierung und Sprachstörungen) und körperlichen Symptomen äußern. Und die Diagnose einer Abhängigkeit besagt, daß das Individuum trotz aller Probleme, die die Substanz verursacht, den Gebrauch fortsetzt. Der zwanghafte Konsum einer Substanz kennzeichnet eine Sucht. Wenn ein Mensch eine Substanz nicht nur zwanghaft gebraucht, sondern es auch Hinweise darauf gibt, daß dieser Mensch ein Bedürfnis nach einer höheren Dosierung empfindet, weil die Toleranz der Substanz gegenüber zunimmt, und unangenehme Symptome entwickelt, wenn er versucht, die Dosierung zu reduzieren (Entzugserscheinungen), dann sollte die Diagnose Substanzabhängigkeit mit physischer Abhängigkeit gestellt werden. Die physische Abhängigkeit wird allgemein Sucht genannt.

Gewohnheitsmäßiger Gebrauch ist etwas anderes als Sucht. Der Unterschied liegt nicht nur in der Eigenschaft der Droge, süchtig zu machen, sondern auch der Fähigkeit des Individuums, den Gebrauch zu regulieren. Obwohl man die Gewohnheit annehmen kann, eine bestimmte Droge zu nehmen, macht das noch nicht die Sucht aus. Manchen Drogen kann man widerstehen. Anderen nicht. Einige Autoritäten auf diesem Gebiet behaupten, daß bestimmte Drogen „nicht ganz so schlimm" seien und möglicherweise keinen Schaden verursachten. Allerdings habe ich keine Studien gefunden, die darauf hindeuten, daß „Genußdrogen" auf irgendeine Weise die Gesundheit und die Entwicklung von Heranwachsenden fördern.

Zusammenfassung

Es ist wichtig festzuhalten, daß die überwältigende Mehrheit von Heranwachsenden den Weg zum Erwachsensein ohne ernstere Störungen in ihrem Leben zurücklegt. Schaffen sie das ohne Angst, Schmerz oder Enttäuschung? Natürlich nicht. Den meisten Familien gelingt es, eine gesunde Umgebung entstehen zu lassen, in der Kinder und Erwachsene sich weiterentwickeln können und dies auch tatsächlich tun. „Gestört" ist ein beschreibendes Wort, das oft leichtfertig verwendet wird. Auch intakte, gut funktionierende Familien erleben auf ihrem Weg durch ihren Lebenszyklus Angst, Schmerz und Enttäuschung. Tod, Scheidung und Entbehrung können das Familienleben zu einem Kampf machen, verhindern aber in den meisten Fällen nicht, daß die Aufgabe der Familie erfüllt wird. Ich habe Heranwachsende kennengelernt, die zumindest einen Elternteil verloren hatten und beträchtliche Entbehrungen auszustehen hatten, aber dennoch ihren Weg gut und ohne seelische Beschwerden gingen. Und ich habe Kinder mit schwerwiegenderen psychischen Störungen erlebt, die aus liebevollen Familien kamen.

Wenn ernste Probleme auftreten, sollten Eltern die Chance, die solche Krisen auch bedeuten, dazu nutzen, bessere Eltern und zugleich bessere Eheleute zu werden. Wenn Eltern auch gegenüber den Problemen in ihrem Leben Interesse und Verständnis aufbringen, dann wird ihr Leben erfüllter werden. Niemand möchte, daß etwas schiefläuft. Niemand will Probleme. Aber es gibt viele gute Chancen, die als Probleme verkleidet auftreten. Jedes Problem enthält den Keim für seine Lösung. Jedes Problem in menschlichen Beziehungen kann eine Chance für Wachstum werden.

Teil IV
Späte Adoleszenz

Kapitel 10
Übergang zum Erwachsenenalter

Schließlich ist die Pubertät vorbei. Um das Alter von 18 oder 19 Jahren beginnen Kinder mehr und mehr, den Status eines Erwachsenen anzunehmen. Die Emanzipation ist noch nicht vollkommen, aber sie ist ein ganzes Stück vorangeschritten. Nur wenige 18jährige haben eine Eigenständigkeit erreicht, die ihnen mehr als einen mäßigen Grad an Autonomie erlaubt. Finanzielle Unabhängigkeit ist bis auf Ausnahmen für alle schwierig, und bevor sie nicht erreicht ist, können Emanzipation und Autonomie ebenfalls nicht als erreicht gelten. Aber es gibt Grade und Stufen, die für die späte Adoleszenz und das frühe Erwachsenenalter angemessen und erreichbar sind.

Viel von der psychischen Arbeit der Pubertät ist mit dem Alter von 18 Jahren geleistet. Das soziale Wachstum ist so weit fortgeschritten, daß ein 18 oder 19 Jahre alter Mensch in der Lage ist, neue Beziehungen mit einem gewissen Grad an Geschick und Leichtigkeit anzuknüpfen und zu pflegen. Es ist eine Zeit zunehmender Sozialisierung, wobei die Dauer der Beziehungen zunimmt. Der Abschluß einer zweiten Ausbildung erlaubt den Beginn einer Berufslaufbahn entweder an einem Arbeitsplatz oder durch eine weitere Ausbildung. Der junge Erwachsene ist zwar noch nicht ganz reif, aber er ist bereit für ein unabhängigeres Leben und beginnt, zunehmend Autonomie außerhalb der Familie zu suchen. Auch wenn er im Elternhaus bleibt, verändert sich die Beziehung zu seinen Eltern weiterhin. Eltern können sich darauf freuen, mit ihren Kindern eine neue Art von Beziehung anzuknüpfen, die oft leichter und befriedigender ist.

Das Elternhaus verlassen

Ob ein junger Heranwachsender in der Lage ist, das Elternhaus zu verlassen, wird auch von ökonomischen Faktoren bestimmt, aber manche jungen Menschen bleiben aus verschiedenen Gründen noch bei den Eltern.

Familien mit nur einem Elternteil

In solchen Familien bleiben Kinder oft länger als in anderen Familien, bevor sie ein eigenes Leben beginnen. Ein Grund dafür könnte darin liegen, daß die finanziellen Mittel oft begrenzter sind und es deshalb schwerer für den Vater oder die Mutter ist, einen jungen Erwachsenen dabei zu unterstützen, eine unabhängige Lebenssituation zu schaffen. Auch Schuldgefühle dem zurückbleibenden Elternteil gegenüber können einen jungen Menschen dazu bringen, zu bleiben und sich um den Vater oder die Mutter zu kümmern. Vieles hängt von der Integrität und inneren Unabhängigkeit des zurückbleibenden Elternteils ab und davon, ob das Kind in der Beziehung Bedürfnisse der Eltern erfüllt.

Die meisten Familien dieser Art sind gesund und produktiv. Sie können Kindern zur Autonomie und Unabhängigkeit verhelfen, trotz der Abwesenheit eines Elternteils. So eine Familie kann sogar funktionaler und gesünder als eine „normale" Familie sein, wenn letztere unter Zwietracht, Mißtrauen und mangelnder Loyalität leidet.

Elternhaus mit beiden Eltern

Aus dem im vorigen Abschnitt Gesagten folgt nicht notwendig, daß ein Elternhaus mit beiden Eltern gesünder oder leichter zu verlassen ist als ein Zuhause mir nur dem Vater oder nur der Mutter. Wie schon früher gesagt, besteht der wichtigste Beitrag der Eltern zur psychischen Gesundheit ihrer Kinder darin, daß sie in der Lage sind, sich gegenseitig ihre Bedürfnisse als Mann und Frau zu erfüllen. Wenn zum Beispiel ein Elternteil die Generationengrenze überschreitet und eine Beziehung zu einem oder mehreren Kindern eingeht, die seine oder ihre Bedürfnisse erfüllen soll, dann wird diese Beziehung für alle Beteiligten destruktiv. Wenn das Gefühl des eigenen Werts unwiderruflich an solch eine Beziehung gebunden ist, dann führt der Verlust der Beziehung zu einem Verlust an Selbstvertrauen und Selbstwertgefühl.

Es ist leichter, von zuhause wegzugehen, wenn Eltern die Fähigkeit und Bereitschaft zeigen, sich umeinander zu kümmern und füreinander da zu sein. Es ist ein Trost, wenn man weiß, daß das Elternhaus intakt und lebendig bleibt, auch wenn man es verläßt.

Allerdings darf man auch nicht übersehen, daß ein junger Erwachsener das Elternhaus vielleicht auch gerade deshalb verläßt, weil es eine unglückliches Zuhause ist.

Zu Hause bleiben, aber erwachsen werden

Wenn ein junger Erwachsener aus ökonomischen Gründen unter dem Dach der Eltern leben muß, ist es trotzdem möglich – und sogar notwendig –, daß er sich über Pubertät und Adoleszenz hinausentwickelt. Sowohl der junge Mensch als auch seine Eltern können vermeiden, daß er auf die Stufe eines Heranwachsenden fixiert bleibt. Das hängt unter anderem von klarer Kommunikation und einem Verständnis der zugrundeliegenden Kräfte ab, die am Werk sind. Eltern sollten sich fragen, welche psychischen Aufgaben das Kind jetzt lösen muß, und ob es das am besten zuhause, in der Schule oder im Beruf tut.

Erikson (1950) gab in einem leicht verständlichen Überblick über die Themen der Entwicklung eine Beschreibung von acht Stufen der menschlichen Entwicklung. Er beschreibt diese Stufen als psychologische Aufgaben, die bei einer normalen Entwicklung gemeistert werden müssen. Sein Ansatz ist einer von vielen, aber er ist leicht zu verstehen und bietet einen Maßstab, an dem das Wachstum eines Menschen in gewisser Hinsicht gemessen werden kann.

Erikson beschreibt diese Stufen als Ergebnisse einer Entwicklungsphase im Kontrast zu ihrem Gegenteil. Zum Beispiel lernt ein Kind in den ersten 18 Monaten seines Lebens, seiner Umwelt und ihrer Bereitschaft, seine Grundbedürfnisse zu befriedigen, entweder zu vertrauen oder zu mißtrauen. Das Ergebnis dieser Entwicklungsphase trägt viel dazu bei, ob sich das Kind zu einer vertrauensvollen Erforschung seines Lebens vorwärtsbewegt oder nicht, weil sein Vertrauen in die Umwelt beschädigt ist. Die folgenden Stadien geben dem Kind Gelegenheit, Autonomie versus Scham, Initiative versus Schuldgefühl und Fleiß versus Unterlegenheitsgefühl zu entwickeln. Für die Pubertät beschrieb Erikson die Herausforderung als Identität versus Rollenkonfusion. Wenn diese Aufgabe einmal gemeistert ist, haben Heranwachsende entweder ihre Identität erfolgreich gefestigt und gehen aus der Pubertät mit einem Gefühl dafür hervor, wer sie sind, oder sie beenden sie in Verwirrung über ihre Rolle. Und so überschreiten sie dann die Schwelle in das Erwachsenenalter.

Tatsächlich steht für jede Aufgabe psychologischen Wachstums eine Zeit zur Verfügung, in der sie erfüllt werden kann. Das Streben nach Unabhängigkeit und Autonomie ist eine Aufgabe der Pubertät und dieser Zeit angemessen. Dieses Streben würde in der Kindheit nicht nur sein Ziel verfehlen und insofern mißlingen, sondern auch schädliche Folgen für das körperliche und emotionale Wohlbefinden des Kindes haben. Die Gesellschaft hat das gelernt. Sie billigt Unabhängigkeit und Autonomie erst in der späten Pubertät und im frühen Erwachsenenalter, so daß sie eher nützliche als schädliche Folgen haben. Mehr noch, die jüdisch-christliche und die westliche Kultur haben sexueller Aktivität in der Pubertät nicht nur aus moralischen Gründen, sondern auch im Hinblick auf die Unvollständigkeit psychologischer und sozialer Vorbereitung bei jungen Menschen ihre Billigung verweigert.

Echte Intimität und Erwachsensein

Das frühe Erwachsenenalter bringt die Aussicht mit sich, einen Partner zu suchen und zu finden. Wenn man im Prozeß des Werdens einen gewissen kritischen Punkt erreicht hat, sucht jeder Mensch einen anderen Menschen, der diesen entscheidenden Punkt in ähnlicher Weise erreicht hat. Hier kommt es zu einer Begegnung zweier getrennter Prozesse – jeder der beiden Menschen ist dabei, ein voll entwickelter Erwachsener zu werden, und jeder beeinflußt den anderen und wird seinerseits von ihm beeinflußt. An diesem Punkt im Leben entwickelt das Individuum das Gefühl, in der Lage zu sein, sich ganz an irgend jemanden oder zu irgend etwas zu binden.

Erikson definiert die primäre Herausforderung des frühen Erwachsenenalters als Intimität versus Isolation. Dadurch, daß man eine Fähigkeit zu Intimität entwickelt, kann man sich in einer wechselseitig befriedigenden Beziehung an einen anderen Menschen binden. Mißlingt der Versuch, diese Intimität zu entwickeln, dann kann dies zu einem Gefühl von Einsamkeit, Distanz und Abgeschnittensein führen.

Ob diese Aufgabe jedoch von einem Erwachsenen erfolgreich gelöst werden kann, hängt davon ab, ob die Aufgaben in den frühen Lebensstufen gelöst wurden. Es hängt von der grundlegenden Fähigkeit zum Vertrauen ab, von einem Gefühl von Selbstwert, der Fähigkeit, die Umwelt (Orte und Menschen) zu erforschen, dem Gefühl von Kompetenz, von Identität und vor allem dem Gefühl, wert zu sein, geliebt zu werden. Erfolg in dieser Hinsicht hängt von der Art der Unterstützung ab, die ein Mensch im Laufe seines Lebens von seiner Familie bekommen hat; davon, wie gut die Familie in der Lage gewesen ist, ein Mitglied in der Not zu unterstützen, und davon, wie sich jedes Mitglied mit sich selbst fühlt. Wenn ein Mensch diese Lebensphase mit einer angemessenen Lösung all jener früheren Aufgaben erreicht hat, sind die Chancen für ein Gelingen gut. Wenn man gelernt hat, anderen Menschen zu mißtrauen, hat man auch gelernt, andere zu verdächtigen, ihren Verrat zu erwarten und alle eigenen Anstrengungen, von der Umwelt Befriedigung zu erlangen, vereitelt zu sehen. Erfolg oder Mißlingen bei der Suche nach Intimität werden in gleicher Weise die übrigen Aufgaben, denen ein Mensch gegenübersteht, beeinflussen.

Für viele junge Menschen findet die Arbeit an dieser psychologischen Aufgabe in der Ehe statt. Der Erwerb der Fähigkeit zur Intimität wird dann auch ein gemeinsame Aufgabe. Jeder bringt in die Ehe und in das Streben nach Intimität seine Stärken und Schwächen ein. In dieser Herausforderung ist jeder Mensch seinem eigenen Entwicklungsprozeß und dem des Partners ausgesetzt. In gewisser Weise werden zwei Menschen dann zu einem einzigen. Oder auch zu dreien, weil wir nicht nur werden, wer wir als Individuen werden sollen, sondern weil wir dann auch ein Paar und eine Familie werden.

Obwohl echte Intimität das Gegenteil von Isolation ist, bedeutet sie nicht den Verlust von Abgrenzung und Privatraum. Auch wenn es gelingt, echte Intimität und damit die Freude der Nähe zu erreichen, gibt es für jeden Menschen Grenzen von Intimität. Im frühen Erwachsenenalter führt das Streben nach Intimität häufig zur Vereinigung zweier Leben in der Ehe. Levinson nannte die frühen und mittzwanziger Jahre im Leben eines Menschen, wenn die meisten Menschen heiraten, ein provisorisches Erwachsensein und meinte damit einen Prozeß, dessen Entwicklung entweder zu einem stabilen Zustand oder zur Regression führt. In diesen Jahren nimmt ein Lebenswerk seinen Anfang, und man sucht und findet oft auch einen Partner. Zu lernen, wie man arbeitet und wie man liebt, ist für junge Erwachsene eine entscheidende Aufgabe.

Weil jeder Mensch diese Aufgaben mit verschiedenen Lebenserfahrungen, einer spezifischen Ichstruktur und individuellen Fähigkeiten auf sich nimmt, ist auch der gewünschte Grad an Intimität bei jedem Menschen verschieden. Blaine (1962) hat die These aufgestellt, daß Neugeborene das Leben mit verschiedenen Fähigkeiten zum Geben und Annehmen von Nähe beginnen, und ein Kontinuum von Empfänglichkeit und Offenheit beschrieben: mit Kindern, die viel schmusen am einen Ende, und Kindern, die sich schnell beengt fühlen und zum Beispiel um sich treten, um sich Raum zu verschaffen, am anderen Ende der Skala. Innerhalb einer Familie findet man Kinder, die bei Erwachsenen den Ausdruck von Zuneigung suchen und annehmen und andere Kinder, die ihn vermeiden.

Kinder, die sterile Interaktionen zwischen Eltern miterleben, erlernen auf diese Weise ein bestimmtes Verhalten für ihre Interaktionen mit anderen Menschen. Kinder, die die Freude erleben, vor und während der frühen Pubertät einen Kameraden des gleichen Geschlechts und Alters zu haben, beginnen damit, ein Fundament für echte Intimität mit einem Menschen des anderen Geschlechts im frühen Erwachsenenalter zu legen. Echte Intimität entsteht aus einer Bereitschaft, Gedanken und Gefühle in wachsendem Vertrauen mit einem anderen Menschen zu teilen. Beim verbalen Austausch mit einem Spielkameraden erleben wir eine Beziehung, in der wir Nähe einüben können. Ein wichtiger Gewinn aus so einer Beziehung ist die Einsicht, daß wir uns nicht so sehr von unseren Mitmenschen unterscheiden.

Eine enge Beziehung zu einem Mitglied desselben Geschlechts hilft einem Menschen auch, sich selbst zu verstehen, und fördert sein Gefühl für das, was es bedeutet, ein Mann oder eine Frau zu sein. Die Nähe in einer Beziehung kann beängstigend sein, wenn man gelernt hat, daß alle Gefühle von Zärtlichkeit und Zuneigung zu einer sexuellen Begegnung führen. Beim Heranwachsenden und dann wieder beim jungen Erwachsenen können Gefühle von Zuneigung für einen Menschen desselben Geschlechts als Homosexualität mißverstanden werden.

Darüber hinaus ist ein junger Erwachsener, der die in der Pubertät und der Adoleszenz anstehenden Aufgaben gelöst hat, auf echte Intimität besser vorbereitet. Ein gewisses Abschlossensein der Aufgaben der Adoleszenz sollte eine neue Beziehung zu Eltern und anderen Erwachsenen ermöglichen.

Ein Ehe reift durch echte Intimität

Eine Umwelt, in der Kinder optimal aufwachsen können, macht es auch Erwachsenen leichter, sich weiterzuentwickeln. Eine Ehe wächst mit dem Streben nach echter Intimität. Echte Intimität ergibt sich daraus, daß man sich selbst zeigt – seine Bedürfnisse, Hoffnungen und Träume. Aus diesem Einblick-Gewähren kann ein wachsendes Gefühl von Vertrauen und der Bedeutung, die man füreinander besitzt, entstehen. Durch diese Erfahrungen können junge Eheleute die gegenseitigen Bedürfnisse kennenlernen. Wenn sie als Mann und als Frau, als Ehemann und als Ehefrau ihre Bedürfnisse ein Stück weit gegenseitig befriedigen, dann kann das Kindern den wunderbaren Weg dazu weisen, wie zwei menschliche Wesen zusammen leben und füreinander sorgen können. In dem Maße, in dem ein Ehemann und eine Ehefrau in der Lage sind, echte Intimität miteinander zu leben, wird ihre Beziehung wachsen.

Verbindlichkeit: Essentiell für ein erfülltes Leben

Sowohl Arbeit als auch Ehe können zu Kreativität und Erfüllung führen. Ein Produkt herzustellen oder jemandem einen Dienst zu tun, kann einem Menschen die Möglichkeit geben, in der eigenen Arbeit kreativ zu sein. Wenn man mit Erfolg einen Partner gesucht hat, kann das ebenfalls zu Kreativität führen in Form der Zeugung eines neuen Menschen oder eines produktiven und erfüllenden Lebens. Für diese Aufgaben ist die Fähigkeit zu Hingabe oder Verbindlichkeit von zentraler Bedeutung. Der junge Erwachsene, bei dem sich ein gewisser Grad an körperlicher Gesundheit mit einer intakten und stabilen Psyche verbindet, wird ein Erwachsener, der gut darauf vorbereitet ist, eine verbindliche Beziehung zu einem anderen Menschen in einer liebevollen und unterstützenden Partnerschaft einzugehen.

Echte Intimität und Verantwortlichkeit

Um miteinander zu schlafen, braucht man keine Verbindlichkeit. Dazu braucht man wenig persönliches Interesse und persönlichen Kontakt oder Wissen voneinander. Fremde können das miteinander tun, die nicht einmal voneinander wissen, wie sie heißen – und tun es auch oft. Sexualität kann ein Weg zu Wachstum und Erfüllung im Leben von Partnern sein – wenn sie Teil einer Liebesbeziehung ist, die Hingabe, Verbindlichkeit, Loyalität, Selbstlosigkeit und gegenseitigen Respekt umfaßt.

Mit der Fähigkeit zur Fortpflanzung bewegt sich der junge Erwachsene jetzt aus Alleinsein oder auch Isolation auf echte Intimität mit einem anderen Menschen, Fruchtbarkeit und Elternschaft zu. Die Gesellschaft verlangt von den potentiellen Eltern eine verbindliche Form der Beziehung als Garantie der Verantwortlichkeit für die Nachkommen, die aus ihrer Vereinigung entstehen können. Simons hat wahre Intimität gut definiert:

„Die Fähigkeit zu wahrer Intimität erfordert eine Integration von Liebe und sexuellem Begehren. Sie ist frei von übertriebener Idealisierung und von verachtungsvollem Haß gegenüber dem anderen Menschen. Und sie beruht auf einem sicheren Gefühl für das eigene Selbst und die eigenen Grenzen. Sexuelles Begehren, orgastische Erfüllung und Verbindlichkeit gegenüber einander bedrohen einen Menschen nicht mit der Auflösung der Person. Zwei Menschen können sich einander hingeben und zur gleichen Zeit durch ihre Hingabe bereichert und nicht beraubt oder geschmälert werden. Ihre Identität wird durch ihre Intimität eher noch weiter gefestigt und erweitert, und nicht fragmentiert oder vermindert." (S. 445)

Weiter zitiert Simons eine tiefe Wahrheit, die Tolstoi zugeschrieben wird: „Man kann auf dieser Welt wunderbar leben, wenn man weiß, wie man arbeitet und wie man liebt – wie man für den Menschen, den man liebt, arbeitet und seine Arbeit liebt."

Produktive Arbeit und produktive Beziehungen

Man erwartet zwar von Menschen nicht, daß sie gleich bei ihrer ersten Arbeitsstelle bleiben, sehr wohl erwartet wird hingegen, daß sie in ihrer ersten Ehe bleiben. Weil man nicht erwarten kann, daß man eine Beziehung der ersten spontanen Wahl beibehalten kann, ist eine Art soziales Auswahlverfahren durch Versuch und Irrtum („trial and error") üblich und erlaubt. Sowohl bei der Arbeit als auch in der Liebe hat man im frühen Erwachsenenalter Zeit, um zu entdecken, wie man arbeiten und wie man eine Beziehung aufbauen möchte. Mit einem gewissen Verständnis für die notwendigen Bedingungen einer produktiven Beziehung werden wir einen bestimmten Menschen finden, an den wir uns binden können.

Vertrauenswürdig sein

Das Streben nach wahrer Intimität ist der Prozeß einer Entdeckung. Sie verlangt eine Offenlegung der eigenen Person vor einem selbst wie auch vor einem anderen Menschen. So eine Suche erfordert die Bereitschaft zur Entwicklung wachsenden Vertrauens. Die meisten neuen Beziehungen weisen anfangs nur wenige plausible Gründe dafür auf, einander zu vertrauen, aber auch nur wenige Gründe, die dagegen sprechen. Dauerndes Vertrauen kann in einer neuen Beziehung nur langsam erworben werden.

Menschen bringen bestimmte Erwartungen und bestimmte unausgesprochene Annahmen in eine Ehe mit. Oft sind diese Erwartungen phantastisch und beruhen auf Annahmen, die sich später
als verschieden von denen des gewählten Partners erweisen.

Wenn man die Ehe mit sehr großen Erwartungen eingeht, besteht das Risiko, daß sie scheitert. Ein junger Erwachsener, der
eine Ehe eingeht und in ihr einen Ersatz für andere tiefe seelische
Bedürfnisse sucht, findet vielleicht zu Anfang Befriedigung, aber
später dann Desillusionierung. Die Freude des Geliebt-Werdens
kann nicht andauern, wenn man sie nicht erwidert. Romantische
Phantasien von Liebe und Ehe werden den Streß und die Belastungen des Alltagslebens mit Sicherheit nicht überdauern. Die romantische Sicht von Liebe weist dem Ehepartner die Rolle des
Versorgers und Erfüllers unrealistischer Phantasien zu und übersieht dabei in ihm den Menschen. Das Streben nach wahrer Intimität führt über Wege, die jedem der beiden Partner helfen, den
anderen als Menschen in seiner eigenen Individualität zu sehen
und hilft gleichzeitig beiden Partnern, als Individuum zu wachsen. Einander als Menschen zu kennen hilft dabei, die Bedürfnisse
des jeweils anderen zu erfüllen.

Nicht alle Menschen erreichen das frühe Erwachsenenalter un-
beschadet und ohne Narben. Weil fast jeder unsichtbare Wunden
in die Ehe mitbringt, hat man sie als einen Versuch der Heilung
beschrieben. Erfolgreiche Ehen machen persönliche Erfahrungen
möglich, die inneres Wachstum fördern können. Viele kleinere
Wunden können so im Prozeß des Gebens und Nehmens einer engen Beziehung geheilt werden, wenn die Beziehung von klarer und
offener Kommunikation in einem Rahmen von Liebe, Toleranz
und wachsendem Vertrauen getragen ist.

Elternschaft und Kreativität

Auch wenn das Streben nach echter Intimität im frühen Erwachsenenalter beginnt, dauert die Suche danach doch oft bis in die
mittleren Lebensjahre und manchmal noch länger. Für viele
bleibt sie unerreicht. Aber das Erwachsenenalter bringt mehr als

eine Suche nach echter Intimität. Dem Erwachsenen stellt sich die erste Aufgabe der Natur: fruchtbar und schöpferisch zu sein. Als Preis für seine Anstrengungen gewinnt man ein Potential für inneres Wachstum und Erfüllung, das Erikson (1950) wieder als Polarität beschrieb: Fruchtbarkeit versus Stagnation. Viele erreichen Erfüllung ihrer kreativen Impulse in großen künstlerischen Leistungen, in literarischen Werken oder in der Musik. Für die meisten erfüllen sich diese Impulse in Kindern. Das Traurige daran ist, daß manche dieser Kinder von Menschen gezeugt werden, die für diese Verantwortung noch nicht bereit sind.

Elternschaft bietet die Gelegenheit, kreativ zu sein, indem man neue Mitglieder der Gesellschaft zur Welt bringt und aufzieht. Menschen haben aus vielen Gründen Kinder, aber ein Grund ist das Gefühl von Kontinuität, das sie einem geben können. Dieses Gefühl verschafft Eltern eine Verbindung mit der folgenden Generation. Jenseits des Strebens nach echter Intimität sah Erikson die Herausforderung des Erwachsenenalters als Fruchtbarkeit; nicht nur in der Zeugung von Kindern, sondern auch in der Aufgabe als Ernährer und Mentoren der nächsten Generation. Fruchtbarkeit und Produktivität im Leben und in der Arbeit vermitteln ein Gefühl von Erfüllung und Wachstum.

Auch gute Ehen zwischen Menschen, die zueinander passen und emotional stabil sind, werden die Herausforderungen zu spüren bekommen, die die Ankunft eines Neugeborenen mit sich bringt. Viel Aufmerksamkeit und Beachtung, die man sich bis dahin gegenseitig zukommen lassen konnte, gilt nun ganz dem Kind. Der Kontext der Familie ist ein hervorragender Ausgangspunkt nicht nur für die Zeugung von Kindern und dafür, sie zur Autonomie zu führen, sondern auch für die Stabilisierung und Erfüllung der Eltern.

Wenn ihre Kinder zu Erwachsenen heranwachsen, werden Eltern die Mentoren der nächsten Generation. Ein Mentor ist ein weiser und vertrauenswürdiger Ratgeber. Gute Eltern erfüllen die Aufgabe von Mentoren, indem sie in einer Atmosphäre liebevoller Fürsorge guten Rat geben. Ein großer Teil der Charakterstruktur von Kindern wird in der Pubertät geformt. Ein Jugendlicher braucht in der Pubertät Eltern, die an einem Punkt in ihrem Leben stehen, an dem sie weise und vertraute Ratgeber werden können.

Eltern kleiner Kinder sollten mehr als weise Ratgeber sein und auch die Verantwortung pflichtbewußter Aufsichtspersonen auf sich nehmen. Jugendliche brauchen in einem gewissen Grad noch Aufsicht, aber Eltern müssen beginnen, die Verantwortung für diese Aufsicht mehr und mehr den Jugendlichen selbst zu überlassen und statt dessen die Beraterrolle zu übernehmen.

Zusammenfassung

Und so werden aus älteren Jugendlichen junge Erwachsene, die nach echter Intimität streben. Wenn ein junger Erwachsener diese Intimität mit einem anderen leben kann, wird er ein Erwachsener mit der Fähigkeit zu Kreativität und Fruchtbarkeit. Mit der Geburt und Entwicklung eines eigenen Kindes werden diese ehemaligen Jugendlichen jetzt Eltern, die sich bald auf die Pubertät ihrer eigenen Kinder einstellen.

Eltern von Jugendlichen sollten sich nicht entmutigen lassen. Diese schwierige Zeit ist irgendwann doch auch einmal vorbei ist. Es gibt ein Leben nach den Kindern, mit mehr Herausforderungen und Chancen für eine Weiterentwicklung. Ein weiser Mann hat einmal gesagt: „Der Grund, warum sich Enkelkinder so gut mit ihren Großeltern verstehen, liegt darin, daß sie einen gemeinsamen Feind haben: die Eltern."

Echte Intimität entsteht nur langsam. Sie ist nicht über Abkürzungen zu erreichen. Sie ist ein Teil des Werdeprozesses. Die Freude, die aus einer wahrhaft intimen Beziehung mit einem anderen Menschen erwächst, ist der Magnet, der uns in Richtung wachsenden Vertrauens und wachsender Erfüllung zieht. Wenn wir auch unsere Partner aus verschiedenen Gründen wählen, sucht doch jeder von uns den anderen mit bestimmten Hoffnungen und Erwartungen. Wir hoffen, daß wir für einen anderen Menschen wichtig sind. Jeder bringt sein Leben in die Beziehung ein, das von denen, die dieses Leben geschaffen haben – den Eltern – und von der individuellen Liebesfähigkeit geprägt ist.

Werden, wer man sein soll

Was kommt, wenn die Kämpfe der Jugend abgeschlossen und vorüber sind? Vielleicht die wichtigste psychologische Aufgabe von allen: die Auseinandersetzung damit, wer man geworden ist. Einem Erwachsenen stellt sich auch die Aufgabe, Bilder und Überzeugungen von sich selbst in ein Gefühl zu integrieren, das einem sagt, wer man geworden ist. Erikson beschrieb dieses Entwicklungsziel in einer klaren und unzweideutigen Opposition: Ich-Integrität versus Verzweiflung. Er definierte *Ich -Integrität* als „das Annehmen des eigenen einmaligen Lebenszyklus als etwas, das sein mußte und das, aus Notwendigkeit, keine Alternativen erlaubte." (Erikson 1950)

Für viele beginnt diese Selbstbetrachtung in der Lebensmitte, etwa zu der Zeit, wenn die eigenen Kinder in die Pubertät kommen. Das Ferment des Fragens und Suchens während der Pubertät löst bei den Eltern oft einen ähnlichen Prozeß der Selbstbefragung aus. Eltern werden nicht nur an ihre Vergangenheit erinnert, wenn sie ihr heranwachsendes Kind beobachten, sondern sie werfen auch einen Blick in ihre Zukunft. Die Bewegung eines Jugendlichen auf eine erwachsene Identität zu erinnert die Eltern daran, daß sie selbst ebenfalls älter werden. Die immer deutlicher sichtbar werdende Sexualität Heranwachsender kontrastiert mit dem allmählichen Abnehmen der Bedeutung von Sexualität nach der Lebensmitte. Der zunehmenden Autonomie und Unabhängigkeit des Heranwachsenden entspricht bei den Eltern eine andere Perspektive: Sie bewegen sich auf das Alter zu, in dem ihre Unabhängigkeit abnehmen wird. Die Suche des Heranwachsenden nach Identität ist auch die Frage danach, wer er werden möchte. Parallel beginnen Eltern, ein Verständnis davon zu suchen, wer sie geworden sind. Die Suche des Heranwachsenden und die Suche der Eltern erfolgen nebeneinander, aber sie beeinflussen sich gegenseitig.

Diese Selbstbefragung daraufhin, wer man geworden ist, wird gespeist von einem ständigen Strom von Informationen aus unserer Umwelt und von den Menschen, denen man begegnet. Es ist jedoch kein einfacher Prozeß, denn manche Informationen sind nicht zuverlässig. Der Verstand muß unaufhörlich diejenigen Informationen auswählen, die relevant oder nützlich sind – manche bilden ein negatives Feedback, das man vielleicht lieber als bedeutungslos abtun würde, andere vielleicht ein falsches positives Feedback, von dem man weiß, daß man es gerne hören würde. Entsprechend der eigenen Gestimmtheit und Befindlichkeit wird man diejenigen Informationen auswählen, die man am besten brauchen kann oder die einem am zuverlässigsten erscheinen. Auf seinem Weg durchs Leben hört jeder Mensch eine Vielzahl von Stimmen und hört dabei mal auf die eine Stimme, mal auf eine andere, ohne jemals ganz sicher zu sein, was sie zu bedeuten haben.

Die Auseinandersetzung mit dem eigenen Leben geschieht nicht spontan, sondern ist psychische Arbeit – wurzelnd in der Liebe, die man genossen hat, und daher des Vertrauens, das man in der Kindheit entwickelt hat. Man leistet diese Arbeit im Laufe der Zeit und im Zusammenleben mit Familie und Freunden. Glücklicherweise können sich die Sicht der Umwelt und das Selbstbild ändern. Neue Lebenserfahrungen können im Leben eines Kindes frühere negative Erfahrungen verändern oder korrigieren.

Wenn man mit sich, das heißt mit dem, der man geworden ist, ins reine kommen will, dann muß man seine ganze Existenz für sich beanspruchen und gleichsam in Besitz nehmen – die guten und die schlechten Seiten. Nur der einzelne Mensch ist in erster Linie dafür verantwortlich, wer er geworden ist. Das Akzeptieren dieser Tatsache kann zu der Entdeckung führen, daß man selbst in der Hand hat, wer man in Zukunft noch werden will oder soll. Indem man innerlich wächst, begegnet man auch seiner Einzigartigkeit. Indem man eine Ahnung davon entwickelt, wer man ist und wird, steht man vor der Herausforderung oder auch dem Abenteuer, sich selbst neu zu entdecken. Mit einem kritischen Rückblick über das bisherige Leben sind häufig auch Werturteile verknüpft.

Mit Hilfe von Aufrichtigkeit, Introspektion und Objektivität beginnt man, mit dem eigenen Leben ins reine zu kommen. Aber diese Selbsteinschätzung sollte auch mit Mitgefühl angegangen werden. Sonst kann es passieren, daß man die Anerkennung eigener unattraktiver und auch attraktiver Qualitäten vermeidet.

Wenn man diese große Herausforderung besteht, kann das zur Erfüllung eines gut gelebten Lebens und zu einem Gefühl des Erfolgs führen. Die psychische Arbeit ist vielfach schwer und mitunter auch schmerzhaft.

Schluß

Die Adoleszenz ist ein kleiner Ausschnitt der wunderbaren menschlichen Erfahrung. Wenn man Heranwachsende zu verstehen versucht, ohne auch das im Blick zu haben, was aus ihnen einmal werden kann, kann man sie nur verkürzt sehen. Es ist sinnvoll, die Kindheit als die Wurzeln eines noch kommenden Lebens zu verstehen. Als Eltern sind Sie für ihre Kinder ein Modell und Beispiel dafür, was aus ihrem Leben werden kann, und Sie können diese Aufgabe besser und sinnvoller erfüllen, wenn Sie Ihr eigenes Leben leben. Sich selbst und sich gegenseitig in einer liebevollen und annehmenden Beziehung kennenzulernen, ist eine der wesentlichen Bedingungen eines erfüllten Lebens.

Eltern können ihr Kind leichter verstehen, wenn sie begreifen, womit es sich auseinanderzusetzen hat. Heranwachsende befinden sich in einem Prozeß der Veränderung, aber dieser Prozeß endet nicht mit dem Erwachsenwerden. Das letzte Ziel des reifenden Heranwachsenden ist weder das Gelingen von Emanzipation, Unabhängigkeit und Autonomie noch die Festigung eines Identitätsgefühls – der geschlechtlichen Identität oder der Identität des Selbst. Das Ziel der psychosozialen Entwicklung des Heranwachsenden geht über Identität hinaus: über echte Intimität mit einem anderen Menschen weiter zu Fruchtbarkeit im weitesten Sinne und schließlich zu einer Integration aller Aspekte des Seins. Letztlich soll jeder Mensch zu diesem Zustand der Integration gelangen, der Zusammenführung seiner Vergangenheit und seiner Zukunft.

Sie als Eltern könnten einen Schritt zurücktreten und reflektieren, wie Ihr bisheriger Weg aussah, wo Sie jetzt sind und wohin Sie gehen. Betrachten Sie den Prozeß der Adoleszenz und wie er sich auf Ihr Kind auswirkt. Vielleicht verstehen Sie diesen Prozeß schon, aber können Sie auch sehen, was mit Ihnen geschieht?

Nicht nur Ihr Kind wächst, sondern auch Sie selbst. Wenn Sie die Herausforderungen verstehen können, denen Ihr Kind jetzt gegenübersteht, können Sie ihm helfen zu wachsen. Aber dabei sollten auch Sie etwas gewinnen. In der Adoleszenz beginnt Ihr Kind eine Reise aus der Sicherheit und den Annehmlichkeiten der Familie hinaus in die Welt. Das kann Ihrem Kind und Ihnen Angst bereiten. Sie können Ihrem Kind bei diesem Aufbruch helfen. Und auch Ihr Leben geht weiter.

Eine Mutter drückte dieses Anliegen der Eltern an alle Heranwachsenden so aus: „Schaut, wir sind hier, ihr braucht uns, wir wollen euch helfen. Bitte schenkt uns im Tausch ein wenig Beachtung." Die Dringlichkeit dieser Bitte war nicht zu überhören. Eltern sind gerne zugänglich und hilfsbereit, aber sie empfinden Schmerz darüber, daß Heranwachsende ihre Eltern, wenn sie erwachsen werden, immer weniger brauchen. Die Bitte „Schenkt uns ein wenig Beachtung" stößt bei Heranwachsenden oft auf taube Ohren .

Eltern müssen diese Beachtung dann an anderer Stelle finden: Die wichtigste Quelle liegt in ihnen selbst und in der Beziehung zu den Menschen, die ihnen nahestehen.

Wenn Eltern ihre Rolle aufgeben, haben sie oft das Gefühl zu versagen. Wenn Sie ihren Erfolg als Eltern abschätzen, sollten Sie einen gültigen Maßstab anlegen. Ralph Waldo Emerson definierte Erfolg in einfachen, bewegenden Worten:

Oft und viel lachen;
Respekt intelligenter Menschen
und Zuneigung der Kinder gewinnen;
Die Wertschätzung aufrichtiger Kritiker
erwerben;
Verrat durch falsche Freunde ertragen;
Schönheit schätzen, das Beste in anderen finden;
die Welt ein bißchen besser verlassen,
ob durch ein gesundes Kind, ein Stück Garten
oder verbesserte soziale Zustände;
wissen, daß wenigstens ein Leben erleichtert wurde,
weil man gelebt hat.
Das heißt, Erfolg gehabt zu haben.

Sein Leben mit einem anderen Menschen in einer engen und liebevollen Beziehung zu teilen, ist eine wunderbare Erfahrung. Wenn einen diese Erfahrung zu verantwortlicher Elternschaft führt, durch die Zeugung eines eigenen Kindes oder durch Adoption, dann lernt man eine zusätzliche Freude kennen. Der Kampf für die Garantie von Sicherheit und Erfüllung dieses neuen Lebens kann entmutigend sein. Diejenigen, die immer noch in der Rolle aktiver Eltern sind, können Hoffnung und Trost aus dem Wissen schöpfen, daß sie aus dem Verstehen der Entwicklung gewinnen können, die der Heranwachsende durchmacht. Den Prozeß der Pubertät und Adoleszenz zu begreifen, kann Eltern Antworten auf viele der Fragen bringen, die am Beginn dieses Buches gestellt wurden. Diese Fragen betrafen normale junge Leute, keine kriminellen oder psychopathischen Individuen, sondern junge Menschen, die bei uns zuhause oder in unserer nächsten Umgebung wohnen. Aber für Eltern kann auch das Leben mit normalen Heranwachsenden aufregend und lebendig sein.

Wenn sie einen Einblick in die Entwicklung von Heranwachsenden und in ihre eigene Entwicklung haben, sind Eltern besser darauf vorbereitet, ihrem Kind zu helfen, ein zufriedener, erfüllter Erwachsener zu werden, der bereit ist, einen verantwortlichen Platz in der Gesellschaft zu übernehmen. Ein zusätzlicher Gewinn kann die beträchtliche Freude sein, die sich aus einem täglichen Leben von Geben und Nehmen in diesem so sinnreichen psychologischen Unterstützungssystem ergibt, das man die menschliche Familie nennt.

Tafel 5.1. Klassifikation des Verhaltens Jugendlicher als normal und abnormal

Normal	Abnormal
1. Übernimmt die volle Verantwortung für die Schularbeit.	Überläßt den Eltern die volle Verantwortung für die Schularbeit.
2. Identifiziert sich mit dem gleichgeschlechtlichen Elternteil.	Identifiziert sich mit dem gegengeschlechtlichen Elternteil.
3. Lernt aus Fehlern.	Macht immer wieder dieselben Fehler.
4. Lehnt Regeln ab, die ihm unsinnig erscheinen, und drückt seine Ablehnung verbal aus.	Weist alle Regeln zurück und drückt Ablehnung aller Regeln aus. Oder bricht niemals die Regeln und drückt niemals Ablehnung aus.
5. Nimmt zeitweise keine Rücksicht auf andere, besonders Geschwister; ist zeitweise sehr loyal und besorgt anderen gegenüber.	Nimmt niemals auf andere Rücksicht, zeigt Freunden gegenüber selten oder gar keine Loyalität.
6. Löst die Bindungen zur Familie und hat zunehmend Interesse an Freunden.	Interessiert sich wenig für Freunde; löst die Bindungen zur Familie nicht.
7. Kann ehrliche Reue über Fehler zeigen.	Zeigt über Fehler nur wenig oder gar keine Reue, neigt dazu, anderen die Schuld zu geben.
8. Kann eine gewisse Bandbreite von Gefühlen zeigen, darunter Wut, Ärger und Eifersucht.	Zeigt entweder gar keine Gefühle oder nur „gute" Gefühle.
9. Weist eine gewisse Unordentlichkeit auf, gleichzeitig aber auch eine gewisse Ordentlichkeit.	Ist übertrieben ordentlich und pünktlich und legt übertriebenen Wert auf „Anständigkeit".
10. Ist in Aussehen und Verhalten ein durchschnittlicher Jugendlicher.	Paßt sich in Aussehen und Verhalten übertrieben an elterliche Wünsche an.
11. Vertraut darauf, daß die Eltern ihn oder sie lieben und ihn oder sie als Person wertschätzen. Verfügt über Selbstachtung.	Fühlt sich ungeliebt und als Person nicht geschätzt. Hat das Gefühl, daß die Eltern sich für ihn oder sie schämen. Verfügt über wenig Selbstachtung.
12. Bereitet der älteren Generation Sorgen.	Bereitet der älteren Generation Sorgen.

Literaturhinweise

American Psychiatric Association: Diagnostic and Statistical Manual of Mental Discorders, Washington [4]1994.

Bailey, J. M. / Pillard, R. C.: A Genetic Study of Male Sexual Orientation, in: Arch Gen Psychiatry 48/1991, S. 1089–1096.

Cameron, K.: Diagnostic Categories in Child Psychiatry, in: British Journal of Medical Psychology 28/1955, S. 67–71.

Centers for Disease Control: Attempted Suicide Among High School Students, in: JAMA 266/1991, S. 1911–1912.

Collange, C.: Today's Adolescents, in: International Annals of Adolescent Psychiatry, Bd. 1, hg. v. Esman, A. / Feinstein, S. / Lebovici, S., Chicago 1988, S. 1–4.

Derdeyn, A. / Waters, D.: Parents and Adolescent: Empathy and the Vicissitudes of Development, in: Annals of Adolescent Psychiatry 5/1977, S. 175–185.

Erikson, E. H.: Kindheit und Gesellschaft. (Standardwerke der Psychoanalyse), Stuttgart [11]1992.

Freud, S.: Abriß der Psychoanalyse. Einführende Darstellungen, Frankfurt am Main 1994.

Grossman, F. / Beinashowitz, J. / Anderson K. u. a.: Risk and Resilence in Young Adolescents, in: Journal of Youth and Adolescence 21/1992, S. 521–550.

Josselyn, I.: Adolescence, New York 1971.

Levinson, D.: The Seasons of a Man's Life. New York 1978.

Lewis, J.: The Impact of Adolescent Children on Family Systems, in: Adolescent Psychiatry, Bd. 13, hg. v. Feinstein, S. / Esman, A. / Looney, J. u. a., Chicago 1986, S. 29–43.

Lewis, J. M. / Beavers W. R. / Gosset J. T. u. a.: No Single Thread: Psychologic Health in Family Systems, New York 1976.

McGinley, P.: A Choice of Weapons, in: Times Three, New York 1954.

Offer, D.: The Psychological World of the Teenager, New York 1969.

Offer, D. / Offer, J.: Teenage to Youth Manhood. A Psychological Study, New York 1975.

Offer, D. / Ostrow E. / Howard K. u. a.: The Teenage World: Adolescents' Self-Image in Ten Countries, New York 1988.

dies.: Adolescence: What Is Normal?, in: American Journal Dis Child 143/1989, S. 731–736.

Orvin, G. H.: Intensive Treatment of the Adolescent and His Family, in: Arch Gen Psychiatry 31/1974, S. 801–806.

Piaget, J.: Psychologie und Intelligenz. (Das Wesen der Intelligenz. Die Intelligenz und die Sensomotorischen Funktionen. Die Entwicklung des Denkens), Stuttgart [3]1992.

Rand, A.: The Virtue of Selfishness, New York 1961.

Simons, R. (Hg.): Understanding Human Behavior, in: Health and Illness, Baltimore [3]1985, S. 445–450.

Visher, E. B. / Visher, S.: Stiefeltern, Stiefkinder und ihre Familien. Probleme und Chancen, Weinheim [2]1995.

Ratgeber

Allan Guggenbühl
Pubertät – echt ätzend
Gemeinsam durch die schwierigen Jahre
Band 5513

Der erfahrene Jugendlichen-Psychotherapeut macht Eltern Mut: sie müssen nicht alles regeln und im Griff haben. Eine Orientierungshilfe.

Marianne Arlt
Pubertät ist, wenn die Eltern schwierig werden
Tagebuch einer betroffenen Mutter
Band 5077

Wenn Kinder „in die Jahre kommen", ist der Familienfrieden dahin. Marianne Arlt erzählt von heftigen Erfahrungen und wie man trotzdem ganz gut mit ihnen leben kann.

Marianne Arlt
Welt, ich komme! Der Pubertät 2. Teil
Tagebuch einer entnervten Mutter
Band 4411

In der 2. Hälfte der Pubertät geht es erst richtig los. Da hilft nur eins: Raus mit den Kids! Denn draußen pulst das wahre Leben, hart, aber gerecht.

Peter Veith
Jedes Kind braucht seinen Platz
Geschwister in der Familie
Band 4792

Hier wird gezeigt, was Eltern über die Entwicklungsmöglichkeiten, Schwierigkeiten und Chancen geschwisterlichen Miteinanders wissen müssen.

Karin Meinert
Weil's bei Mama so bequem ist
Wie man Nesthocker los wird, bevor es zu spät ist
Band 4600

Warum es allen gut tut, wenn Nesthocker endlich flügge werden und wie man sie erfolgreich dazu bringt, zeigt dieses witzige und praktische Buch.

HERDER spektrum